中等职业教育课程改革规划新教材

企业管理基础

张智海　张　云　主　编
张凤竹　王成国　副主编
高立明　主　审

中国铁道出版社
CHINA RAILWAY PUBLISHING HOUSE

内 容 简 介

　　本书从中等职业教育的特点和要求出发,紧密联系我国企业管理的实践,在编写过程中,以注重培养学生的实际操作技能为主线,一般教学内容与案例教学相结合,以实践为主,强调理论够用即可,每章均设置了学习目标、案例分析、小知识、小结以及复习思考题,努力探索一种"讲、读、练"一体化的新型教材模式,以尽可能满足当前中等职业教育的需要。

　　本书共设十章,主要介绍了企业管理基础知识、企业组织管理、企业人力资源管理、企业财务管理、企业经营管理、企业生产管理、企业物资与物流管理、企业信息管理、企业文化管理。

　　本书简明易懂,结构严谨,内容新颖,操作和实用性强,力求"浅、全、新",既可作为中等专业学校、技工学校企业管理课程教材,亦可作为高等教育自学考试学习用书,同时还可用作广大企业管理人员自学或培训读物。

图书在版编目(CIP)数据

企业管理基础/张智海,张云主编. —北京:中

国铁道出版社,2013.3

中等职业教育课程改革规划新教材

ISBN 978 - 7 - 113 - 16045 - 6

Ⅰ.①企…　Ⅱ.①张…　②张…　Ⅲ.①企业管理一中

等专业学校一教材　Ⅳ.①F270

中国版本图书馆 CIP 数据核字(2013)第 019309 号

书　　名:**企业管理基础**
作　　者:张智海　张　云　主编

策　　划:李小军　　　　　　　读者热线:400 - 668 - 0820
责任编辑:马洪霞
编辑助理:李　丹
封面设计:白　雪
责任印制:李　佳

出版发行:中国铁道出版社(100054,北京市西城区右安门西街 8 号)
网　　址:http://www.51eds.com
印　　刷:三河市华丰印刷厂
版　　次:2013 年 3 月第 1 版　　　2013 年 3 月第 1 次印刷
开　　本:787mm×1 092mm　1/16　印张:14.5　字数:283 千
印　　数:1~3 000 册
书　　号:ISBN 978 - 7 - 113 - 16045 - 6
定　　价:28.00 元

前　言

　　长期以来，深感缺乏真正适用于中等职业教育层次的企业管理教程。为此，我们专门编写了这本《企业管理基础》。

　　本书从中等职业教育的特点和要求出发，紧密联系我国企业管理的实践，在编写过程中，以注重培养学生的实际操作技能为主线，一般教学内容与案例教学相结合，以实践为主，强调理论够用即可，每章均设置了知识目标、能力目标、案例分析、小知识、小结以及思考与练习，努力探索一种"讲、读、练"一体化的新型教材模式，以尽可能满足当前中等职业教育的需要。

　　本书共设十章，主要介绍企业管理基础知识、企业组织管理、企业人力资源管理、企业财务管理、企业经营管理、企业生产管理、企业物资与物流管理、企业信息管理、企业质量管理、企业文化管理。

　　本书简明易懂，结构严谨，内容新颖，操作和实用性强，力求"浅、全、新"，适合作为中等专业学校、技工学校各专业企业管理课程的教材，亦可作为高等教育自学考试的学习用书，同时还可用作广大企业管理人员自学或培训读物。

　　本书由张智海、张云任主编，张凤竹、王成国任副主编，参加编写的还有赵枭凌、严晓红、胡子亮、张仁，主审为高立明，由张智海负责拟定编写提纲和统稿。本书编写分工如下：第一章由张智海、严晓红编写；第二、六、八章由胡子亮编写；第三、五章由王成国编写；第四章由张云编写；第七章由赵枭凌、严晓红编写；第九章由张凤竹编写；第十章由张仁编写。

　　由于编写时间及编者水平有限，书中难免有疏漏和不妥之处，敬请广大读者批评指正。同时，本书在编写过程中参考了大量的文献资料，在此向相关作者致以诚挚的谢意。

编　者
2012 年 11 月

目　　录

第一章　企业管理基础知识 …………………………………………… 1
　第一节　企业概述 ……………………………………………………… 1
　第二节　管理概述 ……………………………………………………… 8
　第三节　企业管理概述 ………………………………………………… 19
第二章　企业组织管理 ………………………………………………… 27
　第一节　企业组织管理概述 …………………………………………… 27
　第二节　企业组织机构 ………………………………………………… 30
　第三节　企业领导制度 ………………………………………………… 36
第三章　企业人力资源管理 …………………………………………… 41
　第一节　企业人力资源概述 …………………………………………… 41
　第二节　企业人力资源规划 …………………………………………… 46
　第三节　人员招聘 ……………………………………………………… 50
　第四节　绩效考评、晋升与薪酬 ……………………………………… 53
第四章　企业财务管理 ………………………………………………… 64
　第一节　企业财务管理概述 …………………………………………… 64
　第二节　资金筹集管理 ………………………………………………… 69
　第三节　资产管理 ……………………………………………………… 77
　第四节　资金成本和利润管理 ………………………………………… 85
第五章　企业经营管理 ………………………………………………… 90
　第一节　企业经营管理概述 …………………………………………… 90
　第二节　企业经营环境分析与研究 …………………………………… 95
　第三节　市场细分与定位 ……………………………………………… 105
　第四节　市场营销组合 ………………………………………………… 113
第六章　企业生产管理 ………………………………………………… 125
　第一节　企业生产管理概述 …………………………………………… 125
　第二节　企业生产过程组织 …………………………………………… 129
　第三节　企业生产计划与控制 ………………………………………… 133
　第四节　生产安全管理 ………………………………………………… 136

第七章　企业物资管理与物流管理 …………………………………………………… 140
　第一节　企业物资管理 …………………………………………………………… 140
　第二节　企业物流管理 …………………………………………………………… 159
第八章　企业信息管理 ……………………………………………………………… 171
　第一节　企业信息管理概述 ……………………………………………………… 171
　第二节　企业信息化 ……………………………………………………………… 174
　第三节　企业信息技术 …………………………………………………………… 178
　第四节　企业管理信息系统 ……………………………………………………… 180
第九章　企业质量管理 ……………………………………………………………… 184
　第一节　企业质量管理概述 ……………………………………………………… 184
　第二节　产品质量认证 …………………………………………………………… 198
　第三节　质量保证体系和质量体系认证 ………………………………………… 201
第十章　企业文化管理 ……………………………………………………………… 214
　第一节　企业文化管理概述 ……………………………………………………… 214
　第二节　企业文化建设 …………………………………………………………… 219
参考文献 ……………………………………………………………………………… 226

第一章 企业管理基础知识

知识目标

1. 掌握企业、管理和企业管理的基本概念及其相关内容。
2. 熟悉现代企业制度的基本特征和组织形式。
3. 理解企业管理的职能。
4. 了解企业、管理及企业管理的相关知识。

能力目标

1. 能够描述开办一家个人独资企业的条件和程序。
2. 能够深刻理解管理的核心所在。
3. 能够清晰地阐述企业管理的主要内容。

第一节 企业概述

一、企业的概念与特征

（一）企业的概念

企业是从事生产、流通和服务等经济活动，以盈利为目的，向社会提供产品或劳务，依法自主经营、自负盈亏、自我发展、自我约束，具有独立法人资格的经济组织。

企业是生产力和商品经济发展到一定水平的产物，是随着资本主义的发展而形成的，经历了简单协作、工场手工业和机器大工业3个发展阶段，才逐步发展成为高度社会化大生产的企业。企业一开始就同比较发达的社会分工和商品经济联系在一起，并随着社会分工和商品经济的普遍化，已经成为社会基本的经济组织。

（二）企业的特征

（1）企业是一个经济组织。这是区别企业与国家机构和行政机关的重要标志。企业是直接从事经济活动的经济组织，而国家机构和行政机关虽然也要管理经济，如制定经济政策、经济法规、经济规划等，但它们不直接从事经济活动。

（2）企业以盈利为目的。这是区别企业与事业单位的主要依据。企业从事经济活动的直接目的是追求利润，创造利润是其生存的条件。

（3）企业实行自主经营和自负盈亏。以盈利为目的决定了企业必须具有独立性，即实行独立核算,力争以尽可能少的人力、物力、财力和时间的投入,获得尽可能多的盈利。但盈利的结果取决于企业经营管理水平,可能盈利,也可能亏损。如果企业盈利,企业就将得到发展;如果出现亏损,企业必须扭亏为盈,否则将会倒闭、破产。

(4)企业必须承担社会责任。企业对社会承担责任在于满足社会需要,并获取利润。满足社会需要不仅要满足顾客和用户的需要,而且要满足股东、员工、供应商、经销商、银行、同行业竞争者的需要,以及满足政府机关、社区、媒体、一切与之相关社会团体的需要。这就决定了企业不能只为自身谋取利益,而要肩负兼顾各方面利益的社会责任。企业必须根据社会的需要,组织生产经营活动,时时、事事、处处想着用户和顾客,注重社会效益,这样才能在竞争中求生存、求发展。

(5)企业必须依照法定程序成立。企业的设立必须依法向国家工商行政管理部门注册备案,完成登记手续,取得相应的营业执照。

小知识　　　　　　　　　**企业的分类**

　　企业一般通过 5 种方式划分:国有企业和非国有企业(按产权);个人独资企业、合伙企业和公司制企业(按组织形式);劳动密集型企业、技术密集型企业、资本密集型企业和知识密集型企业(按生产要素);大型企业、中型企业和小型企业(按生产经营规模);工业企业、农业企业、商业企业和建筑企业(按经营范围)等。

二、企业素质的概念与构成

(一)企业素质的概念

企业素质是指企业在一定社会经济条件下所具备的各种内在要素及其组合所体现出来的整体水平。它综合反映了一个企业自我生存与自我发展的能力,同时也反映了企业向社会提供产品或劳务以满足社会需求的实力。正确理解企业素质的概念,应从以下几点予以分析:

(1)企业素质是企业人格化的描述。人,为了生存与发展,不仅需要各个内部组织健康,而且还必须协调。企业,要在激烈的市场竞争中求生存、谋发展,以满足社会需求,也必须具备生产发展所必需的各个要素,并使之优化组合。

(2)企业素质是企业各要素的整体反映。企业在提供产品或劳务以满足社会需求的过程中,其内部各要素决不是孤立存在的,它们之间互相依存、互相制约,形成了一个有机的整体。很难想象,一个技术设备先进、配套,但缺乏相应的人才或管理不善的企业,会在激烈的市场竞争中有所作为。因此,只有企业各要素的整体所产生的综合效应,才能切实反映企业的素质。

（3）企业素质不仅取决于各要素的完备，还取决于各要素的结合。企业素质是由众多要素有机构成的，但并非是各要素的简单相加，而是所有这些要素的有机结合。企业管理者的艺术就在于根据企业内部条件和外部环境，使各生产经营要素有机结合而处于优化状态。只有这样，才能真正发挥有效的作用。

（4）企业素质具有动态性。企业素质总是处于不断运动变化之中，这是因为构成企业素质的企业诸要素本身处于运动变化之中，企业环境也在不断变化之中。所以，无论企业素质"先天"状况如何，只要经过不断改进与优化，其素质是可以达到较好水平的。相反，即使企业素质"先天"状况很好，若不按照企业环境及企业素质变化的运动状态不断地进行改造与优化，也会使其退化，以至在激烈竞争的市场上惨遭淘汰。逆水行舟，不进则退。面对瞬息万变的市场，企业必须具有强烈的危机意识和进取精神，不断提高其素质，以适应生存与发展的客观要求。

（二）企业素质的构成

（1）人员素质。人是生产力中最积极、最活跃的因素，是企业的主体，是最宝贵的资源和财富。企业的所有生产经营活动一时一刻都离不开员工的分工与协作。人员素质是企业素质的核心，是企业生产经营管理活动有效的原动力。企业人员的素质大体包括政治思想素质、文化知识素质、业务技术素质和身体素质。其中，政治思想素质是人员素质的灵魂，是构成并优化其他相关素质的前提。

（2）业务技术素质。企业最基本的实践活动是综合运用现代科学技术成果向社会提供适销对路的产品或劳务，其业务技术素质的高低直接关系到产品或劳务的质量。企业的业务技术素质主要包括：生产经营业务人员的设计、采购、工艺、检测、销售等方面的技术水平；生产经营所用设备、仪器、工具的先进程度及管理水平；科研和创新能力。

（3）经营管理素质。经营管理素质由计划、组织、指挥、协调和控制素质构成。其中，计划与决策素质反映企业管理的整体性和动态性，贯穿于整个生产经营过程，是经营管理素质中的关键素质。

小知识　　　　　企业活力

企业活力是指企业作为自主经营、自负盈亏的商品生产者和经营者，遵循着客观经济规律的要求，在生产经营过程中，通过企业自身素质与外部环境的交互作用，使企业经营者和员工的积极性、主动性及创造性得到充分发挥，在市场竞争中呈现出良性循环的自我发展状态。

企业的活力有 4 种状态，可以用图 1-1 来表示。

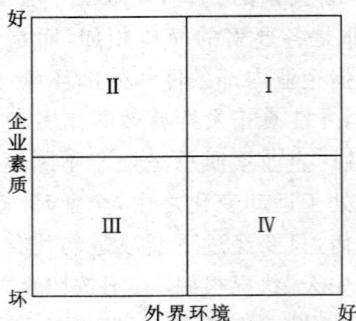

图1-1 企业素质的4种状态

第Ⅰ象限：外界环境适合企业发展，企业自身素质好，企业活力强。

第Ⅱ象限：外界环境不适合企业发展，但企业素质很好，则企业活力不会很强。

第Ⅲ象限：外界环境不适合企业发展，企业自身素质又不好，则企业活力一定很差。

第Ⅳ象限：外界环境适合企业发展，但企业自身素质不好，则企业活力不会太强，这是因为企业如果不注重自身素质的提高，在良好的外部条件下，企业即使会在一定时期内出现一点活力，最终也会因为自身素质不佳而被淘汰。

三、现代企业制度的概念、基本特征与组织形式

（一）现代企业制度的概念

现代企业制度是指关于企业组织、运营、管理等一系列行为的规范和模式。它包括产权制度，组织制度，管理制度，会计制度，稽查特派员制度，运行规则以及所有者、经营者、生产者之间的关系，国家对企业的关系，企业和社会的关系等方面的内涵。其中，产权制度是核心和基础。

现代企业制度是现代市场经济的产物，是市场经济条件下企业内外关系及发展规律的法律反映。建立现代企业制度，是加快社会主义市场经济的需要，是搞活国有经济的需要，是适应政府转变职能、改革国有资产产权管理体制的需要，也是实现企业制度与国际惯例接轨的需要。

（二）现代企业制度的基本特征

1. 产权明晰

产权明晰是指财产所有权、产权、法人财产权各自的主体明确，三权关系明晰，它是现代企业制度的首要特征。

财产所有权是从财产的法律归属意义上讲的，具有绝对性和排他性，它的主体是财产的法定所有者。产权是一种与所有权有关的财产权，是出资者对其投入资本金的企业法人财产所拥有的财产权利，它的主体是投资者，即谁投资，谁就具有产权。所有权的主体和产权的主体一般是合一的，但国有资产的所有权和产权是可以分离的。法人财产权是依法使企业拥有的包括国家在内的投资者投资形成的财产权，即企业依法对其拥有占有、使用、收益和处分的权利，法人财产权的主体是企业。具体来说，企业中的国有资产所有权属于国家，出资者（国家授权的投资部门或组织）拥有产权，企业拥有包括国家在内投资者所形成的法人财产权。出资者一旦把资本金投入企业而具有产权，就不能再直接支配这一部分财产，并且除依法可与其他产权主体转让外，不能直接从企业中抽回，这样企业才能保证有稳定的法人财产权而成为享有民事权利、承担民事责任的法人实体。理顺国有企业产权关系，使产权明晰，就是要理顺国家（所有者）、出资者（投资部门或组织）和企业法人之间的关系，使财产边界清楚。只有理顺产权关系，才能明确各自的责权，规范各自行为，使企业健康地运作。

上述三权均属于财产权，但在现代市场经济条件下，将其细分，是理论上的重大突破，且具有重要意义。产权关系明晰既不改变财产的所有权归属，又利于有效实行分级管理与监督，同时使企业因拥有法人财产权而真正实现"自主经营、自负盈亏、自我发展、自我约束"，也因产权关系明晰，企业间的财产边界清楚，为进行公平的市场竞争创造了必要的条件。

2. 权责明确

现代企业制度有效地实现了权责关系的辩证统一。出资者一旦投资于企业，其投资额就成为企业法人财产，企业法人财产权也随之确定。企业以其全部法人财产，依法自主经营、自负盈亏、照章纳税，同时企业要对出资者负责，承担资产保值增值的责任。这就改变了企业不具有法人财产权，只是上级行政机关的附属物，责与权不相对称，往往权力小责任大，从而形成无人真正对国有资产负责的局面。因此，法人权责明确是在企业内部建立制约和激励机制，主动地依法维护所有者权益，实行国有资产不断增值的一条良好途径。

3. 政企分开

政企分开包括以下两层含义：

（1）政资职能分开。即政府的行政职能和资产管理的职能分开。其中，政指政府的行政，资指国有资产所有权。行政职能属于政府行政权力，而所有权职能是一种财产权利，所以两者范围不一样，性质不同，遵循的法律也不一样。政府行政职能由行政法来调整，而所有权职能由民法来协调。在资产关系上，企业与政府行使所有权职能的机构处于平等的民事主体地位，适用民法去协调，而行政法所适用的范围是服从与被服从的关系。如果政府这两种职能不分开，政府与企业就很难处在一种平等的民事主体的地位。

（2）政企职责分开。即政府不能直接干预企业的生产经营活动，而只能通过宏观调控来影响和引导企业的生产经营活动。明确企业是经济组织，不应承担政府的行政职能，取消企业与政府的行政隶属关系和附属关系，并将承担的社会职能逐步移交给政府和社会。

具体来说，实行政企分开，就是承担国有资产管理职能的政府机构将资产管理与资产经营分开，组建多种形式的资产经营公司。这些公司同国有企业的关系应以资产为纽带，以控股、参股方式按投入企业的资本额享受股东权益，不直接干预企业的生产经营活动；若企业破产，只以投入企业的资本额对企业债务负有限责任。

4. 管理科学

现代企业制度是一种组织管理科学的企业制度，它由以下两部分构成：

（1）科学的组织制度。现代企业制度有一套科学、完整的组织机构，它通过规范的组织制度，使企业的权力机构、监督机构、决策和执行机构之间职责明确，相互制约。

（2）科学的管理制度。现代企业管理制度是一种高效率的科学管理制度，它包括人、财、物、供、产、销以及安全、质量等全方位的管理。从提高企业经济效益出发，克服原有企业机构设置、用工制度、工资制度和财务会计制度等方面的弊端，建立严格的责任体系，同时注重调节所有者、经营者和员工之间的关系，形成激励和约束相结合的经营机制。

（三）现代企业制度的组织形式

现代企业的组织形式是以出资者的主体来划分的，国际上通常分类为独资企业、合伙企业和公司制企业。前两者属于自然人企业，出资者承担无限责任；而公司制企业属于法人企业，是现代企业制度的主要组织形式，主要包括有限责任公司和股份有限公司。

1. 有限责任公司

有限责任公司又称有限公司，西方称之为封闭公司或私人公司，是指不通过发行股票，而由达到法律规定的一定人数的股东，以其出资额为限对公司债务负有限责任的企业法人。

有限责任公司具有以下特点：

（1）股东所负责任仅以出资额为限，对公司债权人不负直接责任。

（2）股东人数较少，一般都有最高人数的限制。

（3）公司不发行股票，股东的出资额可以有多有少，交款后公司出具股权证书，即股单，股单只能作为股东在公司中应享有权益的凭证，不能自由买卖。股东在出让股权时，须征得其他股东的同意，并要优先转让给公司原有股东。

（4）公司成立、歇业、解散的程序比较简单，内部机构设置比较灵活。

（5）公司账目无须向公众公开披露。

有限责任公司这种形式一般适合于中小型企业，其数目大大超过股份有限公司。

2. 股份有限公司

股份有限公司又称股份公司，西方称之为公开公司或公众公司，是指通过发行股票（或股权证）筹集资金，注册资本由等额股份构成，以其全部资产对公司债务承担有限责任的企业法人。

股份有限公司具有以下特点：

（1）股东只以其认购股份金额为限对公司承担责任，而公司则以其全部资产对公司债务承担责任。

（2）股东必须达到法定人数。

（3）公司向内部或公开向社会发行股票，其资本划分为均等的股份，股份可以自由转让，任何合法持有股票的人，都是公司的股东。股东不能要求退股，但可以通过自由买卖股票而随时出让股份。

（4）公司开设和歇业的法定程序较为复杂，组织机构完备，具有完全独立的财产及其责任，是最典型的法人组织。

（5）公司必须向公众公开披露财务状况，在每个财务年度终了时公布公司的年度报告，其中包括董事会的年度报告、公司损益表和资产负债表。

股份有限公司这种形式一般适合于大中型企业，尽管此类公司在企业总数中的比例并不大，但它们的营业额、利润和使用的劳动力却占有很大比例，从而在国民经济中占据了主导地位。

小知识　　　　**如何开办一家个人独资企业**

一、个人独资企业的概念

个人独资企业是指依照《中华人民共和国个人独资企业法》（下称《个人独资企业法》）在中国境内设立，由一个自然人投资，财产为投资人个人所有，投资人以其个人财产对企业债务承担无限责任的经营实体。

二、设立个人独资企业的条件

（1）投资人为一个自然人。

（2）有合法的企业名称。

（3）有投资人申报的出资。

（4）有固定的生产经营场所和必要的生产经营条件。

（5）有必要的从业人员。

三、开办个人独资企业的程序

1. 提出申请

由投资者本人或其委托的代理人向企业所在地的登记机关申请设立登记，须提交以下文件：

(1)申请书(包括：企业的名称和住所；投资人的姓名和居所；投资人的出资额和出资方式；经营范围等)。

(2)投资人身份证明。

(3)生产经营场所使用证明。

(4)从事法律、行政法规规定须报经有关部门审批的业务，应当在申请设立登记时提交有关部门的批准文件。

由委托代理人申请设立登记的，应当出具投资人的委托书和代理人的合法证明。

2. 受理审查

登记机关应当在收到设立申请文件之日起 15 日内，对符合《个人独资企业法》规定条件的，予以登记，发给营业执照；对不符合《个人独资企业法》规定条件的，不予登记，并应当给予书面答复，说明理由。

3. 登记成立

个人独资企业的营业执照的签发日期，为个人独资企业的成立日期。

第二节　管理概述

一、管理的概念与性质

(一)管理的概念

管理是为了实现预定目标，组织和使用各种资源的过程，是一种有意识、有目的的活动。可见，管理是一项目的性很强的、具有实践性和创造性的活动。管理作为一个过程，必须通过计划、组织、指挥、控制等职能来加以实现。管理的对象是各项业务性活动及其所使用的资源，包括人力、财力、物力、信息、时间等。

管理因领域和内容的不同，可分为社会管理、经济管理、政治管理、军事管理、文化艺术管理、科学技术管理、教育管理等，以上称为宏观管理。管理用于人类社会的单体组织，称为微观管理，诸如企业管理、学校管理、社团管理等。

凡是有共同劳动的地方，就必须有管理。管理是人类共同劳动的产物，并随着劳动分工协作的发展而不断发展,人们共同劳动规模越大,劳动分工越细,协作越密切,管理也就越复杂、越重要。随着科学技术和市场经济全球化的不断发展,生产社会化程度日益提高。因此,加强管理、提高科学管理水平,已经成为提高经济效益和社会效益的有效手段和重要途径。

(二)管理的性质

管理作为一种极其广泛的社会活动,所涉及的内容既有生产力、生产关系,也有上层建筑。就其性质而言,管理具有二重性,即管理的自然属性和社会属性。

1. 管理的自然属性

管理的自然属性是作为社会生产力运动规律所体现的管理的一般属性,是任何社会制度下所具有的共同属性。它是由共同劳动的社会化性质决定的,是进行社会化大生产的一般要求和组织劳动协作过程的必要条件。它表现为合理组织生产力的一般职能,主要体现在以下几点:

(1)根据经济活动的需要,把分散、独立的劳动者通过一定组织形式(工厂、商店)的生产经营目标联系起来。

(2)组织某一机构内部分工协作,把生产经营过程划分为不同的阶段,如工段、工序、工种、岗位(或进、销、运、存)等,并按其不同要求分配劳动者,调配物质技术设备和生产资料。

(3)协调生产经营过程中人与人之间、人与物之间、各组织机构与其外部自然环境之间的相互关系,以保证生产经营活动顺利、高效地运行。

2. 管理的社会属性

管理的社会属性与社会生产关系直接相联系,由共同劳动所采取的社会结合方式的性质决定,是维护一定的生产关系和一定的生产目的的重要手段,具有维护特定生产关系的特殊职能。管理中有关维护生产关系的原则、制度和规定,是生产资料所有者通过管理来保护和巩固其既得利益和统治地位的,因此,它具有历史的暂时性。我们通常所说的管理性质的变化和区别,主要是指管理的社会属性的变化和区别。所以,又把管理的社会属性称为管理的个性或特殊。

管理的二重性是指同一管理活动的相互关系的两个方面,它反映着生产关系一定要适应生产力发展的规律和上层建筑要适应经济基础的要求。按照管理的自然属性和社会属性,管理的基本职能可区分为合理组织生产力和维护生产关系两种,切不可把管理的二重性理解为两种性质不同的管理活动,以为一种是自然属性的管理活动,另一种是社会属性的管理活动,这种理解是错误的。管理的二重性贯穿于整个管理活动过程中。

二、管理职能的概念与内容

(一)管理职能的概念

一般来说,职能是人、事物、机构应有的功能或作用。所以,管理职能是管理在完成管理任务中达到的功能或者发挥的作用。

管理的职能是由管理的二重性决定的,二重性又通过管理职能体现出来,即合理组织、发展社会生产力和维护、完善现有生产关系。前一职能是任何社会制度都适用的;后者在不同社会制度下,其作用是不同的。这两种职能在同一管理过程中不可分割地结合在一起,任何管理工作都要按照生产力和生产关系两个方面的要求来进行,否则,管理工作就不会取得应有的成效。

管理任务是通过管理职能实现的,管理职能的实施过程就是管理任务的完成过程。作为管理者,不仅要重视做好实施管理职能的工作,而且要做好各管理职能之间的衔接和协调工作。只有这样,各项管理活动才能按照预定的目标顺利进行。

(二)管理职能的内容

在具体的管理活动中,管理职能可以概括为若干具体方面。尽管管理学者对管理的职能划分说法不一,但一般认为有以下 4 个基本职能:

1. 计划职能

1)计划职能的概念

计划职能是指制订和选择决策方案,编制反映和执行决策方案的计划,并监督和检查计划实施等一系列的管理活动。它是管理的首要职能。

所谓计划就是指管理者依据组织内外信息和主客观条件,对未来一定时期内的活动,在决策方案的基础上所做出的目标结果的估计和统筹安排。其中,决策方案是通过系统选定较佳的行动规划书;结果估计是指确定执行决策方案后各种目标所能达到的程度;统筹安排是为了实现决策目标所做的时间安排、空间布局和资源分配。

计划职能具有以下作用:

(1)使组织决策更加具体化。

(2)准确把握组织的未来。

(3)形成共同行动的纲领和指南。

(4)为管理的控制提供标准。

(5)合理配置资源。

2)计划职能的内容

(1)分析和预测未来情况的变化。一是分析研究社会政治环境,预测市场需求变化趋势;二是分析组织所具备的条件及其变化。

（2）确定计划目标。目标是管理活动的出发点和落脚点，应包括发展任务、工作方针和政策，以及实现目标的战略步骤和途径等。确定的计划目标要可以计量，要规定达到目标的具体时间，要明确执行者的职责。

（3）拟订实施计划目标的方案，做出选优抉择。根据各种分析研究资料，制订多种可行性方案，并进行论证，对比各种方案的利弊，以选择最优方案。当然，也可以在多种方案中各取所长，综合形成一个最佳方案。

（4）编制综合性的计划和专业性的具体计划。这是实施决策的行动规划，各种具体计划必须以最优方案为依据，通过计划对实施最优方案做好管理活动的具体安排，并付诸行动。

3）实施计划职能的要求

（1）要有预见性。优秀的管理者必然是一个战略家，能够立足当前，放眼未来，正确预测社会经济发展趋势以及今后可能发生的各种情况，事前认真规划，并做好相应的应变对策。

（2）要有统一性。管理者要能总揽全局，使各部门、各环节、各层次以及全体人员在总目标下统一行动、协同作战，切忌各自为政和偏离目标的分散主义行为。

（3）要有可行性。管理者要实事求是，一切从实际出发。确定目标，做出决策，制订切实可行的实施方案等，要进行可行性研究，使计划建立在扎实可靠的基础上。

（4）要有持续性。一方面，对一些中长期项目要瞻前顾后；另一方面，制定的方针、政策、策略也应前后连贯，防止因人而异、变化无常。

（5）要有灵活性。管理者既要有实现目标的坚定信念，又要在计划实施过程中有一定的灵活性。在保证实现目标的前提下，允许结合本单位的实际情况以及随着条件的变化对计划做适当的调整。

2. 组织职能

1）组织职能的概念

组织职能是指为保证决策目标的实现，合理组织分工与协作，合理配置和使用各种资源，正确处理部门与部门、人与人之间关系的管理活动。它是实现计划的保证。

组织职能主要担负两方面的任务：一是合理组织组织的社会结构，即组织活动中的分工协作和相互关系；二是合理组织组织的物质结构，即合理配置和使用组织的各种财力、物力。管理组织的优劣是管理现代化水平的重要标志，是组织活动成败的关键。

2）组织职能的内容

（1）合理组织有形要素，形成有机的组织结构系统。工作、人员、职权、信息及其所需的设施、物资等都是组织管理的有形要素。组织应遵循分工协作、统一指挥、责权对等、高效精干等原则，应研究这些要素在不同时期和不同条件下的配合形式及其作用。

（2）合理组织无形要素，产生有效的组织行为。组织文化、共同目标、自觉自愿、协作配合、开拓创新精神等都是组织管理的无形要素。这些无形要素实际上表现为组织成员的各种心理要素和精神状态。合理组织无形要素，就是组织应利用管理组织的影响使全体员工在组织文化的激励下，为实现共同目标，自觉自愿，协调配合，以开拓创新精神进行劳动，从而形成高效率的管理组织行为。

3）实施组织职能的要求

（1）组织机构要力求精简、统一、有效、责权结合，从而保证组织的各项活动能够富有节奏地高效运转。

（2）要有利于发挥行政领导在组织活动中的统一指挥作用。

（3）要保持相对的稳定性和适应性。既要防止随意撤并机构，打乱正常工作秩序；又要适应市场形势变化，及时做出必要的合理调整。

（4）正确处理组织与国家主管部门的关系，使组织的组织结构系统与国家经济管理体制相协调。

3. 指挥职能

1）指挥职能的概念

指挥职能是指组织领导人借助指示、命令等手段，有效地指导下属机构和人员履行自己的职责、实现组织目标和完成计划任务的活动。它是保证组织正常运营并实现计划的重要条件。

一个组织如果缺乏集中统一的指挥和调度，犹如群龙无首，一切活动就不能正常开展，管理必将陷入混乱状态。

2）指挥职能的内容

（1）通过行政指挥系统下达各项指示或命令，指挥下属执行各项工作任务，使组织各部门和全体工作人员在统一指挥下，集中力量为实现组织目标和完成计划指标而努力工作。

（2）对在执行过程中出现的新问题和新情况，及时研究和提出解决办法，并给有关下属指示，以便排除困难，保证组织计划的顺利进行。

（3）深入管理现场，实行面对面的指导，具体帮助下属人员提高管理能力，解决工作中的疑难问题，协调好横向联系，加速运转，提高工作效率。

3）实施指挥职能的要求

（1）指挥的统一性与权威性。为了使组织活动协调一致，达到预期目标，指挥必须高度集中统一，绝不允许多头指挥，使下级工作人员无所适从；同时，指挥要有权威性，上层领导者的命令、指示，下属必须无条件服从，不得各行其是，否则组织就会瘫痪。

（2）指挥的民主性与科学性。正确的指挥必须建立在发扬民主和调查研究的基础上，充分吸取群众智慧和占有大量实际资料，以便科学决策，切忌独断专行、脱离实际、脱离群众的"瞎指挥"。

（3）指挥的具体性与明确性。指挥的艺术就在于具体和明确地交代任务和完成任务。切忌教条式的原则指示或模棱两可、含糊其辞的指示，要摒弃照转照搬上级指示、对具体问题不表示态度的指挥。但同时也要防止走向另一个极端，即过多地干预下属细节的行为，越俎代庖。

（4）指挥的强制性与自觉性。指挥不仅要靠下达指示和命令强制执行，所谓"命令如山倒"或"执法如山"，同时还要通过教育和激励等手段，充分调动下级的自觉性、积极性和创造性，只有这样，才能更出色地完成任务。

（5）指挥的例外性。对于组织中的经常性工作或例行工作，应当将权力下放给下属，以减少不必要的指挥频率，从而确保指挥者能够集中精力处理例外性工作，极大地提高指挥的效率。

4. 控制职能

1）控制职能的概念

控制职能是指根据组织内外有关信息，对照决策目标和各类标准，通过监督、检查系统对指挥、执行系统的偏差及时进行纠正，调整计划，以保证实现组织目标的管理活动的顺利进行。其实质是在一定条件下随机地处理问题。

控制职能通过确定控制目标收集控制信息，衡量绩效，分析差异，选择控制决策方案，并纠正实施偏差。控制方法一般包括预先控制、现场控制和反馈控制。

2）控制职能的内容

（1）对计划的控制。这是其首要内容。首先，要对计划的编制进行控制，使之符合发展目标、切实可行，不致使决策失误；其次，要对业务中各环节的活动进行监督检查，使之不偏离计划目标，如发现计划不切合实际，应根据实际情况进行调整。

（2）对信息的控制。一是控制信息的数量和质量，使之达到及时、准确、适用和经济的要求；二是控制信息的传输路线，这主要是根据其时效性和经济性来选择适当的传递方式，如语言、电话、电传、计算机网络等。

（3）对组织机构的控制。首先，要控制组织机构的变动性，使之保持相对稳定和适应新情况变化的必要调整；其次，要控制组织机构之间的协调性，防止扯皮、摩擦和相互抵消力量的行为；最后，要控制各管理层次集权与分权的范围和程度。

（4）对财务、计量及质量的控制。要使之不违反有关制度，保证工作或产品及服务的质量，切实维护服务对象的利益。

3）实施控制职能的前提条件

（1）决策目标。控制必须围绕组织目标的实现来进行。没有明确的工作目标就不能进行有效的控制，对目标错误的理解也会导致控制的失误。当原有决策目标不能实现时必须进行新的决策，新的决策目标仍然是管理控制的前提条件。

（2）计划指标。管理控制是以计划指标作为具体考核、评价标准的。没有计划，管理控制便失去了依据，控制也就无从下手。计划是控制的标准和依据，控制又是计划落实的保证和手段。

（3）控制对象。管理控制要求对组织的各项业务和管理活动进行控制，而组织的整体活动总是随机地出现问题或偏差，这种情况很难预见。所以，组织活动如出现问题，一般具有例外性，这就要求控制者具体地分析影响管理对象的各种客观因素。显然，离开了对这种例外性变化及其因素的分析，管理控制就会失去具体对象。例如，产品质量问题是由于低价购进不符合要求的原材料所造成，如果去控制产品的加工过程，必然不能解决实际的质量问题。

（4）组织机构。组织机构是控制工作顺利进行的组织保证。组织机构要明确规定哪个部门承担纠正某种偏差的责任。因此，组织应明确规定不同层级、不同部门的控制责任，并授予相应的控制职权，从而形成完整的控制系统。

此外，随着社会生产力水平的提高和科学技术的进步，管理的职能也在不断地拓展和延伸。除了上述 4 项基本职能以外，还有预测职能、决策职能、教育职能、激励职能、挖潜职能、创新职能等。

总之，管理的各个职能，即计划、组织、指挥和控制职能是相互联系、相互依存、相互促进的。在具体的管理过程中，只有同时发挥它们的职能作用，才能收到有效管理的效果。

三、管理理论的发展

小知识　　　　　　　**管理理论的发展**

人类文明进步的历史也就是管理的发展史，因为一旦出现了组织性的活动便产生了管理的需要。纵观人类文明过程，从公元前 5000 年至今，每一重要阶段都留下了管理实践的印迹和思想遗产。但是，形成系统的管理理论则公认为是在 19 世纪末 20 世纪初。由此开始，从其发展的历史和内容来看，管理理论的发展大体上可分为 3 个阶段，即古典管理理论阶段、行为科学管理理论阶段和现代管理理论阶段。

（一）古典管理理论阶段

古典管理理论是从 19 世纪末 20 世纪初形成的。这一时期，随着资本主义生产力的迅速发展，管理工作日趋复杂而逐渐发展成为一种专门职业，人们在管理活动中也积累了不少经验。为了适应生产力的发展和管理实践的要求，一些人开始专门研究管理问题,把经验上升为理论,据以指导管理实践,从而促进了科学管理的形成与发展。这一阶段的代表人物主要有美国的泰罗、法国的法约尔、德国的韦伯等人。

1. 泰罗的科学管理理论

泰罗的科学管理理论主要包括以下内容:

(1)科学管理的中心是提高劳动生产率。为此要制定出有科学依据的劳动定额,要进行动作与时间研究。

(2)为了提高劳动生产率,必须挑选"第一流的工人"。所谓第一流的工人就是具有满足工作要求的智力与体力,又有进取心的人。根据需要选择工人,然后对他们进行科学的训练,使其达到要求。

(3)标准化原理。即对工人使用的工具、机械、材料以及作业环境加以标准化。

(4)实现有差别的计件工资制。以此鼓励工人努力工作,完成定额。

(5)工人和雇主两方面都需要来一次"精神革命"。泰罗认为工人和雇主都必须意识到提高劳动生产率对双方都有利。

(6)把计划职能(管理职能)与执行职能(实际操作)加以分开。管理者承担计划职能,工人依照计划承担执行职能,从而把管理与实际操作划分开来,提高劳动生产率。

(7)实行例外原则。即组织领导人把一般的日常事务授权给下级管理人员处理,自己主要去处理那些没有规范的例外工作,并保留监督下属人员工作的权力。

由于泰罗对管理理论所做的开创性研究,他在西方管理理论发展史上被誉为"科学管理之父"。

2. 法约尔的"一般管理"理论

法约尔的"一般管理"理论主要包括以下内容:

(1)经营与管理是两个不同的概念。经营是指导或引导一个整体趋向一个目标,它包括技术、商业、财务、安全、会计和管理6项职能活动,管理是经营的职能活动之一。

(2)管理的5项职能说。管理就是进行计划、组织、指挥、协调和控制。法约尔是第一个较全面而系统地提出管理5项职能的人。

(3)管理的14项原则。即:劳动分工;权力与责任;纪律;统一指挥;统一领导;个别利益服从整体利益;合理的报酬;适当的集权与分权;等级链与跳板原则;秩序;公平;保持人员稳定;首创精神;集体精神。

3. 韦伯的行政组织体系理论

韦伯的行政组织体系理论主要包括以下内容:

(1)理想的行政组织是通过职务或职位而不是通过世袭进行管理的。任何组织应具有明确的权力等级和工作分工,以及严格的权责规章制度和完善的工作程序;人与人之间的关系要完全以理性为指导,不受感情的影响;人员选用和提升要依据人的才能,有严格的选择标准。

（2）任何一个组织都是以某种形式的权力为基础的。权力才能消除混乱，使组织有秩序，否则就不能实现组织的目标。

（3）管理意味着要以知识为依据进行控制。特别是领导人要在能力上胜任，应根据事实进行领导。

泰罗的科学管理理论、法约尔的一般管理理论和韦伯的行政组织体系理论，共同构成了古典管理理论的各个方面，成为当时对管理学所做的重大贡献。

（二）行为科学管理理论阶段

行为科学管理理论是从 20 世纪 20 年代开始的。随着科学技术和资本主义经济的发展，社会生产规模进一步扩大，科学技术的运用愈加广泛，经营管理更加复杂，劳资矛盾日趋尖锐，管理学家们感到不考虑管理中人的因素和处理好人际关系就难以实行有效的管理。在这种历史条件下，行为科学管理理论就应运而生，并逐步得到发展。这一阶段的代表人物主要有美国人梅奥、马斯洛、赫茨伯格、麦格雷戈、利克特、布莱克与莫顿等人。

1. 梅奥的人际关系理论

梅奥的人际关系理论主要包括以下内容：

（1）员工是"社会人"，而不是单纯的"经济人"。他们不是单纯追求金钱收入的，还有追求安全感、友情、归属感和受人尊重等社会与心理方面的需要。因此，组织必须从社会与心理方面来鼓励员工提高生产率，而不是单纯地从经济收入和技术条件出发。

（2）组织中存在着"非正式组织"。非正式组织是组织成员在共同工作过程中，由于思想、感情、爱好等相通或相近而形成的非正式团体，它有利有弊，与正式组织相互依存，共同对劳动生产率的提高施加影响。

（3）员工生产效率的高低主要取决于员工的工作态度以及与他周围人的关系。员工的态度是由其背景决定的，如家庭、经历、学历等。

2. 马斯洛的人类需要层次理论

美国心理学家马斯洛 1943 年出版的《人类动机的理论》一书提出了人类需要层次理论。他把人的需要按照其重要性和发生的先后次序排列成 5 个层次：第一层，生理的需要；第二层，安全的需要；第三层，社交的需要；第四层，尊重的需要；第五层，自我实现的需要。他认为，人们一般是按照这个次序来追求各项需要的满足的，只有排在前面的需要得到满足，才能产生更高一级的需要，据此可以解释人的行为动机。

3. 赫茨伯格的双因素理论

美国心理学家赫茨伯格提出的双因素理论认为，影响人们工作行为的因素有两种：一种是"保健因素"，如组织的政策与管理、督导、工资、地位、同事关系、生活福利、工作环境等，它们不能直接起到激励职工的作用，但能预防职工产生不满情绪；另一种是"激励因素",如成就感、上级赏识、工作责任、发展机会等,它们能使职工产生满意感,从而激发职工的积极性。

4. 麦格雷戈的 XY 理论

美国学者麦格雷戈 1960 年出版的《企业的人性方面》一书提出了 XY 理论。X 理论是把人性建立在片面假设上的传统管理观点,它将劳动效率不高归结为人的本性不诚实、懒惰、愚蠢、好逸恶劳、不负责任等造成的,必须进行强制监督,并以惩罚为主要管束手段,才能迫使员工付出足够的努力去实现组织的目标。Y 理论对人性做出相反的假设,它认为人性并非生来就是懒惰的,要求工作是人的本能,只要给予一定的外界条件,就能激励和诱发人的能动性去努力工作,达到组织设定的目标,如果员工的工作没有干好,应从管理者本身去找妨碍劳动者发挥积极性的因素,主张以"诱导与信任"代替"强制与管束",去鼓励员工发挥主动性与积极性。麦格雷戈认为,只有运用"Y 理论",才能在管理上取得成功。

5. 利克特的支持关系理论

美国学者利克特提出的支持关系理论认为,有效能的领导者是注重面向下属的,他们依靠信息沟通使所有部门像一个整体那样行事。群体中的所有成员(包括领导者在内)实行一种相互支持的关系,在各种关系中他们感到在需要、价值、愿望、目标与期望方面存在真正共同的利益。利克特认为这是最有效的领导方法。

6. 布莱克与莫顿的管理方格理论

美国学者布莱克与莫顿提出的管理方格理论认为,领导者不仅要关心生产,而且要关心人,关心生产的程度和关心人的程度的相互结合就形成了各种不同的领导方式。他们设计了一张管理方格图,管理方格以对生产的关心程度为横轴,对员工的关心程度为纵轴,各轴线均为 9 等分,共形成 81 个小方格,用来表示不同结合的领导方式。他们认为,把对生产的高度关心同对人的高度关心结合起来的领导方式是最有效率的。

行为科学管理理论是从人的行为的本质中激发出动力、不断提高生产率的理论,也就是从人际关系和人的行为上去激发动力的管理理论。

(三)现代管理理论阶段

现代管理理论阶段是从 20 世纪 40 年代开始的。第二次世界大战以后,世界政治形势基本稳定,资本主义国家的经济发展出现了许多新的变化,科学技术的进步使许多现代自然科学技术出现了新成果,而随着运筹学、数理统计等方法应运而生,特别是以电子计算机技术为主要手段的信息技术和网络技术的出现和应用,使生产过程的自动化、连续化程度空前提高,企业的技术更新和产品更新大大加快,大型工程和复杂产品相继诞生,企业规模不断扩大,生产社会化程度更加提高,市场竞争空前激烈,阶级矛盾进一步激化。所有这些都对管理提出了新的要求,促使其发展为以经营战略为重点,并在管理思想、内容、方法、手段等方面有着新特点的现代管理。

这一阶段管理的研究日臻深入,呈现出了百家争鸣的繁荣局面。出现了许多学派。这些学派的形成,是建立在基本理论观点、基本分析方法和主要管理措施相一致的基础上的,各家都有自己的独到之处,而且都曾解决或说明过一些实际问题,现在同样也都在经历着实践的检验。其中主要的学派如下:

1. 社会系统学派

该学派以巴纳德为代表,注重从社会学的角度进行研究,认为组织是一个社会系统和协作系统,只有在内部均衡和与外部相适应的条件下,组织才能存在和发展。

2. 决策理论学派

该学派以西蒙为代表,吸收了行为科学、系统理论、运筹学和计算机技术等学科的内容,认为"管理就是决策",组织必须采用一整套决策的新技术,以找到最佳的决策方案。

3. 系统管理学派

该学派以卡斯特为代表,以系统理论为理论基础,强调应用系统的观点和方法全面分析和研究管理问题。

4. 经验主义学派

该学派以德鲁克和戴尔为代表,十分注重通过分析组织或管理者的成功经验,为各级管理人员提供在类似情况下进行管理活动的策略和技能,从而尽快达到组织的目标。

5. 权变理论学派

该学派以伍德沃德为代表,强调要根据组织所处环境的变化而随机应变,针对不同的情况,探求不同的最合适的管理方法与模式,不承认有普遍适用、一成不变的最好的管理理论。

6. 管理过程学派

该学派以孔茨和奥唐奈为代表,认为管理是由一些基本职能(如计划、组织、控制等)所组成的一个独特过程,这些职能之间相互联系,交错运转,形成了管理过程的整体运动。

7. 管理科学学派

该学派以伯法为代表,强调管理要尽量减少个人的艺术成分,要以数量方法进行客观描述,尽量使用数理方法与计算机。

8. 企业战略学派

该学派以安索夫为代表,认为企业经营之魂在于正确的战略,战略是一种指导思想与行为准则,是一个协调环境与自身能力的全局性决策过程。

现代管理理论学派林立,观点和方法不尽相同,但它们并非相互对立,而是相互补充的。它们体现了人们多角度、多层次、多方法和在不同社会环境下进行管理的成果。正是这些研究成果共同丰富了现代管理理论。

虽然管理学未来发展的细节研究难以预料,但可以肯定的是,管理学界将会不断探讨新的管理课题,提出新的理论和新的方法,同时,在产生新观点的过程中,各种理论观点相互融合、综合发展的趋势将会不可避免地存在。

第三节　企业管理概述

一、企业管理的概念

企业管理就是按照客观规律,运用各种科学方法,充分利用各种资源,对企业的整个生产经营活动进行计划、组织、指挥和控制,以适应外部环境变化,实现企业经营目标的一系列工作的总称。

企业管理作为一种社会分工,是协作劳动的需要。共同劳动的分工越细、技术越复杂、规模越大,管理也就越重要。管理是一种资源,也是一种财富。一个企业经营的成败三分靠技术,七分靠有效管理。在生产技术大体相同的企业,其经济效益的高低,主要取决于是否重视和加强管理。

随着市场经济的发展,企业的活动从组织生产扩展到组织经营,使企业的管理从生产过程扩展到流通领域。由于组织经营促使企业直接进入市场,参与市场竞争,更加注重经济效益,从而使企业进行运筹决策、营销谋略等管理问题变得更为突出。因此,科学的经营管理艺术已经成为企业生存和发展的重要手段。

二、企业管理的内容

(一)企业组织管理

企业组织管理属于上层建筑的范畴,是一定社会经济发展的产物,并随社会经济发展水平变化而逐渐发展变化。它一方面是社会生产力发展水平的反映,或者说,一定的组织管理水平反映了一定的社会生产力,体现在组织管理手段、工具和方法的发展;另一方面又是一定生产关系的反映,体现的是人与人的关系,是管理者意志的反映。

任何管理组织都是一定时期、一定条件下为实现预期目标的一种手段,而且是十分重要的手段。因为,对于任何一个组织,管理的成败主要取决于两个方面的因素:一是领导人的能力;二是组织管理的有效性。这两个因素是相互依存、相互补充的。在一定时期、一定条件下,即使组织不先进,由于领导人能力很强,也可以暂时凭借领导人的才能来弥补管理组织中的不足,但一旦领导人更换和调整,管理工作就很可能受到挫折和失败,比如"苹果公司"的创始人之一史蒂夫·乔布斯。因此,是否拥有一个健全的组织关系到管理工作的成败,而且领导人的能力与健全的组织相比,一个健全的管理组织更具长期性和稳定性。

（二）企业人力资源管理

随着现代企业的发展，人的决定性作用越来越凸显出来。能否造就和保持一个适合人才成长的良好环境，能否造就一支高素质、高凝聚力的员工队伍，日益成为企业成功的关键。

作为现代企业管理的根本课题，人力资源管理是指企业运用各种科学方法对企业的人力资源进行合理培训、组织、调配；以人为中心，使人、财、物、任务及企业经常保持最佳配置；对员工的思想、心理和行为进行恰当的引导、调整、协调，充分发挥人的主观能动性，使人尽其才，事得其人，人事相宜，以实现企业目标。

（三）企业财务管理

企业财务管理是指对企业的财务活动（包括固定资金、流动资金、专用基金、盈利等）的形成、分配和使用进行管理。

简单地说，财务就是财产方面的事物。企业财务就是企业再生产过程中的资金运动，即有关资金筹集、资金运用和资金分配等方面的活动，这些活动又称财务活动。资金是企业再生产过程中财产物资的货币表现。企业财务就是指企业在再生产过程中的资金运动及其与有关方面发生的财务关系。

财务管理是企业管理的一个重要组成部分，主要是利用价值形式组织、监督和调节企业财务活动，处理企业与各方面的财务关系，其核心是对资金及其运用效果的管理。

（四）企业经营管理

企业经营管理是指企业对自己所从事的经济活动的运筹谋划，是企业面向市场，通过对所拥有的人、财、物等各类经营要素的优化组合，利用企业外部环境因素，按照市场经济规律的要求，以最少的劳动消耗，获取最佳经济效益的全部经济活动过程。

由此可见，企业经营管理是企业以市场为出发点和归宿点，搞好市场调查与经营预测，选定产品发展方向，制订长期发展规划，进行产品开发，组织安排生产，开展销售与技术服务，达到预期经营目标的一个不断循环的过程。

（五）企业生产管理

企业生产管理是指通过生产组织、生产计划、生产控制等手段，对生产系统的设置和运行进行管理。

生产管理作为企业适应环境的一个重要环节，在整体性、动态化的管理中具有特别重要的地位。企业的最终目标是满足市场需要，实现企业所担负的社会使命。这个工作的基础是生产管理，即企业必须能够正常地生产、有效地运营，否则一切都是空话。生产管理不正常的企业是不可能满足市场需要的，也就失去了企业存在的价值。

生产管理就是对企业活动进行计划、组织、指挥、控制和协调的工作。它主要包括生产过程组织、生产能力核算、生产计划和生产作业计划的编制、生产进度控制、生产作业核算等,包含了企业生产过程的方方面面。

（六）企业物资与物流管理

物资管理是指对企业生产经营过程中的各种物资进行有计划的采购、存储、供应和使用等一系列组织与管理工作的总称。

物流管理（Logistics Management）是指在社会生产过程中,根据物质资料实体流动的规律,应用管理的基本原理和科学方法,对物流活动进行计划、组织、指挥、协调、控制和监督,使各项物流活动实现最佳的协调与配合,从而降低物流成本、提高物流效率和经济效益的过程。

企业物流是在企业经营范围内进行相关物流活动的总称。在企业经营活动中,物流是渗透到各项经营活动之中的活动,主要包括供应物流、生产物流、销售物流、回收物流、废弃物物流等。

（七）企业信息管理

企业信息化建设是指企业通过专设信息机构、信息主管,配备适应现代企业管理运营要求的自动化、智能化、高技术硬件、软件、设备、设施,建立包括网络、数据库和各类信息管理系统在内的工作平台,提高企业经营管理效率的发展模式。

企业的信息化建设不外乎两个方向：第一是电子商务网站,是企业开向互联网的一扇窗户；其次就是管理信息系统,它是企业内部信息的组织管理者。电子商务的发展速度和规模是惊人的,各行各业的许多企业都在互联网上建立起自己的网站。这些网站有的以介绍产品为主,有的以提供技术支持为主,还有一些企业网站则开展电子商务,利用互联网组织企业的进货和销售。

（八）企业质量管理

质量管理是指在质量方面的计划、组织、指挥、协调、控制等活动,也即确定质量方针、目标和职责,并通过质量体系中的质量策划、质量控制、质量保证和质量改进来使企业实现所有管理职能的全部活动。企业质量管理是指对企业的生产成果进行监督、考查和检验。

质量是企业生存和发展的第一要素,质量水平的高低反映了一个企业的综合实力,质量问题是影响企业发展的重要因素,在激烈的市场竞争中,产品质量和质量管理对企业发展有重要的作用和影响。

（九）企业文化管理

企业文化一般指企业长期形成的共同理想、基本价值观、作风、生活习惯和行为规范的总称,是企业在经营管理过程中创造的具有本企业特色的精神财富的总和,对企业成员有感召力和凝聚力,能把众多人的兴趣、目的、需要以及由此产生的行为统一起来,是企业长期文化建设的反映。

企业一旦发展壮大后,单靠权力和制度来管理企业有时就显得力不从心,这就需要有一个在此之外的力量来帮助管理企业,引导或约束员工的行为,这个力量应没有权力的强迫,没有威严的威慑,没有物质的引诱,应能和员工做心灵上沟通、交流和引导,与员工的思想吻合,使员工时时处处自觉地约束自己的行为不出轨,这个神奇的力量就是企业文化。

三、企业管理的方法

企业管理的方法是企业为实现管理目标,根据管理的一般原理而采用的方式、手段、措施等的总称。正确地运用科学的管理方法,是发挥管理功能、实现管理目标的必要条件。人们进行企业管理活动的过程,就是各种管理方法的应用过程。

在人类长期的管理实践中,已经总结出多种多样行之有效的管理方法。同时,管理内容的复杂多样性,决定了管理方法的多样性。因此,运用管理方法,必须做到因地、因时、因人制宜,切不可照搬照抄。另外,管理方法具有多方面的内容和形式,各种经济管理方法既互相区别,又互相联系、互相补充、互相渗透,它们共同构成管理方法的体系。指望使用一种或少数几种管理方法就可以把企业管理搞好,是不可能的。

企业管理的方法很多,可以按不同的标准,从不同的角度予以分类。按管理方法的内容及其依据的不同,可以划分为行政方法、经济方法、法律方法、教育方法、社会心理学方法和数学方法。下面仅按管理方法的内容及其依据的不同对企业管理的基本方法加以阐述。

(一)行政方法

行政方法是指行政组织机构凭借行政权力运用行政手段,对管理对象下达行政命令、指示、规定等,按行政系统隶属关系来管理企业的方法。这种方法具有权威性、强制性、稳定性、时效性、明确性、保密性等特点。

行政方法是管理活动中最古老、最基本的方法,其优点为:集中统一;灵活有力,见效速度快;能够处理特殊问题;便于管理职能的发挥;是实施各种管理方法的必要手段。其缺点为:管理效果直接受领导水平的影响;不便于分权;不利于发挥下属的积极性;横向沟通困难,矛盾多;信息传递迟缓,失真严重。

运用行政方法进行企业管理时,首先,必须加强企业领导者的自身素质,不断提高管理水平和领导艺术,树立领导权威;其次,要正确处理集权与分权的关系,按责、权、利相结合的原则,给予各管理层次应有的权力,使他们有职、有权、有责;再次,建立横向联系制度,明确横向分工的职责范围,以加强横向沟通。

(二)经济方法

经济方法是指按照客观经济规律的要求,运用各种经济手段和经济方式,来调节各方利益关系,以实现企业管理目标的方法。这种方法具有利益性、平等性、非直接性、广泛性、技术性、公开性等特点。

经济方法的核心和实质是贯彻物质利益原则,其优点为:能够有效地调动各方面的积极性;便于衡量和评价企业的经济效果;便于实行分权的组织管理,发挥各方面的主动性和创造性。其缺点为:容易产生拜金主义现象;容易导致利益目标的分散与混乱。

运用经济方法进行企业管理时,首先,必须按经济规律办事,充分发挥各种行之有效的经济手段的作用;其次,兼顾国家、企业和员工的利益,保证3方面各得其所;再次,以经济效益为中心,综合运用各种经济方法,最终达到提高经济效益的目的;最后,必须注意利益导向,实行奖勤罚懒,奖优罚劣,切不可搞平均主义。

（三）法律方法

法律方法是指运用国家法律、法令以及类似法律性质的各种条例来管理企业的方法。这种方法具有权威性、强制性、规范性、稳定性、综合性、可预见性等特点。

法律方法是现代企业管理的重要方法之一,其优点为:有据可依,有章可循;法律面前人人平等;有利于法制经济的建设。其缺点为:缺乏弹性,容易管理僵化;不便于处理一些特殊的、偶然的、局部的事件以及思想意识方面的问题。

运用法律方法进行企业管理时,首先,必须知法懂法,提高法律意识,树立法制的权威性;其次,要通过有效的法律机构和体系来保证法律的实施。

（四）教育方法

教育方法是指采用政治思想教育、科学文化教育、业务技术教育等手段来提高企业员工素质,解决各种问题的方法。这种方法具有目的性、科学性、系统性、启发性、艺术性、长期性等特点。

教育方法包括灌输、形象教育、感化教育、养成教育、对比教育、典型示范、家访、谈心、轮训、短期培训、院校教育等。其优点为:具有非强制性,容易接受;形式多样,不拘一格,灵活多变,不守常规;有利于企业的长远发展。其缺点为:往往见效迟缓;有时会产生反感和抵制。

运用教育方法进行企业管理时,首先,必须理论联系实际,防止走形式,要注重实效;其次,既要与生产经营业务相结合,也要与关心和解决员工实际问题相结合;再次,将表扬与批评相结合,以表扬为主;最后,身教同言教相结合,身教重于言教。

（五）社会心理学方法

社会心理学方法是指运用社会心理学所揭示的人们在一定的社会组织活动中的心理过程和心理特征的发生、发展规律的科学成果进行企业管理的方法。这种方法具有诱导启发性、广泛适应性和时间效率性等特点。

社会心理学方法强调以人为核心,其优点为:富有人情味;应用广泛,形式多样;常常有意想不到的良好效果。其缺点为：心理揣摩不定，有时不能"对症下药"；不使用强制手段，有时难以奏效。

运用社会心理学方法进行企业管理时，首先，必须学习社会心理学知识，提高理论水平；其次，要悉心揣摩满足需求，不断创造激发动机的各种方法；再次，要灵活运用，注意其时间效率。

（六）数学方法

数学方法是指借助数学原理、公式，制定经济过程数学模型，再现经济现象的量的规律性来从事管理活动的方法。这种方法具有定量性、科学性、系统性、预见性、先进性、广泛性等特点。

数学方法很多，在企业管理中经常用到的有量本利分析、滚动计划、网络计划技术、价值工程、ABC分析、预测技术、决策技术、线性规划、非线性规划、数理统计等。其优点为：描述管理问题清晰、扼要；能够预见管理现象的变动趋势；有助于科学选择最优管理决策方案；应用范围广泛。其缺点为：难以解决管理中的定性问题；往往需要比较全面、准确的原始资料支持。

运用数学方法进行企业管理时，首先，必须做好管理的资料基础工作，以提供所需的运算数据；其次，要注意采用的方法与所要描述、分析和解决的问题是否相关，相关的程度如何，是否需要进行合理的修正；再次，必须把定量分析与定性分析相结合；最后，紧密与电子计算机相结合，提高经济数量分析的及时性和准确性。

随着社会主义市场经济体制的深入发展，不断完善企业管理方法已被时代提到各级管理者的面前。各级管理者在管理活动中，一定要把管理目标的一致性、管理原则的普遍性和管理方法的多样性有机地结合起来，并且在正确选择运用已有的管理方法的同时，要解放思想，大胆创造新的管理方法，大胆吸收引进国外先进的管理方法和管理技术，形成具有中国特色的企业管理方法体系。

小知识   **企业管理创新**

企业管理创新是指企业的管理者不断根据市场和社会变化，利用新思维、新技术、新方法、新机制，创造一种新的更有效的资源组合范式，以适应和创造市场，促进企业管理系统综合效益的不断提高，达到以尽可能少的投入获得尽可能多的综合效益的目的的具有反馈机制的全过程管理。

企业管理创新作为一项系统工程，至少应包括以下8个方面的内容：

一、管理理念创新

管理理念的创新重在用新的策划、新的技巧、新的形式打破陈旧平衡，敢于标新立异，贵在围绕社会效益、眼前利益和长远利益，形成管理特色。

二、管理战略创新

企业的管理者要采取战略分析、战略制定、战略选择、战略实施等步骤，通过采用 SWOT 法（这里的 S 是指企业内部的优势，W 是指企业内部劣势，O 是指企业外部环境的机会，T 是指企业外部环境的威胁）对企业经营效益、风险、利润相关者的反应、市场前景等做出评价，并领导、组织、管理好经营战略创新。

三、管理组织创新

企业组织形式不是一成不变的，必须根据企业发展和市场竞争的需要进行调整和创新。要重视组织的柔性，探讨更高效、更灵活的组织结构形式，如建立跨职能机动团队。

四、管理制度创新

要积极借鉴国外企业现代管理规范，探索和形成一整套有中国特色的现代企业科学管理制度，从目前来看，需要以 ISO 系列质量保证体系建立为契机，创新规律规范。

五、管理技术与方法创新

现代科学技术的发展，为加强企业管理提供了全新的条件，要重视和广泛采用现代管理技术、方法和手段来加强管理，把在长期实践中创造的行之有效的企业管理方法与国外企业的先进管理方法结合起来，逐渐扬弃并改变以前的管理方法，从市场预测、成本分析、产品设计、生产准备、库存物流、加工制造、产品销售到售后服务全过程探索新的管理方式方法。

六、企业文化创新

企业文化创新的关键是东方儒家文化的精华和西方现代管理科学有机地融合起来，创立符合企业实际的具有中国特色的新型企业文化。

七、管理模式创新

管理模式是管理内容、管理方法、管理手段和管理形式的有机统一。企业管理创新的模式有两种：一种是以改进产品和服务为主的市场适应模式，另一种是以创造产品和服务为主的市场创造模式。

八、人力资源管理创新

目前的人力资源管理往往侧重于人员招聘、员工合同管理、考勤与绩效评估薪酬与培训等和企业内部有关的事项，忽略了人自身价值的实现和对市场与顾客的关注。人力资源管理创新，应该使人力资源部门成为企业最核心的部门，企业应设立人力资源总监，组建一个学习型组织，使员工得到公平合理的报酬、自我发展的机会和自愿献身的职业。

小　结

本章主要阐述了企业、管理和企业管理的基本概念以及相关的一些基础知识,并通过对企业管理内容的介绍,为下面章节的逐一展开做了一个概括和铺垫,其间穿插介绍了一些企业管理基础知识,尽管是课外阅读,依然值得认真阅读。

思考与练习

1. 结合一些知名企业,谈谈对企业的基本认识。
2. 管理的本质是什么?
3. 企业管理的任务是什么? 具体包括哪些主要工作? 其核心是什么?

第二章　企业组织管理

知识目标

1. 掌握企业组织、企业管理等概念、职能、性质，以及企业组织形式的分类。
2. 理解公司制企业的主要组织机构及其职能。
3. 了解企业的一般组织结构，熟悉企业的领导制度。

能力目标

1. 能够具体设计几种常见的企业组织结构形式。
2. 能够深刻理解公司制企业的组织结构形式。
3. 能够详细阐述企业组织管理的职能。

第一节　企业组织管理概述

大雁在飞行的时候通常会排成"V"字形或者"一"字形，这是因为鸟飞行时翅膀尖端会产生一股向前流动的气流，称为"尾涡"。后面的鸟利用前面的"尾涡"，飞行时要省力得多。科学家经过大量的调查研究发现：大雁以这种方式飞行要比单独飞行多出12％的距离，飞行的速度是单独飞行的 1.73 倍。由此我们可以看出有组织地进行某项工作会在工作中有效地提高其相应的工作效率，使部分组成整体，并经过优化设计后产生 $1+1>2$ 的效果。

我们的企业在生产过程中也是如此。企业在经济社会中是基础的组成单元，每一个企业自身又是由一整套完整的系统结构组成的，这些不同的系统部门相互之间只有通过有效的管理，紧密地组织在一起，才能发挥出其最大的效用。

一、企业组织的含义及职能

（一）企业组织的含义

组织是人们为了实现共同的目标而形成的一个协作系统，学校、工厂、政府机关、社会团体等都是组织。而企业管理的组织是企业从事管理活动以实现企业目标的一个协作系统。

企业组织，对任何企业来说，都是不可缺少的管理形式，但从认识的层面上有所不同,我们把它分为广义和狭义两种。从我们所认识的角度不同,我们将其分为广义的组织和狭义的组织两种。

广义的含义:企业组织是指企业为了实现共同目标、任务,通过确定职位、职责和职权,协调相互关系,传递信息,将生产经营和要素连接起来,使其成为一个有机整体的一系列活动。

狭义的含义:具体到每个企业的管理实际工作中,企业组织主要是指对人的组织,包括人员、职位、职责、职权、关系等的有效的组织。

由此我们可以看到企业组织具有以下3个特点:

(1)每一个组织都有一个明确的目的,这个目的一般是以一个或一组目标来表示的,就企业组织而言,其目的就是生产盈利。

(2)每一个组织都是由人组成的,企业是由在企业中工作的员工这一最基本的生产单位组成的。

(3)每一个组织都通过一种系统性的结构来规范和限制成员的行为。比如企业中的各个职能部门,以及为了规范管理所指定的各种管理制度。

(二)企业组织的职能

企业组织职能是一个比较抽象的概念,就是把企业生产的总任务分解成一个个的具体任务,然后再把它们合并成不同的单位和职能部门,同时把权力分别授予每个单位或部门的管理人员。

企业组织管理的具体内容包括以下三个方面:

(1)确定企业自身的领导体制,设立组织管理机构。也就是对于企业确立一种机构设置、职责权限和领导关系、管理方式的结构体系。其实就是要解决领导权的权力结构问题,它包括权力划分、职责分工及其它们之间的相互关系。当然,在确定领导体制时,形式可以多种多样。

(2)对在企业组织中工作的全体职员指定岗位、明确职责及相互划分。使得组织中的每一个人明白自己在组织中处于什么样的位置,需要干什么工作,保证企业的日常工作能够有秩序地自主进行。

(3)设计有效的工作程序,包括工作流程及要求。因为,一个企业的任何事情都应该按照某种程序来进行,这就要求企业组织有明确的责任制和良好的操作规程。一个混乱无序的企业组织是无法保证完成企业的发展目标和生产任务的。

二、企业组织管理的性质

企业组织管理属于上层建筑的范畴,是一定社会经济发展的产物,并随社会经济发展水平变化而逐渐发展变化。它一方面是社会生产力发展水平的反映,或者说,一定的组织管理水平反映了一定的社会生产力,体现在组织管理手段、工具和方法的发展;另一方面又是一定生产关系的反映,体现的是人与人的关系,是管理者意志的反映。

任何组织管理都是一定时期、一定条件下为实现预期目标的一种手段,而且是十分重要的手段。因为,对于任何一个组织而言,管理的成败主要取决于两个方面的因素:一是领导人的能力;二是组织管理的有效性。这两个因素是相互依存、相互补充的。在一定时期、一定条件下,即使组织不先进,由于领导人能力很强,也可以暂时凭借领导人的才能来弥补管理组织中的不足,但一旦领导人更换和调整,管理工作就很可能受到挫折和失败,比如"苹果公司"的创始人之一史蒂夫·乔布斯。因此,任何管理工作的成败,一个健全的组织是必不可少的保证,而且领导人的能力与有效的组织相比,一个良好的管理组织更具长期性和稳定性。

组织结构是一个变量。组织结构是指组织中各部分之间相对稳定关系的一种模式。组织结构不存在一成不变和所谓最好的模式。因为企业发展的目标、环境、内部条件是不断变化的,之前较好的组织结构也许拿到现在就不适用了,所以组织结构需要不断的调整、改革和完善。任何组织机构不可能也达不到最优,因为它只是实现目标的一种方案。任何方案有利必有弊,十全十美的方案是不存在的。因此,评价组织结构的方法是,根据一定的目标、环境和原则,从中挑选一个较好的方案——满意方案。或者说,随着时间、条件的变化,任何组织都要不断地改善。

组织是一个动态的概念和过程,原因如下:第一,组织结构必须反映目标和计划,而目标和计划是随时在变的;第二,组织结构反映了管理者可以适用的职权,而这个由社会决定的处理问题的权限是会变化的;第三,组织机构必须同其环境相容,不断变化的经济、技术、政治、社会以及伦理因素构成了组织结构的前提条件;第四,由于组织管理的对象主要是人,即除了研究组织本身的优缺点外,还要考虑组织中人的积极性,如果说一个企业人不行,再好的组织也无效果,因此组织管理就是要考虑人和组织机构、人与方案的有机结合,即考虑人的素质。组织管理是一个非常复杂的、动态的概念。

三、企业组织管理的要求

想要拥有一个良好的组织管理活动就必须使其满足一定的要求,作为一个企业来说,正常的生产发展也需要依靠这些具体的要求来约束管理。

(1)追求共同目标。因为,一个企业组织总有它的目标,不论是长期的战略目标还是短期的战术调整。任何组织管理要求组织的各个部分、组织的各个成员都围绕组织这个目标并为之奋斗。

(2)自愿效力。任何组织都要有组织能力,能调动组织中任何一个人的积极性,使他自愿为组织效力。企业为了实现这一要求可以采用多种手段,比如严格的制度、有效的激励等。

（3）意志沟通。一个良好的组织应该是沟通每个职员意志的桥梁，并使职工的行动统一到组织的目标上来，这样组织指挥才有群众基础，才能在组织内部做到令行禁止。上下级意志沟通的渠道必须畅通，上级领导的发展构思能够让员工及时透彻地了解，下级员工的意见也能够随时传到管理者的耳中以便根据实际生产情况做出调整。

（4）协调工作。任何良好组织应是协调工作的枢纽，对执行工作的任何环境变化都能及时发现、调整并及时预防，为实现组织目标服务。

（5）先进的观念。在信息时代生产信息瞬息万变，各种内部因素和外部因素都可能直接影响到企业生产的正常进行。作为一个合格的管理组织机构，要能够快速地收集采纳这些即时的信息帮助企业修正自身与市场实际的差距，从而生产出市场需要的产品，加强企业的竞争活力。

第二节 企业组织机构

一、企业的组织形式

现代企业的组织形式是多种多样的。按照市场经济的要求，现代企业的组织形式按财产所有权的组织形式和所承担的法律责任来划分，主要分为以下几种：

（一）独资企业

独资企业，西方又称"单人业主制"。它是由某个人出资创办的，有很大的自由度，只要不违法，如何经营，要雇多少人，贷多少款，全由业主自己决定。赚了钱，交了税，一切听从业主的分配；赔了本，欠了债，全由业主的资产来抵偿。我国的个体户和私营企业很多属于此类企业。其特点如下：经营灵活、决策迅速、利润独享、保密性强；投资人承担无限责任，风险大，经营中人为因素影响较大。

（二）合伙企业

合伙企业是由几个人、几十人甚至几百人联合起来共同出资创办的企业。它不同于所有权和管理权分离的公司制企业。它通常是依合同或协议组织起来的，结构较不稳定。企业经营管理有了制约，合伙人对整个合伙企业所欠的债务负有无限责任。合伙企业不如独资企业自由，决策通常要合伙人集体做出，但它具有一定的企业规模优势。

（三）公司制企业

公司制企业是按所有权和管理权分离，出资者按出资额对公司承担有限责任创办的企业。主要包括有限责任公司和股份有限公司。公司制被现代市场经济国家的企业普遍采用。

有限责任公司指不通过发行股票，而由为数不多的股东集资组建的公司（一般由 2

人以上50人以下股东共同出资设立),其资本无须划分为等额股份,股东在出让股权时受到一定的限制。在有限责任公司中,董事和高层经理人员往往具有股东身份,使所有权和管理权的分离程度不如股份有限公司那样高。有限责任公司的财务状况不必向社会披露,公司的设立和解散程序比较简单,管理机构也比较简单,比较适合中小型企业。

股份有限公司全部注册资本由等额股份构成,并通过发行股票(或股权证)筹集资本,公司以其全部资产对公司债务承担有限责任(应当有2人以上200以下为发起人,注册资本的最低限额为人民币500万元)。其主要特征如下:公司的资本总额平分为金额相等的股份;股东以其所认购股份对公司承担有限责任,公司以其全部资产对公司债务承担责任;每一股有一表决权,股东以其持有的股份享受权利并承担义务。

二、几种常见的企业组织结构形式

(一)直线制

它是早期的企业组织形式,具有指挥和管理的职能,由企业的行政领导人执行,不设专门的职能管理部门。直线制企业组织结构如图2-1所示。形式简单,指挥统一,职责分明,企业领导人必须具备广泛的业务能力。此种组织结构形式适合于产品单一、工艺简单和规模较小的企业。

其优点为:结构简单,上下级关系单一,指挥反应迅速,同级部门相互之间互不干扰。缺点如下:因为没有职能部门的帮助,领导从上指挥到下,经营管理各方面的权力集于一身。

(二)职能制

这种组织结构形式的特点是为了弥补直线制组织结构形式中没有职能部门的缺憾,企业为各级领导配备了职能参谋部门,厂长通过这些职能部门下达命令,每个职能部门都有权独立地指挥下级部门,如图2-2所示。

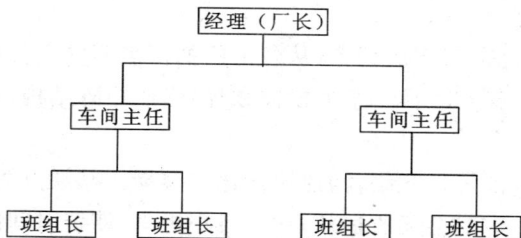

图2-1　直线制企业组织结构

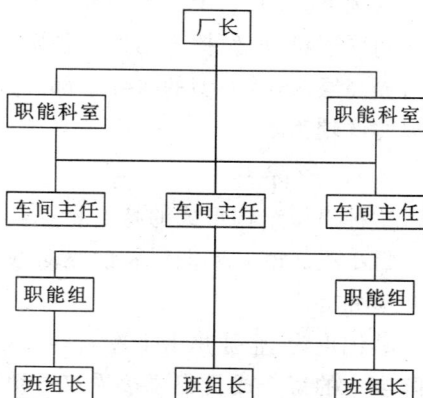

图2-2　职能制企业组织结构

其优点为:可以帮助厂长做出正确的决策,发展各职能部门的专业化水平。其缺点为:生产部门有多个上级指挥,形成多头领导,容易造成管理混乱。每个职能部门都有指挥权,不利于企业统一指挥和工作效率的提高。

(三)直线职能制

这种组织结构形式的特点是将直线制和职能制两种组织结构形式取长补短,综合它们的优势,形成新型的组织管理模式。直线职能制企业组织结构如图 2-3 所示。

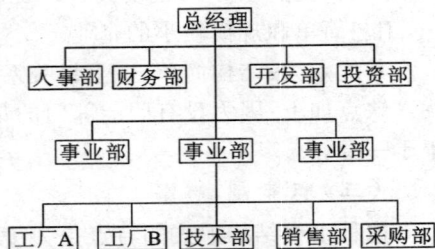

其优点为:各级领导都有参谋人员,能帮助领导做出正确的决策,又使领导保持指挥的统一性,适合于现代企业的管理细致复杂的要求。其缺点为:管理中部门科室与部门科室之间的横向联系较弱,沟通协调困难,致使管理效率降低。

(四)事业部制

事业部制企业组织结构实质上是"直线职能制"形式的发展和扩大。企业的生产经营活动可以按产品或地区加以划分,成立各个经营事业部。事业部制企业组织结构如图 2-4 所示。

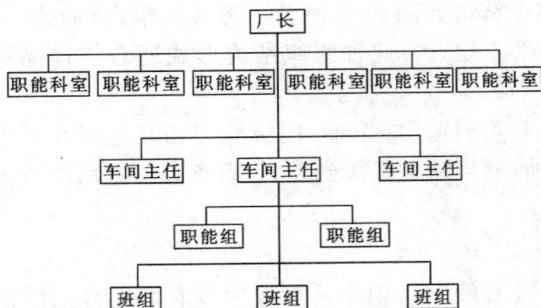

图 2-3　直线职能制企业组织结构　　图 2-4　事业部制企业组织结构

其优点为:有利于公司领导集中精力制定重大决策和研究长远规划;有利于事业部之间展开竞争,发挥主动性和积极性;有利于适合市场变化,提高总体竞争力;有利于培养高层次、全面型的领导干部。其缺点为:职能机构重叠,用人较多,公司对各事业部协调较为困难。

(五)矩阵制

这种组织结构形式的特点是企业为完成特定的任务,从各部门抽调需要的人员组成项目小组。既有职能科室的纵向领导,又有项目小组的横向领导,形成矩阵结构,如图 2-5 的示。

其优点为:企业里上下左右的关系都能经常联络,沟通协作比较容易。其缺点为:矩阵当中的每个成员都要接受双重领导,有时会无所适从;在项目小组里,滞留时间的长短与研究开发成功与否有关,可长可短,因此会使人产生临时观念。

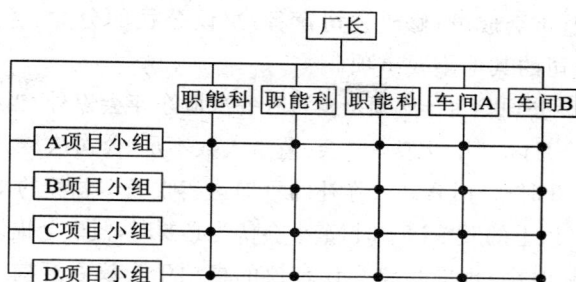

图 2-5　矩阵制企业组织结构

三、公司制企业的主要组织机构及其职能

公司制企业是目前市场经济国家的主要企业组织形式,下面我们就以此为例说明公司制企业的主要组织机构(见图 2-6)及其职能。

(一)最高权力机构——股东大会

股东是公司财产的所有者,虽然他们不直接参与公司企业的经营管理,但对公司的经营管理,每个股东都有表达其意见的权利。股东大会就是由公司全体股东所组成的,对公司一系列重大问题发表意见、做出决议的公司最高决策机构。

股东大会的各种会议,主要依据公司法或公司章程所规定的以股东会议的召开时间为固定时间或可选择的其他时间为标准进行划分。《中华人民共和国公司法》(下称《公司法》)规定,股东会议分为股东年会和股东临时会。

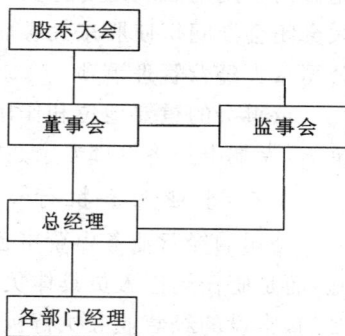

图 2-6　公司制企业组织结构

(1)股东年会。股东年会是指每年必须至少召开一次的全体股东会议,且应于每会计年度终结后一定时期内召开。

股东年会由董事会依照《公司法》的规定负责召集,并由董事长主持。董事长因特殊原因不能履行职务时,由董事长指定的副董事长或者其他董事主持召开。股东年会应当将会议审议的事项于会议召开 30 日以前通知各股东。发行无记名股票的,应当于会议召开 45 日以前就会议审议事项发出公告。无记名股票持有人出席股东年会的,应当于会议召开 5 日以前至会议闭会时止,股票交存于公司。股东年会的主要议题如下:听取和审议公司董事会、监事会的工作报告;审议公司的年度财务决算、股利分配方案以及亏损的弥补方案;决议公司债的发行;讨论公司股本的增减;选举或罢免公司董事会和（或）监事会成员；修改公司章程；决议公司的分立、合并、解散和（或）清算等；审议和决定公司的其他重要事项。

（2）股东临时会。公司除每年必须至少召开一次股东年会以外，当有下列情形之一发生时，董事会应在 2 个月内召开股东临时会：董事人数不足《公司法》规定的人数或者公司章程所规定人数的 2/3 时；公司累计未弥补的亏损达实收股本总额的 1/3 时；单独或者合计持有公司股份 10% 以上的股东请求时；董事会认为必要时；监事会提议召开时。

公司召开股东临时会，也应当将会议审议的事项于会议召开前 30 日通知各股东，且股东临时会不得对通知中未列明的事项做出决议。

（二）企业管理中枢——董事会

股东大会虽是公司的最高权力机关，但由于一般股东只关心股利分配和股票价格对自己利益的影响，而对公司的大计方针、发展战略并不关心，这就导致一般股东与公司的联系越来越松散，股东大会仅就公司的发展方向、经营规模和盈利分配等重大问题做出原则性的决定，而真正掌握实权发挥决策作用的是公司董事会。董事会是股东大会闭会期间行使股东大会职权的常设权力机关，也是最高业务执行机构，负责处理公司重大经营管理事项。

董事会的重要地位和作用，使股东们对董事的选任十分审慎。现代各国公司的董事会，大都由经济管理专家、技术专家、法律顾问及高级职员等组成，人员素质很高。

（三）企业业务执行——经理人员

公司的经营业务由董事会做出决策，但董事会并不负责经营业务的具体执行或实施，而是聘任经理人员具体负责公司的日常经营管理活动。因此，经理人员是公司必要的、常设的经营业务执行机构。

经理人员是经董事会过半数的董事同意委任，秉承股东大会、董事会的决议，有权管理公司事务并有权代表公司签字的人。一个公司可有一人或数人担任经理，当有数名经理时，应以一人为总经理，其他的人为副总经理、经理或副经理。总经理是经营业务执行机构的最高行政首长，其他经理人员协助总经理工作。

（四）企业监督机构——监事会

由于股份公司是所有权与经营权相分离的法人组织，其经营决策权集中在董事会成员手中，日常事务管理权更集中在受聘于董事会的总经理一人身上，因此，公司股东为防止其委任者滥用职权、违反法令和公司章程、损害股东的利益；并且由于为数众多而又十分分散的股东受知识能力的限制（行使监督职能需要有专门的知识技能）、管理公司时间上的限制（股东大会一年的召集次数总是有限的）和空间上的限制（股东分散于全国各地，多数股东有自己的职业很难脱身），所以就由股东大会授权公司的监督机构——监事会，代表股东大会以监督公司业务执行为其主要权限，并对股东大会负责。

![案例] 案例　　　　　　　　　　　　总经理的困扰

华海机床制造公司是一家老企业，在取得经营自主权、自负盈亏、实行经理负责制后，在该厂已工作21年的中年工程师严某被任命为经理，对原来的领导班子进行了大改组，成立了由经理、总经济师、总工程师、总会计师、党委书记组成的核心领导班子。

负责公司日常业务行政管理工作的厂务委员会，由以经理为首，总经、总工、总会以及3位分别负责生产、人事和福利的副经理组成。

严经理认为，他这种企业的关键职能还是技术。为了体现总工负责的技术管理系统的重要性，总工要掌管公司设计研究所、工艺处、质量检验处、计量处、设备与维修处、能源动力处、基建处、技术服务处、技术档案处，其中设备与维修处下辖机电维修车间。总工程师责任繁重，配备有3名副总工程师做助手，并设有总工办公室协助处理日常事务。

总经济师属下只有计划处、销售处两个部门。

总会计师属下有财务、审计两个处。

生产副经理管辖：生产处、采购供应处、运输处3个部门；同时还要掌管各生产车间，包括模型、锻压、铸造、第一、第二与第三金工车间、热处理车间、表面处理车间和装配调试车间共9个生产部门。

人事副经理管辖干部、劳资、培训和安全保卫4个处。

福利副经理管辖行政、房产、食堂管理3个处和职工医院。

新的组织结构使企业活力增加了，新班子朝气足、开拓精神强。公司的产品开始出口创汇，远销到20余个国家和地区。引进了新技术，产品更新加快了，但是该组织结构也显示出了一些缺点，令严经理担心。

首先，新设的总经济师一职，负责原先由总工负责的销售、计划。原来下层矛盾，现在却升级变为总工与总经之间的"高级"矛盾。

其次，现有结构中，总工手下的研究与开发、设计与工程两职能是合在一起的。他们对成本和效益的考虑极少。这便与销售、计划部门易生抵触。

再次，销售部门由于不谙技术，在对外谈判项目中，只能负责商务、价格方面的谈判，而对于技术性谈判，不得不借用设计、开发、研究部门的工程技术人员。随着销路的拓宽，这种谈判越来越多，使大批工程技术人员越来越多、越来越久地陷入到谈判中去，致使设计开发的人力资源不足。

另外，当初原设想，为建立以总工为核心的技术管理系统，将有关技术的职能部门都划归总工的属下，结果使总工精疲力竭，难以兼顾。

案例思考

1. 指出该厂的组织管理中存在的问题。
2. 分析造成这些问题的原因。
3. 提出你的改组方案并说明理由。
4. 画出该厂原有的组织结构图以及经过改组后的组织结构图。

小知识　　　　　　　铁路企业组织机构

铁道部是主管铁路工作的国务院组成部门。其主要职能如下：拟定铁路行业发展战略、方针、政策和法规，制定国家铁路统一的规章制度并监督执行；拟定铁路行业的发展规划，编制国家铁路各项年度计划并组织指导实施；负责铁路建设的行业管理，组织管理大中型铁路建设项目的有关工作；拟定铁路行业的技术政策、标准和管理法规，组织重大新技术、新产品的研究和成果鉴定；推动和指导铁路改革；任免铁路企业和铁道部直属单位主要领导干部；负责国家铁路财务工作，安排使用全路建设基金和资金，管理国家铁路事业经费；统一管理全国铁路调度指挥工作，监督、检查全行业安全生产和路风建设；管理国家铁路外事和对外经济合作交流工作；负责国家铁路系统党的建设和思想政治工作，管理职工队伍建设等。

铁道部主要内设机构包括：办公厅、政策法规司、发展计划司、财务司、科学技术司、人事司、劳动和卫生司、建设管理司、国际合作司、安全监察司、运输局。

在铁道部下设置了若干铁路局，铁路局是中国铁路管理体制的特色产物，是中国铁路三级体制的重要组成部分。中国目前有18个铁路局（公司），分别如下：哈尔滨、沈阳、北京、呼和浩特、郑州、济南、上海、南昌、广铁集团、柳州（2007年已搬迁至南宁）、成都、昆明、兰州、乌鲁木齐、青藏铁路公司、太原、西安、武汉。每个铁路局又由如下站段构成：沿线各车站、机务段、工务段、电务段、客运段、车辆段、供电段、工务机械段、通信段等。

第三节　企业领导制度

领导制度是企业有效开展生产经营活动、取得良好效益的根本保证，是企业管理工作中相辅相成的两个重要方面。

领导制度能够确定企业领导层各方面的职责权限关系，使领导制度融合到组织中去，企业组织才能通过具体的制度、职责权限以及人事工作来落实具体的工作事项。

一、领导的含义与领导者的素质及企业管理者的类型

（一）领导的含义与领导者的素质

领导是指通过信息沟通，引导和影响群体或组织成员，使其为实现群体或组织目标而做出努力和贡献的过程。领导权力是指领导者有目的地影响下属心理与行为的能力。

现代企业的领导者应体现干部队伍的革命化、年轻化、知识化、专业化和德才兼备的标准。

企业高层领导者应具备的能力素质包括：政治素质、文化素质、能力素质、作风素质、心理素质、身体素质。

（二）企业管理者的类型

凡是在企业中担负对他人的工作进行计划、组织、指挥、协调、控制等工作的人就是管理者。一个企业中可以有很多管理者，只是每一位管理者所管理的事物和肩负的责任有所不同，因此，就形成了企业管理的层次。图2-7所示即是一个企业金字塔式的管理层。

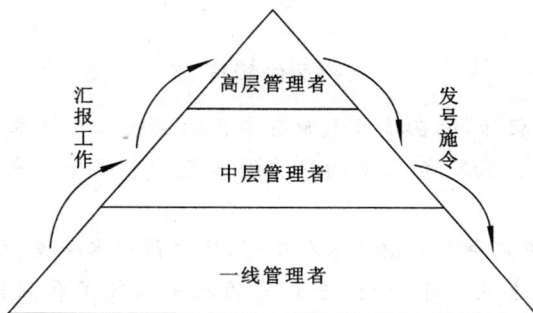

图2-7　金字塔管理层次

二、企业领导制度分类

企业领导制度是指领导层中各个方面、各个环节的职责分工、相互关系、权力划分和工作机构设置的规定，主要解决企业中党、政、工组织的相互关系，明确它们之间的职责、权限和分工协作关系。

（一）经理负责制

经理负责制是一种专责制，是企业的生产行政和经营管理工作由经理统一领导、全面负责的一种领导制度。

经理是企业的法定代表人，在企业的生产经营活动中处于中心地位。

其职权如下：企业行政机构设置、副经理任免提名、中层干部任免、劳动工资及人事制度制定、经营决策等。

其责任如下：对国家负责，对社会负责，对企业负责，对员工负责。

（二）董事会领导下的总经理负责制

董事会授权总经理，由总经理全面负责公司的日常生产行政和经营管理工作的制度。

总经理的行政工作系统是以总经理为首的行政领导班子，主要包括：总经理、副总经理、各部门经理、总经济师、总会计师、总工程师、公司秘书等。

（三）企业员工代表大会和党组织的地位与作用

企业员工代表大会是企业实行民主管理的基本形式，是员工行使民主管理的权力机构。

员工代表大会的工作机构是工会，其职责和权限如下：提高企业员工素质；总结推广先进经验；促进员工团结等。

企业党组织是党在企业里的基层组织，在企业中处于政治核心地位，它的主要任务是发挥政治核心作用，适应企业法人治理结构的要求，围绕企业生产经营活动开展工作。

案例　　　　　　　　　　　**严厉的领导**

乔利民是一位工程师，他在技术方面有丰富的经验。在技术科，每一位科员都认为他的工作相当出色。不久前，原来的科长调到另一个厂去当技术副厂长，领导任命乔利民为技术科科长。

乔利民上任后，下定决心要把技术科搞好，他以前在水平差的领导下工作过，知道这是一种什么滋味。在头一个月内，全科室的人都领教了乔利民的"新官上任三把火"。在第二天，小张由于汽车脱班，赶到厂里迟到了3 min，乔科长当众狠狠地批评了他一顿，并说"技术科不需要没有时间概念的人"。第二个星期，老李由于忙着接待外宾，一项技术改革提案晚交了一天，乔科长又大发雷霆，公开表示"再这样，要把老李调走"。当乔科长要一份技术资料时，小林连着加班了3个晚上替他赶了出来，乔科长连一句表扬话也没有。到了月底，乔科长还在厂部会议上说，小林不能胜任工作，建议把小林调到车间去。

一年过去了。厂领导发现，技术科似乎出问题了，缺勤的人很多，不少人要求调动工作，许多工作技术都应付不过来了，科室里没有一种和谐而团结的气氛。厂领导决定要解决技术科的问题了。

案例思考

1. 乔利民的管理方法有什么问题？从领导者和员工不同角度出发来分析。
2. 厂领导是否应该把乔利民调离？为什么？

小知识　　　　　企业领导制度沿革

　　企业的领导制度是随着企业的自身发展而不断变化进步的，从最初的"家长制"领导，到后来改革开放后的"经理制"领导，再到近些年发展的职业"软专家"领导和专家集团领导，无一不在体现着企业领导制度的不断革新，同时也体现出我国企业的不断成熟。

　　我们国家的企业领导制度随着我国的企业从无到有走过了60多个年头，可分为以下几个阶段：

　　(1) 行政一长负责制(1951—1956 年)；

　　(2) 党委领导下的厂长负责制(1956—1976 年)；

　　(3) "革命委员会"制(1966—1976 年)；

　　(4) 党委领导下的厂长负责的恢复与改革；

　　(5) 厂长负责制的试点和全面推行；

　　(6) 以股份制为核心的现代企业制度建设。

　　随着社会主义市场经济的不断发展，我国新型企业领导体制也在不断发展。结合中国具体国情和世界惯例，我国新型企业领导体制逐渐发展成为具有中国特色的企业领导体制。建立新型企业领导体制的关键是企业家职业化、市场化，前提是规范企业内部法人治理结构，主要特征是权责分工明确、监督制约完备、协调团结高效。但是由于各种原因，我国目前的企业领导体制还存在种种问题，需要各方面的完善。

　　现代企业制度本身就是创新的产物，至今仍在不断发展中。国际上，西方资本主义国家建立现代企业制度取得成功的企业大多数是以私有制为基础的。我国要在公有制主体上建立能与国际接轨的现代企业制度，既不能走私有化的道路，也不能在公有制的基础上照搬硬套国外的固定模式，必须着力于现代企业组织制度的创新，建立新型的公司企业领导体制。我国要在社会主义制度条件下建立现代企业制度，如果离开党组织的政治核心地位和劳动人民的主人翁地位这个前提是注定要失败的。然而，社会主义的公有制从它采取的形式看，又是改革的对象。不改革公有制现有形式，公有制的优越性就无法充分体现出来，社会主义前途就会断送。中国共产党的领导和劳动人民的主人翁地位，是我们的政治优势，在建立现代企业制度过程中如果受到削弱，就将遇到极大的困难。所以，如何建立新型的公司企业领导体制，绝不只是组织机构数量和形式的问题，而是关系到原有的政治优势能否在新的形势下继承和发展的大问题。

　　企业实行什么样的领导制度，要符合企业的实际情况。我们的企业是社会主义性质的，实行什么样的领导制度，必须符合经济发展规律和社会主义企业的特征。不论市场如何变化，不论国际环境如何纷繁复杂，我们都应该始终坚持社会主义市场经济这一基本方向。

小　　结

　　本章通过对于企业组织管理制度的介绍，基本勾勒出了当今社会主义市场经济环境下的企业组织模式；通过结合一些案例，具体地分析当前企业组织管理中所遇到的一些问题；通过一些图示展示企业组织结构的设立，能够更形象直观地了解企业。

思考与练习

1. 通过网络查询一些知名企业的组织机构是如何设置的。
2. 根据所学，自己绘制一个简单的企业组织结构图。
3. 试比较公司制企业和其他类型企业的异同，找出其优势所在。
4. 你认为企业领导制度应该在哪些方面有所加强，才能更有效地提高企业的组织管理。

第三章　企业人力资源管理

知识目标

1. 了解人力资源管理和规划的基本概念。
2. 学会人力资源的一般管理能力。
3. 掌握人力资源招聘的原则、程序和途径的选择。
4. 掌握绩效考评、晋升和薪酬的管理。
5. 培养企业管理者的人力资源管控能力。

能力目标

1. 能从事初步的人力资源管理活动。
2. 培养人力资源的调控能力。
3. 能运用人力资源管理的一般方法。

第一节　企业人力资源概述

随着现代企业的发展,人的决定性作用越来越凸显出来。能否造就和保持一个适合人才成长的良好环境,造就一支高素质、高凝聚力的员工队伍,日益成为企业成功的关键。人力资源的开发与管理是现代企业管理的根本课题。

一、人力资源的含义及特点

当代经济学家一般把企业的资源划分为自然资源、资本资源、信息资源、时间资源和人力资源。

人力资源既是一种自然资源,也是一种再生资源。一方面,人一生下来,就是一个具有潜在体力和脑力的个体,从资源来源的角度上看,它是一种自然资源;另一方面,人在社会中受到各种教育、训练后获得的知识,以及在劳动中获得的各种技能与经验,都不是与生俱来的,这些经过他人与本人对个体加工、转换后产生的部分,就是再生资源。人力资源中再生资源比天然固有的那部分资源更为重要,更具有价值。

（一）人力资源的含义

人力资源是指一定范围内人口总体所具有的劳动能力的总和；或者说是指组织内能够推动社会和经济发展的智力和体力劳动能力的总称。人力资源包括数量和质量两个方面。

（二）人力资源的特点

1. 能动性

这是人力资源区别于其他资源的最根本特点。人力资源具有思想、感情和思维，具有主观能动性，能主动利用其他资源去推动社会和经济的发展，而其他资源则处于被动使用的地位。另外，由于人具有创造性思维的潜能，因此，人力资源是唯一能发挥创造作用的资源。

2. 时代性

人力资源的成长与成熟，都是在一个特定的时代背景下进行的。一个时代的社会状况，包括经济、教育、文化等诸多因素，都会影响和制约本时代成长起来的人们，包括他们的价值观、道德观和认知方式等，并体现在他们的经济活动之中。

3. 高增值性

人力资源虽是指人们的体力与智力，但在现代社会中，人力资源的智力价值——掌握了知识、技能、经验的人所带来的投资效益，其收益率远远超过其他形态资本投资的收益率。美国经济学家曾测算出美国 1929—1957 年的经济增长中，人力资源投资的贡献比例高达 33％。另据测算，1900—1995 年，挪威对于固定资产投资、劳动力投资、智力投资的额度每增加 1％，相应的社会生产量分别增加 0.2％、0.76％、1.8％，高素质人力资源的投资效益大约是固定资产投资的 9 倍。

4. 时效性

人力资源是一种具有生命的资源，它的形成、开发和利用都要受到时间的限制。人在生命周期不同阶段的体能和智能是不同的，因而这种资源在各个时期的可利用程度也不相同。与物质资源相似，人力资源在使用过程中也会出现有形磨损和无形磨损。有形磨损是指人自身的疲劳和衰弱等，这是一个不可避免的、无法抗拒的损耗；无形磨损是指个人的知识技能与科学技术发展相比的相对老化。所以，人力资源的使用是一个可持续开发、丰富再生的独特过程。

5. 社会性

从人类社会经济活动的角度来看，人类劳动是群体性活动，不同的劳动者一般都分别处于不同的组织之中承担社会分工的劳动，这构成了人力资源社会性的微观基础，而且人类劳动总是与一定的社会环境相联系。因此，从本质上讲，人力资源是一种社会资源。

二、人力资源开发与管理概述

（一）人力资源开发与管理的含义

人力资源开发与管理是指企业运用各种科学方法,对企业的人力资源进行合理培训、组织、调配;以人为中心,使人、财、物、任务及企业经常保持最佳配置;对员工的思想、心理和行为进行恰当的引导、调整、协调,充分发挥人的主观能动性,使人尽其才、事得其人、人事相宜,以实现企业目标。

人力资源开发与管理可以分为宏观、微观两个层次。宏观的人力资源开发与管理是对一个国家或地区的人力资源进行开发与管理。微观的人力资源开发与管理是对企业、事业单位等组织的人力资源进行开发与管理,包括:人力资源的规划,人力资源的开发,工作分析,对人员的配置、激励和考核等。如果将企业的人力资源开发与管理分开来看,人力资源开发就如同对一块田地的开垦和播种,人力资源管理则是对庄稼的精耕细作和施肥浇水。两者形成一个有机整体,缺一不可。

案例　　　　　　　　　　　**梭子鱼、虾和天鹅**

梭子鱼、虾和天鹅是好朋友。一天,它们发现路上有一辆车,车上有许多好吃的东西,于是就想把车子拖回家慢慢享用。3个伙伴一齐负起沉重的担子,每个人都铆足了劲,身上青筋暴出,累得气喘吁吁。可是,无论它们怎样拖呀、拉呀、推呀,小车还是在老地方,一步也没动。原来,它们没有把车朝一个方向拉。天鹅使劲往天上提,虾一步步向后倒拖,梭子鱼又朝着海边拉去。究竟谁对谁错? 反正它们都使劲了。

案例思考

看完这个故事,你得到什么启发?

（二）人力资源开发与管理的重要性

企业是由一群人组成的,因为人是一切的根本,为求企业长期的稳定发展,人力资源开发与管理是相当重要的。人力资源开发与管理对企业的重要性,主要表现在以下几个方面:

1. 奠定企业成功的基础

人力资源管理讲求科学方法的运用,对于甄选及任用的员工所具备的专业知识、才能及品格等,都具有一定的客观标准,这对于提升企业人力资源素质及企业整体形象非常重要。因此,员工的甄选及任用工作若能事先规划完善,人力资源管理可说是成功了一半。

2. 减少费用的开支

通过人力资源开发与管理,可替企业甄选及任用到优秀合适的人才,减少员工的流动率,对于促进企业的稳定发展有着相当大的帮助。因为一个流动率高的企业,如果需要经常开展员工甄选、训练等工作,就会造成企业大量的费用支出,同时也会降低企业的竞争力。

3. 有效分配企业内部人力资源

企业经过人力资源开发与管理后,就可以清楚地了解到:企业目前有哪些部门存在人力不足或过多的现象,企业未来发展需要哪些人才等有关人力资源分配的问题,从而改善人力资源分配不均的现象。

(三)人力资源开发与管理和传统人事管理的区别

人力资源开发与管理是以传统人事管理为基础发展起来的,随着时代的进步形成了新的体系,这一体系与传统人事管理有如下区别(见表3-1)。

表3-1　人力资源开发与管理和传统人事管理的区别

管理涉及的项目	人力资源开发与管理	传统人事管理
观念	员工是有价值的主要资源	员工是投入的成本负担
目的	满足员工自我发展的需要,保障组织长远利益的实现	保障组织短期目标的实现
范围	扩大到非正式组织团队及组织外的人力资源	正式组织内
模式	以人为中心	以事为中心
视野	广阔、远程性	狭窄、短期性
性质	战略、策略性	战术、业务性
深度	主动、注意开发	被动、注意"管人"
功能	系统、整合	单一、分散
工作方式	参与、透明	控制
协调关系	合作、和谐	监督、对立
角色	挑战、变化	例行、记载
部门属性	生产与效益部门	非生产、非效益部门

案例　　　　　　　　　**世上没有不成才的人**

在一次聚会上,有一个公司老板说准备将3个不成才的员工炒掉——总是喜欢鸡蛋里挑骨头的王五,每天忧心忡忡、怕这怕那、担心工厂出事故的赵六和喜欢神侃海聊的张七。另一个老板听到后,微微一笑说:"把他们三个让给我吧。"第一个老板想,这是辞掉他们的好机会,于是大手一挥:"你真要?明天就可以让他们去你那儿!"

第二天,3人真的到新公司上班了。新老板说:"现在安排你们3人的任务,王五负责检查产品质量,赵六负责生产安全和公司保卫工作,张七到外面去搞商品宣传。"3人一听,忍不住拍手叫好,兴冲冲地走马上任。

不久,由于三人工作十分努力,公司效益直线上升。

案例思考

看完这个故事,你得到了什么启发?

小知识　　　　　　中国人力资源现状

中国是世界上人口最多的发展中国家,13 亿人口中蕴涵着极其丰富的人力资源。积极开发人力资源,充分发挥每个人的潜能和价值,促进人的全面发展,为国家现代化建设提供强大的人力和智力支撑,实现由人力资源大国向人力资源强国的转变,是中国政府始终面临的重大课题和不懈推进的重大事业。

新中国成立后特别是 20 世纪 70 年代末实行改革开放以来,中国政府坚持以人为本的理念,积极贯彻"尊重劳动、尊重知识、尊重人才、尊重创造"的方针,制定了一系列解决就业问题和发展教育、科技、文化、卫生、社会保障事业的政策措施,努力为实现人的全面发展创造良好的环境和条件。长期以来,中国面临着劳动力供大于求的总量性矛盾,稳定和扩大就业的任务十分繁重。

中国政府始终把促进就业作为经济社会发展的优先目标,以充分开发和合理利用人力资源为出发点,实施扩大就业的发展战略和积极的就业政策,促进城乡劳动者提高整体素质,逐步实现更加充分的社会就业;不断强化各级政府在促进就业方面的责任,持续加大公共投入,促进平等就业;通过加强就业援助,开展职业技能培训,帮助就业困难人员和零就业家庭实现就业;建设城乡统一的人力资源市场,为城乡劳动者提供平等的就业机会和服务。

人口众多、劳动力资源丰富是中国的基本国情。多年来,中国政府采取积极有效的政策措施,大力加强人力资源的开发利用,使中国的人力资源状况发生了显著变化。人力资源规模不断扩大。截至 2009 年底,中国总人口达到 133 474 万人(不含中国香港、中国澳门和中国台湾),其中,劳动力资源 106 969 万人,比 2000 年增加 11 267 万人;就业人员 77 995 万人,其中,城镇就业人员 31 120 万人,分别比 2000 年增加 5 910 万人和 7 969 万人。

国民受教育水平明显提高。中国实行教育优先的发展战略,建成了比较完善的现代国民教育体系。2000 年实现了基本普及九年制义务教育和基本扫除青壮年文盲的目标。高中阶段教育普及率大幅提升,职业教育得到重点加强,高等教育进入大众化阶段。2009 年,全国普通高中在校生 2 434.28 万人,各类中等职业教育在校生 2 195.16 万人;普通高等教育本专科在校生 2 144.66 万人,在学研究生 140.49 万人。教育事业的发展,使就业人员的受教育水平显著提高。截至 2009 年底,全国 15 岁以上人口平均受教育年限接近 8.9 年;主要劳动年龄人口平均受教育年限为 9.5 年,其中受过高等教育的比例为 9.9%;新增劳动力平均受教育年限达到 12.4 年。

就业人员产业布局日趋优化。随着中国经济发展和产业结构调整,第一产业就业人员比例大幅下降,第三产业就业人员比例有较大提高。2009 年,第一、二、三产业就业人员的比例由 2000 年的 50.0:22.5:27.5 改变为 38.1:27.8:34.1。

人才资源开发取得积极进展。人才是指具有一定的专业知识或专门技能,进行创造性劳动并对社会作出贡献的人,是人力资源中能力和素质较高的劳动者。中国政府制定和实施一系列重大方针政策,统筹推进党政人才、企业经营管理人才、专业技术人才、高技能人才、农村实用人才和社会工作人才等各类人才队伍建设。经过多年努力,人才资源总量不断增加,人才素质明显提高,人才结构进一步优化,人才使用效能逐渐提高。截至 2009 年底,全国人才资源总量达到 1.14 亿人。

第二节　企业人力资源规划

现代企业管理中,人力资源在企业发展中占据重要地位。人力资源规划就是通过科学地预测、分析企业在变化环境中人力资源的供给和需求情况,制定必要的政策和措施,以确保自身在需要的时间和需要的岗位上获得各种需要的人才,并使企业和个人得到长期持续的发展和利益。

一、人力资源规划概述

(一)人力资源规划的概念

人力资源规划是企业为实现其发展目标,对未来发展所需人力资源进行供求预测,制定系统的政策和措施,以满足自身人力资源需求的活动。

人力资源规划的目的是使企业实现其发展目标。企业为了谋求长期的发展和利益,必须配置一定数量和质量的人力资源并加以有效利用,从而提高企业成员的工作效率,保证企业的目标得以实现。同时,企业又要通过人力资源规划的落实,有效地兼顾组织成员的个人目标和利益,将组织成员个人的发展目标与企业的发展目标有效地结合起来。

人力资源规划的基础是科学的人力资源供求预测。无论企业内部的结构或企业外部的环境,都是不断变化的,因此,人力资源规划要对人力资源的供求状况进行预测和分析,并据此做出系统的人力资源管理决策和活动安排。

人力资源规划从时间上分长期规划、中期规划和年度计划。具体来说,长期规划一般是 10 年以上,中期规划是 1~10 年,年度计划即当年计划。年度计划是执行计划,是中长期规划的直接贯彻和具体落实,中长期规划对企业人力资源规划具有重要指导作用。

（二）人力资源规划的作用

"人无远虑,必有近忧。"正如计划是管理的首要职能一样,人力资源规划也是人力资管理的首要职能,人力资源规划对企业有着极其重要的作用。

（1）人力资源规划能增强企业对环境变化的适应能力,为企业的发展提供人力保证。环境是变化的,企业对人力资源的需求也是变化的,人力资源规划能使企业未雨绸缪,在需要的时候得到合适的人才,尤其是高素质的人才。

（2）人力资源规划能优化人员结构,实现人尽其才,提高企业效益。例如,有些企业不重视对本单位已有人才的培养和使用,却以高成本从外面引进"人才",而引进后又将其"冷冻"起来,不充分使用,结果企业人浮于事的现象日趋严重,这是对人力资源的极大浪费。通过制订人力资源规划,企业就可以发现这方面的弊端,并及时采取措施,提高人力资源管理的效益。

（三）人力资源规划的任务

人力资源规划有以下几大任务:

（1）根据企业总的战略发展规划和中长期经营计划,研究市场变化趋势,掌握科学技术革新的方向,确定各种和各类程度的人力需求。

（2）研究未来企业组织变革的可能性,确定由于设备的更新、企业活动范围的扩大而导致的资源组织的变更,进而推测未来人力需求的变动情形。

（3）分析现有人力的素质、年龄结构与性别结构、变动率及缺勤率、工作情绪的变动趋势等状况,确定完成各项生产经营活动所需的各种类别和等级的人力。

（4）研究分析就业市场的人力供需状况,确定可以从社会人力供给中直接获得,或者必须与教育及培训机构合作预先培养各种类别和等级的人力。

（5）使人力资源规划体系中的各项具体行动计划保持平衡,并使之与企业的发展规划和经营计划相互衔接。

二、人力资源规划的内容

人力资源规划有两个层次:一是企业总体的人力资源规划,二是组织内具体的人力资源规划。每一个具体的人力资源规划都有其特定的目标和任务,并与多项专门的人力资源政策、措施相关。

（一）组织的人力资源总体规划

此规划的目标是企业的经营目标与长期发展战略,通过人力资源管理各子系统,做好人力资源的供求平衡与员工发展工作。规划的相关政策与措施包括组织的人力资源总体发展战略等。

（二）人力资源补充更新规划

此规划的目标是优化人力资源结构，满足企业对人力资源数量和质量上的要求。规划的相关政策与措施包括老员工退休政策、过剩人员及不适合上岗者的解聘、工作分析、新员工的招聘等。

（三）人力资源使用和调整规划

此规划的目标是提高人力资源使用效率，适人适位，使组织内部人力资源流动。规划的相关政策与措施包括岗位轮换制度、岗位责任与资格制度、企业内部员工流动制度等。

（四）人力资源发展规划

此规划的目标是选拔后备人才，形成人才群体，规划员工职业生涯。规划的相关政策与措施包括管理者与技术工作者的岗位选拔制度、提升职位的确定、未提升资深人员的安排、员工职业生涯规划等。

（五）评估规划

此规划的目标是增加员工参与度，增进绩效，增强组织凝聚力，改善组织文化。规划的相关政策与措施包括绩效评估规划、奖罚制度、沟通机制等。

（六）员工薪酬规划

此规划的目标是内外部员工薪酬调查，形成有效的员工薪酬管理机制。规划的相关政策与措施包括薪酬制度、奖励规划、福利规划等。

（七）员工培训规划

此规划的目标是拟定培训项目，确定培训内容，评估培训效果。规划的相关政策与措施包括普通员工培训制度、管理人员培训制度、专业技术人员培训制度等。

（八）员工关系规划

此规划的目标是协调员工关系，增进员工沟通，完善企业文化，增加员工满意度。规划的相关政策与措施包括员工参与管理制度、合理化建议制度、员工沟通制度等。

（九）员工退休解聘规划

此规划的目标是做好员工退休工作，做好员工解聘工作，使员工离岗正常化、规范化。规划的相关政策与措施包括员工退休政策和规定、员工解聘制度和程序、员工退休与解聘人选工作的确定和实施等。

三、人力资源规划的程序

一个企业或组织必须根据其整体发展战略目标和任务制订人力资源规划。一般来说，一个企业或组织的人力资源的编制要经过以下 4 个阶段：

第一阶段，收集、分析和预测信息，以便进行人力资源需求和供给的预测。

第二阶段，建立人力资源规划的目标及政策。

第三阶段，制订人力资源的规划方案。

第四阶段，对人力资源规划实施后的评价。

案例　　　　　　　　　"人才楼"为何人去楼空

在北京市顺义区一家乡镇企业——顺义阀门厂为外聘高级人才盖的"人才楼"里，最近出现了非常奇怪的现象：过去住着 30 多名外聘人才的"人才楼"里住进了不少租房户，当初聘来的人才却只剩下一人。这家企业为吸引人才而专门盖了这座楼，可谓用心良苦，那么，为何现在会出现人去楼空的结局呢？

该厂曾被评为国家部委先进企业，为了寻求更大的发展，1998 年，该企业将基层领导班子全部换上引进人才，中层管理部门的第一把手有一半换上外聘高级人才，并招聘、培养了一批年轻骨干充实到厂级副职位置上。但一年之后，引进的人才集体辞职，只剩下了一名。

离去原因各有说法。厂里的老员工们认为这是意料之事，是厂里在待遇、政策上宠坏了他们。该厂人事部部长荆先生认为，厂长的任务不应该是发现人才，而应该是建立一个可以出人才的机制；公司应该明确各个职位的工作内容、任职资格、升迁要求、待遇水平等，使每个员工都了解自己的奋斗目标；此外，企业还要制订一项特殊的人才计划，专门奖励表现优异的员工，让大家公平竞争，谁干得好就用谁。

引进人才们却认为：他们并没有得到特殊待遇，而且在当初招聘时，该厂不是根据岗位要求对不同的人才做能力界定，而是用同一把尺子丈量所有应聘者。留下的那位引进人才说："该厂大部分职工都是当地农民、厂长的乡亲，即裙带关系，素质跟不上形势；现在厂里的主业收入还不如出租房屋收的租金多；最令人不满意的是，入厂都 4 年了，至今劳动合同还没签，保险还没上。"她表示：已找到合适的地方，她也即将离去。

案例思考

1. 试分析顺义阀门厂外聘人才集体辞职的原因。

2. 从案例中分析应如何做好人力资源规划。

3. 请学生分组讨论并为顺义阀门厂拟订解决问题的方法。

第三节 人员招聘

一、人员招聘的含义

人员招聘是企业为了弥补岗位的空缺而进行的一系列人力资源管理活动的总称。它是人力资源管理的首要环节,是实现人力资源管理有效性的重要保证。

人员配置是企业为了实现生产经营的目标,采用科学的方法,根据岗得其人、人得其位、适才适所的原则,实现人力资源与其他物力、财力资源的有效结合而进行的一系列管理活动的总称。

从广义上讲,人员招聘包括招聘准备、招聘实施和招聘评估3个阶段;狭义的招聘即指招聘的实施阶段,其中主要包括招募、筛选(或称选拔、选择、挑选、甄选)、录用3个具体步骤。

二、人员招聘的原则

(一)效率优先原则

企业在进行员工招聘时,首先应该考虑的是组织的效率。首要保证招聘的人员能充分发挥作用,否则宁可暂时空缺职位,也不要让不合适的人占据不恰当的职位;其次要尽量选择适当的形式和方法组织招聘过程,争取以最低成本获得最合适的人选。

(二)公开公平公正原则

企业在招聘时应把招聘部门和招聘职位的种类、数量、要求以及考试方法向全社会公开,对应聘者进行全面考核,公开考核结果,通过竞争,择优录用。

(三)确保质量的原则

企业在选聘人员的过程中应尽量选择高素质、高质量的人才,同时还应该坚持能级配置和群体相容的原则,因事择人,使整个组织的人才结构配置合理。

三、人员招聘的程序

人力资源招聘工作是一个复杂、系统而又程序化的过程,人力资源招聘人员应将招聘的基本流程进行熟悉,并在招聘过程中严格贯彻执行。

(一)明确招聘目的

在企业的经营和发展过程中,招聘的根本目的就是满足不同的人员需求,如缺员的补充、突发的人员需求、企业所需的专门人员、新规划事业的人员、企业管理阶层扩充之需、预先安排调动企业的经营者、企业其他机构调整、为使企业更具有活力所需要引入其他经营者,等等,在这种情况下,由各部门提出所需的招聘需求,人力资源部负责具体实施招聘工作。

（二）确定招聘范围和对象

主要是根据各岗位的职责要求,面向社会招聘所有符合条件的人员,也可根据本企业的实际需要进行特定对象的招聘,如员工内部的岗位调整和提拔。

（三）选择招聘方式

一般来说,企业的人员招聘信息统一是由人力资源部对外发布。对外发布的招聘人员简章应包括单位性质、地址、招用人数、工种、条件、用工形式等基本情况。公司可以采用以下方式发布招聘信息:参加人才交流中心举行的招聘会,直接到相应的高等院校、职业技术学校举行招聘会或发布信息,在相关招聘网站上发布招聘信息,在报刊上做人才招聘广告,委托著名猎头公司发布信息,在公司内部招聘,公司内部人员和董事会介绍和推荐等。

同时,人力资源部还可根据不同的岗位和素质要求,选择合适的招聘途径招收各类人才。

（四）把握招聘环节

一是外部招聘,其中面试小组的成员通常应该包括:公司总裁、部门分管副总、部门领导、人力资源部部长、招聘专员;二是内部招聘,内部招聘应当在公司内部宣传栏、公司网站上公开登载,公司员工先到现所在部门主管处申请,获得审批后报人力资源部。人力资源部收集汇总申请后,经过考核从中选择合适的应聘者。具体考核程序与外部招聘的程序一致。

（五）明确相关部门职责

人力资源部主要职责如下:结合公司的人力资源现状,制定公司人力资源招聘制度;根据公司发展的趋势,制订公司招聘计划;负责协助各部门制定岗位说明书,完成公司的定岗定编工作;负责整个招聘过程的开展,包括招聘信息的发布、简历的筛选、面试的组织与安排等相关工作;面试结束后确定被录用人员,由人力资源部相关人员为其办理入职手续,并签订劳动合同。

相关部门负责人主要职责如下:根据部门发展需求,向人力资源部提出人员需求计划;协助人力资源部参加本部门应聘人员的面试工作,并提出意见,协商后确定录用名单;对录用人员进行跟踪考核,并对其进行一定程度的培训,实现人岗匹配。

四、人员招聘的方式

招聘的渠道可谓多种多样,究竟选择哪种方式,企业应视成本与效益情况灵活选择。比较重要的招聘方式包括:熟人推荐和随机求职者、广告招聘、学生毕业招聘、就业服务机构、境外招聘等。秘书人员应当对各种途径进行评价,并将评价结果报请主管批准选定后实施。

（一）熟人推荐和随机求职者

熟人推荐主要是通过单位职工、客户、合作伙伴等熟人推荐介绍人选。这种方式的招聘，候选人一旦被录用，往往由于考虑到关系人的影响会加倍努力工作，并且招聘成本低而有效，应聘人员素质较高，有一定的可靠性。

随机求职者对组织来说是重要的招聘来源。他们往往是一些低层次的求职者，素质不如其他渠道的应聘者，但招聘者一定要注意沟通的方式，要礼貌对待，尊重这类求职者，这关系到组织形象和声誉，不可等闲视之。

（二）广告招聘

广告招聘适用于各种工作岗位的招聘，是组织招聘最常用的方法之一。通常的做法是在一些大众媒体上发布职位空缺的信息，吸引一些有兴趣的潜在人员应聘。这种招聘方式传播范围广，受众人群多，而且可以同时对组织形象进行有效的宣传，展示组织的实力。

广告招聘的传媒可以是报纸、杂志、广播电视、互联网、宣传单等。

（三）学生毕业招聘

学生毕业招聘是组织补充潜在管理人员和专业技术人员的重要途径。通过学校的就业工作办公室进行人员招聘，是组织获取最佳人力资源的传统渠道。大中专院校的高素质的人才比较集中，组织能够在校园招聘中找到。

此种招聘的优点如下：较多的合格的人才，而且筛选的手续相对简单，年轻的就业者往往对自己的第一份工作充满热情，且具有很强的可塑性。缺点如下：毕业生往往为了找工作同时应征多，临时毁约也容易出现，而且毕业生缺乏工作经验，需要较多的培训，因此须较早地准备方可。

（四）就业服务机构

就业服务机构（如职业介绍所、人才交流中心和猎头公司）作为一种专业的就业机构，拥有较多的人力资源信息，而且筛选的方法比较科学，省时省力，效率较高。但是对高层次的人才交流中心和招聘洽谈会的招聘效果往往欠佳，这就使猎头公司应运而生。猎头公司一般把自己的工作重点集中在高层次的人才群体，而且搜寻的手段和渠道有自己的专业特色。但不足之处是其收取的费用较高，一般是招聘职位的一年薪酬的 1/4 或 1/3，费用一般由招聘单位支付。

（五）境外招聘

在招聘高层次的尖端人才时，组织有可能需要在全球范围内进行选择，尤其是跨国的集团公司，境外招聘是其重要的方式。境外招聘人才可选的范围较宽，质量也较高，但难度相对国内招聘较大，雇用外国人员的手续比较繁琐。

第四节　绩效考评、晋升与薪酬

一、绩效考评

（一）绩效考评的作用

绩效考评就是针对企业中的每个员工所承担的工作，应用各种科学的定性和定量的方法，对员工行为的实际效果及其对企业的贡献、价值进行考核和评价。绩效考评是企业人力资源管理的重要环节。绩效考评的内容主要包括德、能、勤、绩4个方面。德是指一个人的政治素质、思想品德、工作作风、职业道德等；能是指一个人完成各项工作的能力；勤是指一个人的勤奋精神和工作态度；绩是指一个人的工作成绩和效果。

绩效考评的作用主要有以下几点：

（1）作为加薪、晋升、调职、开除的依据。

（2）分析员工的优缺点，作为培训员工的依据。

（3）让员工了解自己的不足，作为自我改善的指导。

（4）作为一种重要的诱因，让员工感到他们的贡献与成果没有被忽视。

（5）为人力资源管理者评价管理成果、改进管理行为提供客观、有价值的信息。

（二）绩效考评的方法

1. 写书面评语

写书面评语是最简单和最常用的一种方法。评定人员根据被评定人在工作中的实际表现，以书面形式对其优缺点做出总体评价，并指出其发展潜力及需要改进的地方。这种方法简单、易操作，但评价质量受评定人的主观因素影响较大。

2. 图表尺度评价法

图表尺度评价法是最简单和运用最普遍的工作绩效评价方法之一。在运用这种方法时，首先针对每一位下属员工就各项评估要素进行打分，然后分别将每一位员工的所有分值进行加总，即得到其最终的工作绩效评价结果。为了揭示每个员工在全体员工中绩效的相对优劣，图表尺度评价法通常与排序法结合在一起使用。方法如下：首先对员工按工作性质进行分类；再运用图表尺度评价法对每一类中的每位员工的工作绩效进行评价；然后，对这些评价结果进行简单排序，即得出每位员工在同事中的相对位置。

3. 排序法

排序法是把员工直接地互相比较，通常以"总的绩效水平"为准，做出从最佳到最差的排序。排序又可分为成组排序、总体排序和两两比较3种。排序法尽管简单，对主管人员的评价技巧要求较少,但存在着以下局限:对人数众多的群体排序困难,不能体现个体间绩效差异的程度,处于不同工作群体的人很难比较等。

4. 关键事件法

关键事件是指那些对组织目标产生重大积极或消极影响的行为。关键事件法是指管理者要把员工在考察期间内所有的关键事件都真实地记录下来,并把这些资料提供给评价者用于对员工业绩进行评价。关键事件法的优点在于其针对性很强,其结论不易受评价者主观因素左右。其缺点在于如果考察期较长,则管理人员的工作量较大。此外,由于每一关键事件可能都会对于绩效评价效果产生重大的影响,因而要求管理者在记录过程中不能带有主观意愿,必须始终如一地坚持客观、全面、精确的原则。

5. 目标管理法

目标管理法是当前比较流行的一种绩效评价方法。根据目标管理的办法,让员工根据组织目标来与上级管理者共同制定自己的绩效目标。一旦此目标为下属接受,他就会努力实现那些虽有一定难度,但可能实现的目标。这样,下级的绩效基本上是按他达到特定目标的水平来评价的。由于上下级共同确定目标,并努力实现目标,到计划期末时,上下级之间再评价目标的完成情况。因此,这种方法可以避免上级单方面建立评价基准的缺陷。

（三）反馈与面谈

考评制度的最后一个步骤是向下层反馈其绩效评价结果,是指由上下级之间做一次面谈,讨论过去的表现和今后的努力方向。在面谈之前,管理人员要认真做好准备,选择好面谈的方式和方法,在面谈过程中,要对过去的成绩和经验给予充分的肯定,要立足于未来的发展。有效的考评制度要求反馈过程是建设性的,尽量提供以后改进工作的指导,而不是对个人的批评。因此,对企业管理人员进行适当的培训将有助于他们提高面谈的效果。

二、晋升

（一）人事调整的内容

在一个组织中,常因工作需要产生新的职位,或因人事的变动而使一个职位出现空缺。这些职位的人员补充方法包括调职、晋升或降职等。所谓人事调整,就是将一个人由甲职位转移到乙职位。这种职位的转移有 3 种情况:第一种情况是甲职位与乙职位在工作上的职责轻重与难易完全相似,转移的结果不发生变化,也不影响工作者的报酬,这种情况就是调职;第二种情况是职位改变后,工作的职责加重,工作者的报酬也随之增加,这就是晋升;第三种情况的结果与第二种情况相反,工作在组织中的层次和重要性下降,报酬也随之减少,即降职。除此之外,还有一些特殊情况,譬如,出现了临时性的岗位空缺,一时找不到工作人员,只有从其他职位上抽调,这一过程虽然改变了从业人员的工作权责,但在报酬方面并不发生改变,这就是临时调用。总之,调职、晋升或降职以及临时调动等活动,都是期望企业内部人力资源的更佳运用与发展,以获得更好的组织效率与成果。同时,辞退、解雇也是企业人事调整的一种形式。

（二）职务升降的功能

（1）经常保持人事相宜。人事相宜是现代人事管理的基本法则。对人量才而委,德才高者承担较大的责任,德才低者承担较小的责任,于事于人皆有利,对当事人并无褒贬之分。但是,事与人都不是一成不变的,而总是处在不断的变化之中。因此,人事配合是动态的,人事相宜是相对的。

（2）激励人员进取。在干部制度中引入竞争机制,根据绩效进行升降,依靠素质竞争上任,彻底改变"铁交椅",实行干部能上能下,不仅有利于各个职位的择优用人,而且有利于不断发现和提拔杰出的人才,鼓励人员进取,不断提高能力、完善素质、做出成绩。

（3）使干部队伍充满活力。一方面,使干部队伍的知识结构、能力结构进一步合理化,重点提拔一些具有较高知识水平和专业技能、管理能力的干部到重要的领导岗位,减少"外行领导内行"带来的弊病;另一方面,使干部队伍的年龄结构进一步年轻化。

（4）突破"关系网"的重要措施。突破"关系网"除了进行必要的思想教育之外,严格地执行人员晋升和降职制度,真正地使该上者上、该下者下、优上劣下、不徇私情,是一项最根本的措施。

（三）职务晋升的实施

发达国家的职务晋升制度与我国有所不同,他们主张用人与伦理脱离关系,更重视能力与绩效。

（1）美国的"功绩晋升制"。美国不以学历、资历作为晋升标准,而强调"能力主义",判断能力高低靠的是绩效。同时,晋升时强调机会均等、竞争择优,若有突出功绩,提倡破格提拔。

（2）日本的"年功序列制"。日本企业晋升制度的特征是以"年功序列"为基础,实施职务的提升,即随着年龄和工龄的增加,逐渐提高其在企业中的职务。这里表面上只是看资历,实际上是资历与能力相结合,在获得可晋升的资历后,究竟能否晋升,完全依据对其工作的考核。为了使"年功序列制"与金字塔形的权力等级相适应,日本企业中普遍实行限期离职制度。不同层次的管理人员有不同的年龄限制,限期离职制体现了"无功便是过",不断淘汰平庸者,也为年轻有为的人才不断提供晋升的机会。

我国企业在借鉴发达国家成功经验的同时,总结改革开放以来一些优秀企业的成功做法,在职务晋升方面,主要遵循德才兼备原则、机会均等原则、民主监督原则、"阶梯晋升"与"破格提拔"相结合的原则和有计划替补与晋升原则。

(四)我国人事任用方式

(1)选任制。即用选举方式确定任用对象。

(2)委任制。即由有任免权的机关按照干部管理权限直接指定下属干部的任用制度。

(3)聘任制。即用人单位通过契约或合同形式聘任干部和工作人员的一种任用制度。

(4)考任制。即通过公开考试、公平竞争、择优录用,广泛地选拔优秀人才的任用制度。

三、薪酬

(一)薪酬的含义

薪酬是指企业对员工为企业作出贡献所赋予的相应回报,这实际上是一种公平的交换。薪酬是报酬的一部分,报酬一般包括两个方面:一是经济性报酬也就是薪酬,包括直接薪酬(如工资、奖金、津贴等)和间接薪酬(如福利待遇等);二是非经济性报酬,主要指工作本身、工作环境等。

(二)薪酬的构成

1. 工资

工资是根据劳动者所提供的劳动数量和质量,按照事先规定的标准付给劳动者的劳动报酬,即劳动的价格。工资是以货币形式支付给劳动者的劳动报酬。工资的形式主要有计时工资和计件工资两种。计时工资是根据员工的劳动时间来计量工资的数额,主要有小时工资制、日工资制、周工资制和月工资制 4 种。计件工资是指预先规定好计件单价,根据员工生产的合格产品的数量或完成的工作量来计量工资的数额。

从工资的内容来看,我国目前的工资制度可以分为职务工资制、职能工资制和结构工资制 3 种。职务工资制是根据员工的职务等级来确定工资等级的一种工资制度。职能工资制是根据员工的技术知识、业务水平、体力、智力等自身条件来确定工资等级的一种工资制度。结构工资制是职务工资制和职能工资制的综合,同时从工作内容和工作能力两个方面对工资等级进行划分。结构工资主要是由基础工资、工龄工资、技能工资和岗位工资 4 个部分组成。

2. 奖金

奖金是指企业为员工超额完成任务或取得优异工作成绩而支付的劳动报酬。企业中常见的有全勤奖金、生产奖金、安全奖金、创造发明奖金、贡献奖金、年终奖金和效益奖金等多种形式。

3. 津贴

津贴是对员工在特殊劳动条件、工作环境中的额外劳动消耗和额外的生活费用付出而进行的补偿。津贴只将艰苦和特殊的环境作为衡量的唯一标准，而与员工的能力和业绩无关。根据津贴不同的实施目的，津贴可分为地域性津贴、生活性津贴和劳动性津贴3类。

4. 利润分享

利润分享是指员工工资与企业利润挂钩。即企业利润下降时，员工的工资也会随之下降；企业利润上升时，员工的工资也会随之上升。利润分享制度包括两种形式：一种是员工工资完全取决于企业业绩；另一种是员工有一部分保障的工资，其余部分工资与企业利润挂钩。

5. 股票期权

股票期权作为一种薪酬制度，不同于人们通常所说的作为金融衍生工具的股票期权。作为薪酬制度的股票期权指的是企业给予员工的一种权利，即员工可以凭此权利在一定时间内以一个固定的价格购买该企业一定数量的股票。根据实施对象的不同，股票期权有两种形式：员工持股与经营者持股。员工持股在国外比较常见，不过其目的是弥合劳资矛盾，而经营者持股是人力资本的投入，给经营者期权是资本所有者给经营者努力的奖励。当企业对全体员工实行股票期权时，不仅企业会收到长期激励的巨大效果，员工个人也会从中得到好处。

6. 福利

福利是企业为了实现自己的目的，在改善直接的劳动条件之外，从生活的诸多侧面，以确保和提高职工及其家属生活而开展的活动和措施的总称。根据我国劳动法的有关规定，员工福利可分为社会保险福利和用人单位集体福利两大类。社会保险福利是为了保障员工的合法权利，而由政府统一管理的福利措施，主要包括社会养老保险、社会失业保险、社会医疗保险和工伤保险等。用人单位集体福利是指用人单位为了吸引人才或稳定员工而自行为员工采取的福利措施，如工作餐、工作服、健康体检、带薪休假、住房津贴、交通费和疗养等。

（三）影响薪酬制定的主要因素

企业在确定员工薪酬水平时，往往不是由企业老总或经理说了算，人力资源部门会参考很多其他因素，如同行业的薪酬水平，在其他条件大概相同的情况下，本企业的总体薪酬应与同行业的水平大体相当，可以有一个偏离值，但不能过高或过低，否则都会影响到企业的经营过程乃至于企业的长远发展。

除此之外，薪酬水平的确定还要参考以下一些因素：

（1）企业薪酬结构。企业的薪酬结构设计会分为几大类别，各类别所占比重不同，也会影响到整个企业的薪酬水平。

（2）企业经营战略所处的发展阶段。企业的经营和发展不是一个短期行为，在企业宏观战略的引导下，企业有不同的发展阶段。在各个不同的阶段上，薪酬水平会有不同的侧重，比如，发展初期薪酬水平会很低，随着利润的增加和积累，薪酬水平会逐年上升；而有的企业为了发展的需要，也会在初期用高薪酬吸引和留住人才，确保企业的长远发展。

（3）企业财务状况、支付能力。这是影响企业薪酬水平的最直接的因素。财务状况良好的企业，薪酬表现为实际支付，体现了真实的薪酬水平；反之，则为名义支付，会影响到员工工作积极性，不利于企业的发展。

（4）员工的工作绩效、技能水平、资历、受教育程度、工作经验、发展潜力。这是影响员工薪酬水平的决定性因素。在按劳分配的体制下，员工的工作绩效、技能水平等，直接决定了员工的收入水平，也就决定了整个企业的薪酬水平，甚至也决定着企业的生存与发展。因此，有的企业宁愿高薪聘请熟练技术工人，也不愿为了降低成本而致使企业发展不畅。

（5）地区间的生活水平差异和工资水平差异。经济发达地区生活水平高，因而薪酬水平普遍偏高，而经济欠发达或不发达地区生活水平较低，则同一项工作或同一个岗位薪酬水平要低得多。

另外，国家或地区经济形势的好坏以及当地劳动力市场的供需状况，也会影响企业薪酬水平出现差异。比如，在金融危机的大背景下，几乎所有的行业都很萧条，都在大规模裁员，薪酬水平自然也就降下来了；而劳动力市场的供需状况也会影响劳动力价格，从而影响企业的薪酬水平。

（四）薪酬管理的基本原则、功能及目标

1. 薪酬管理的基本原则

薪酬管理一般应遵循这样一些基本原则：竞争性原则；公平性原则，即外部公平、内部公平、员工公平；绩效匹配原则；激励原则；经济原则；合法原则。

2. 薪酬管理的功能

薪酬是一种公平的交易，它能够将企业的组织目标和管理者的意图及时、有效地传递给企业员工，促使个人行为与组织目标一致化，调节员工与组织以及员工与员工之间的关系。其功能具体有如下几点：

（1）能够为企业提供最佳的人力资源支持。

（2）能够有效调节劳动力价值取向。

（3）能够合理调节劳动力流向。

（4）能够合理调整劳动力素质结构。

3. 薪酬管理的目标

通过进行有效的薪酬管理,企业可以吸引和保留企业所需优秀人才,鼓励员工积极提高工作所需要的技能和素质,激励员工高效率地工作,建立企业特有文化氛围,有效控制企业运营的成本。

(五)几种常见的薪酬制度

1. 技术等级薪酬制

这是将劳动技术和复杂程度等因素划分成不同的等级,并规定相应的薪酬制度,然后再对员工的技术水平、熟练程度进行评定,确定其薪酬水平的一种薪酬制度。

2. 职务薪酬制

这是根据职务的工作特点与工作价值来决定薪酬标准的一种薪酬制度。具体来讲,就是依据该职务对人员的知识、技能需求和工作复杂程度、责任大小及工作环境等因素来确定薪酬标准。

3. 职位薪酬制

这是在按照工作性质、繁简程度、资历条件和工作环境等因素进行职位分类的基础上,给每一职等和职级配以不同的薪酬标准,薪酬由职位决定,并依年资和考绩结果决定晋升。

4. 岗位技能薪酬制

这是以工作技能、责任、强度、工作环境等因素为评价基础,以岗位工资和技能工资为主要单元的薪酬制度。

5. 结构薪酬制

这是按照薪酬的各种职能将其分为相应的几个组成部分,分别确定薪酬额的一种薪酬制度。常包括基本工资、年功工资、职位工资、绩效工资等。

6. 年薪制

年薪制是以企业的有关经营业绩指标为依据,确定经营者年度薪酬的一种制度。它以企业会计年度为时间单位计发薪酬收入,主要用于公司经理及高层管理人员。这是一种风险薪酬制度,依靠的是约束和激励相互制衡的机制。

一般来说,年薪制包括基本薪金和风险收入两大部分。从理论上讲,基本薪金主要依据企业经济效益水平和企业经营规模及支付能力而确定,主要包括基本工资和福利性报酬。风险收入则依据经营者的经营业绩来确定,主要包括短期激励报酬(年终奖金与分红)和长期激励报酬(股票期权)。在实践过程中,一般是先确定年薪总额,然后再切割基本薪金和风险收入的比例,常见的做法便是基本薪金占70%,风险收入占30%。

(六)薪酬制度的调整

1. 工资定级性调整

工资定级是对那些原来没有工资等级的员工进行工资等级的确定。这包括对试用期满或没有试用期但办完入职手续的新员工的工资定级;对原来没有的岗位或没有在企业中聘任的军队转业人员的工资定级;对已工作过但新调入企业的员工的工资定级等。

2. 物价性调整

物价性调整是为了补偿因物价上涨而给员工造成的经济损失而实施的一种工资调整方法。企业可以建立员工工资水平与物价指标自动挂钩的体系。在保持挂钩比例稳定的同时,实现工资水平对物价上涨造成的损失的补偿。但是在设定挂钩比例时,要注意"时滞"的问题,即加薪总是跟在通货膨胀后面,所以它们之间总是有一定的差距,而员工工资水平与物价指标自动挂钩设计的好坏则决定了这个差距的大小。

3. 工龄性调整

如果企业的薪酬构成中包含了年薪工资,那么这样的企业普遍采取的提薪方式就是工龄性调整。随着时间的推移和员工在本企业连续工龄的增加,要对员工进行提薪奖励。工龄性调整是把员工的资历和经验当成一种能力和效率予以奖励的工资调整方法。

4. 奖励性调整

奖励性调整一般是用在当一些员工做出突出的成绩或重大的贡献后,为了使他们保持这种良好的工作状态,并激励其他员工积极努力并向他们学习而采取的薪酬调整方式。奖励的办法和形式多种多样,有货币性的,也有非货币性的;有立即给予的,也有将来兑现的;有一次性支付的,也有分批享用和终身享用的。

5. 效益性调整

效益性调整是一种当企业效益提高时,对全体员工给予等比例奖励的薪酬调整方法,类似于不成文的利润分享制度。但是,由于它在分配上的平均主义原则,使得它对员工的激励作用是有限的,特别是对企业发展做出巨大贡献的关键员工,他们的积极性会大大受挫;而偷懒的员工却一样可以"搭便车",奖金照拿不误。

6. 考核性调整

考核性调整是根据员工的绩效考核结果,每达到一定的合格次数即可以提升一个薪酬档次的调整工资的方法。

当员工有加薪要求,但绩效考核成绩较低没有达到加薪的标准时,就应该向他解释公司的加薪政策,鼓励他努力工作,争取下次获得好的绩效考评成绩。

如果某员工的绩效考核良好,却没有得到加薪时,就要认真调查原因,是由于工作失误造成的,还是由于该员工的薪酬已经很高,不宜再加薪。如果是前者,则应该立即纠正错误,对员工进行弥补;如果属于后者,就应向员工解释企业中与他能力、岗位相同或类似的其他员工的平均薪酬水平,或介绍同行业其他公司同岗位的薪酬水平,以得到他的理解。

如果员工指出与他岗位相同、能力相同的员工得到了加薪，而他自己却没有加薪时，这时不要轻易地将该员工与他所讲的员工进行比较，这样往往会使冲突更加激烈。如果这两位员工同属一个部门，则应该交由部门经理进行解释（部门经理有对他们加薪的建议权，所以一定有他自己的理由）；如果这两位员工不属于一个部门，则应该告诉他每个部门的加薪标准不同。

案例　　　　　　　　从分猎物看薪酬管理

有一回，老虎、狼和狐狸一块打猎，它们打到了牛、羊和兔子。狮子听到它们打了许多的猎物，就派野猪来传话："你们是在我的地盘上获得这些猎物的，必须要给我缴税和保护费。"这3个动物一听：哎哟，狮子大王发话了，我们能不缴吗？如果我们不缴的话今后就别想在这个地盘上混了。没有办法，只好给狮子缴了半只牛。

※点评：在各种经济活动中，国家凭借自身的经济权利地位和政治优势，无偿地参与各种经济的结果分配，在这一点上，没有任何的经济实体可以更改这个自古就存在的制度。一切经济实体的存在必须在先满足国家的需求后才可以实行分配。故事中的狮子就是凭借自身掌握着全部的动物世界的资源，来无偿地参与它们的产品分配的，只有在首先满足狮子的要求之后这3个动物才可以进行它们的猎物的分配。

给了狮子大王半只牛，剩下的猎物怎么分配呢？老虎征询狼的意见。狼说："这好办，老虎先生你出力最多，就得剩下的半只牛吧；我食量比较小，那只羊就满足了；狐狸嘛，兔子就足够它食用的了，不需要额外的分派了，再说我们也没有多余的物品了，这么分配符合公平的原则。"老虎一听大怒："我出力那么多就得那么一点?!"一掌就将狼打死了。

※点评：在实际的经济活动之中并不是说你的出力越多就要参与分配的越多，公平只是一个追求的目标并不是现实的分配的唯一标准，无论标准怎么样制定，必须要征得集团的实际领导的支持，否则的话就会惹恼这个领导，让你死无葬身之地。我们绝大多数刚刚毕业的大学生总是抱怨自己的付出跟老板的所得不成比例，心里极度不平衡，纷纷离职。对他们来说，公平的概念牢牢地树立在他们的心中，一旦认为自己受到了不公平的待遇就感到心里极不平衡，离职是必然的选择。公平的目标是要追求的，但不是现实中的，这一点不管对管理者还是对普通的员工来说任何时候都应该牢记。狼的失误就在于将不可转让的老板的权利妄图划归己有，妄图自己亲自参与自己薪酬的分配权的制定而不考虑老板的感受。

故事仍在继续。

狼死了，老虎又问狐狸："狼那个家伙太不懂尊重领导了，竟然敢那么不公平地分配！你来说一说它是不是该死？""您说得太对了，狼那个家伙确实是太过分了！""那你说一说应该怎么分配呢？""那半只牛应该做您的午餐，羊做您的晚宴，兔子太小了您就凑合一下当做早点吧!""呵呵,看不出来你这个家伙这么具有头脑,这样吧,那只兔子就赏你了!""谢谢您! 跟你在一起真是我的福分,可以得到这么好的东西!"

※点评:真正的活动分配开始了。对员工的分配只有在考虑老板的所得之后才是你的,这一点什么时候都不要忘记。老板只有在满意自己的收入之后,才会考虑到他的员工的利益,只要他高兴你就可以得到一只兔子的赏赐,而不是像那个傻傻的狼一样妄想公平与正义。你所要做的只是在不让老板觉察的时候创新你的薪酬分配体制,尽量多分配你应该的所得。这样,老板高兴你也没有吃亏,两者皆大欢喜的事情为什么总要搞得两败俱伤呢? 何况你离开那只老虎你根本无法自己猎食,说不定你连那只老虎赏赐的兔子自己也得不到呢!

这个故事讲到这里也就讲完了,但是它告诉我们的道理却是很深刻的:千万不要跟国家的政策过不去,那样你只会让你自己过不下去;千万不要跟你的老板比较你们的所得,那样的话你只是让你自己跟自己过不去;千万不要将所有加薪、改革薪酬的希望放在老板的身上,你要像狐狸那样不动声色地去争取自己的所得,实在争取不到的话就要及时地放弃(如果老虎不分给狐狸兔子的话,下次狐狸就不会与老虎合作)。只有这样,你才能够在一个企业团队中更好地生存。

案例思考

1. 为什么只有在首先满足狮子的要求后这三个动物才可以进行它们的猎物的分配?
2. 在实际的经济活动中是否你的出力越多就要参与分配的越多? 为什么?

小知识   **"五 险 一 金"**

"五险"指的是 5 种保险,包括养老保险、医疗保险、失业保险、工伤保险和生育保险;"一金"指的是住房公积金。

(1)养老保险。这是为保障劳动者因年老丧失劳动能力,退出劳动岗位后的基本生活需要而设立的保险。主要内容包括:离休、退休条件;离休、退休后的待遇;死亡后的丧葬费、补助费、抚恤费、供养直系亲属救济费等。

(2)失业保险。这是为保障劳动者在失业后寻找工作期间基本生活需要而设立的保险。主要内容有失业救济金、生活补助费、失业期间医疗费等。西方国家失业人员享受失业保险的期限一般为 26 周至一年。享受的条件为必须是非自愿性失业。

(3)医疗保险。这是为保障劳动者在患病或非因工负伤期间,暂时或长期丧失劳动能力时的基本生活需要而设立的保险。主要内容有病假及病假期间的工资待遇、医疗费用、住院费用、药费、供养直系亲属的医药费等。

（4）工伤保险。工伤保险又称工业伤害和残废保险。这是为保障劳动者在身体受伤以及因病或因伤而致残废，暂时或永久丧失劳动能力时的基本生活需要而设立的保险。它一般分因工伤残和职业病两种。内容包括因伤残而退休、退职的处理方法，因工残废抚养费，因工残废补助费和工作照顾等。

根据《中华人民共和国劳动保险条例》规定，我国工人和职员因工负伤，其全部诊疗费、药费、住院费和就医路费均由企业行政负担。医疗期间工资照发。确定为残废，则按残废等级由劳动保险基金项下，按月付给因工残废抚恤费或因工残废补助费。

（5）生育保险。这是为保障妇女劳动者在生育期间，暂时丧失劳动能力时的基本生活需要而设立的保险。内容包括产假、产假期间工资待遇、生育医疗费用等。

（6）公积金。公积金又称公司的储备金，是指公司为增强自身财产能力，扩大生产经营和预防意外亏损，依法从公司利润中提取的一种款项，不作为股利分配的部分所得或收益。主要用于弥补公司亏损、扩大公司生产经营、转增公司资本。

小　结

本章主要讲述了企业人力资源管理的基本概念以及相关的一些基础知识；人力资源规划内涵、内容、程序；企业选择人员招聘的主要步骤和方法；企业对员工进行绩效考评的方法和内容，根据评价结果如何进行奖酬。其间穿插介绍了一些企业人力资源管理的基础知识，使读者更加了解企业人力资源管理的模式、方式。

思考与练习

1. 人力资源的含义、特点各是什么？人力资源开发与管理的重要性表现在哪些方面？

2. 人力资源规划的内涵、内容、程序分别是什么？

3. 结合你所了解的一些企业的实际情况，谈谈有哪些薪酬的计算方法。

4. 结合一些知名企业，谈谈人员招聘的程序。

5. 以年轻人的观点来看，什么样的企业才能吸引你到该公司工作？

第四章　企业财务管理

知识目标

1. 掌握财务活动具体包括的内容、财务管理目标的 3 种观点及主要内容。
2. 掌握资金需要量预测的两种方法——百分比法和因素分析法的主要内容。
3. 熟悉资产的分类以及主要特点、利润构成的要素。
4. 了解企业的财务关系、货币时间价值等相关知识。

能力目标

1. 能够深刻理解不同资产的特点,对具体资产进行分类。
2. 能够区分权益性资产和债务性资产,比较优缺点。
3. 运用货币时间价值的知识,在日常生活中树立资金价值观念。

第一节　企业财务管理概述

一、财务管理的概念和特点

(一)财务管理的概念

简单来说,财务就是财产方面的事物。企业财务就是企业再生产过程中的资金运动,即有关资金筹集、资金运用和资金分配等方面的活动,这些活动又称财务活动。资金是企业再生产过程中财产物资的货币表现。企业财务就是指企业在再生产过程中的资金运动及其与有关方面发生的财务关系。

企业为了保证生产经营活动的顺利进行,还必须加强经营管理。企业的生产经营管理工作包括生产管理、技术管理、劳动管理、物资管理及财务管理等内容。财务管理作为企业经营管理的重要组成部分,主要是利用价值形式组织、监督和调节企业财务活动,处理企业与各方面的财务关系,财务管理是企业管理的一个重要组成部分。财务管理的核心是对资金及其运用效果的管理。

(二)财务管理的特点

财务管理是企业管理的组成部分,它是基于再生产过程中客观存在的财务活动和财务关系而产生的,主要运用价值形式对企业的财务活动及其所体现的财务关系实施管理。财务管理具有如下特点:

（1）财务管理是一项综合性管理工作，企业各方面生产经营活动的质量和效果都可以在资金运动中综合地反映出来。

（2）财务管理的职能具有多元性，财务管理具有财务预测、预算、分析及决策等多项职能，而其基本职能是财务决策。

（3）财务管理的内容具有广泛性，包括筹集资金、流动资产管理、固定资产管理、无形资产管理、投资管理、利润管理等。

（4）财务管理的信息具有前瞻性，能够及时反映企业的生产经营状况。

二、企业的财务活动

企业的财务活动是指企业生产经营过程中的资金运动，而资金运动是企业资金从货币资金开始，依次转化为储备资金、生产资金、成品资金形态，最后又回到货币资金形态的过程。企业财务活动具体表现为资金筹集、资金运用和资金分配的一系列行为。

（一）资金筹集

资金筹集又称筹资，是指企业为了满足投资和用资的需要，筹措和集中所需资金的过程，如发行股票、发行债券、取得借款等都属于筹资。企业从不同渠道以不同的方式筹集资金，是资金运动的起点。

企业在筹资时，不仅要考虑满足企业生产经营活动对资金的需要，而且还要考虑筹资的时机、筹资的渠道和筹资的方式。这就需要根据资金成本的大小和企业筹资后要承担的风险大小权衡利弊与得失，以确定企业合理的资金结构。

就资金途径而言，有以下两种资金来源：第一种是所有者权益，或称权益资金，它包括投资者投入资金，如企业资本金和资本公积金，以及企业在生产经营中形成的积累、盈余公积金和未分配利润；第二种是负债资金，它由负债形成，如银行借款、发行债券、应付款项等。

（二）投资管理

投资管理具体表现为资金运用，就是把从不同渠道筹集的资金投放于生产经营的各项资产及其营运的过程。资金运用可以分为对内投资和对外投资。对内投资主要是形成企业的流动资产、固定资产、无形资产等；对外投资又分为股权投资（形成对其他企业的所有者权益）、债券投资（形成对其他企业的债务资金）等。在进行投资决策时，要认真选择投资方向，提高报酬率并降低风险。

（三）资金分配

企业进行投资、生产的目的就是获得利润。企业在生产过程中，需要对收入进行管理，对生产中的耗费进行补偿，对形成的利润进行核算。在缴纳相关的税款后，进行利润分配,需要管理者制订分配方案,选择适合的分配方式,以保证既能满足投资者的投资回报要求,又能保证企业具有较强的市场竞争力。

三、企业财务关系

企业在生产经营过程中,由于筹集资金、运用资金和分配资金等财务活动,使企业与有关方面发生了广泛的经济联系,如与国家、投资者、受资者、债权人、债务人和职工以及企业内部各单位之间的经济联系。这种在企业财务活动过程中与有关各方面所发生的经济利益关系,称为企业财务关系。

企业同各方面的财务关系可以概括为以下方面:

(一)企业与国家之间的财务关系

企业与国家之间的财务关系,主要是指企业依法向国家税务机关缴纳各种税款形成的经济利益关系。及时、足额纳税是每个生产经营者对国家应尽的义务,企业必须认真执行。这种企业与国家之间的财务关系,体现一种依法征收税款和依法缴纳税款的权利和义务关系。

(二)企业与投资者之间的财务关系

企业与投资者之间的财务关系,是指企业投资者向企业投入资金,企业向投资者支付投资报酬所形成的经济利益关系,体现了所有权的性质。

(三)企业与受资者之间的财务关系

企业与受资者之间的财务关系,是指企业以购买股票或直接投资的形式向其他企业投资,受资者按照规定分配给企业投资报酬所形成的经济利益关系。企业按规定履行出资义务,并按照出资份额参与受资企业的管理和利润分配。

(四)企业与债权人之间的财务关系

企业与债权人之间的财务关系,是指企业向债权人借入资金,并按规定按时归还借款本金和支付借款利息所形成的经济利益关系。

(五)企业与债务人之间的财务关系

企业与债务人之间的财务关系,是指企业购买其他企业发行的债券,或者向商品、劳务求购单位提供商业信用所形成的经济利益关系。

(六)企业内部各单位之间的财务关系

企业内部各单位之间的财务关系,是指企业内部各单位之间在生产经营活动过程中,相互提供商品或劳务所形成的经济利益关系。

(七)企业与职工之间的财务关系

企业与职工之间的财务关系,是指企业按照按劳分配的原则向职工支付劳动补偿过程中所形成的经济利益关系。

四、财务管理目标

　　财务管理目标又称理财目标,是指企业进行财务活动所要达到的最终目的。财务管理的目标决定于企业管理的总目标,可以概括为生存、发展、获利 3 个方面。根据现代企业财务管理的理论与实践,最具代表性的财务管理目标有 3 种主要观点。

　　（一）利润最大化

　　利润是企业一定期间内全部收入抵减全部费用的余额。利润代表了企业新创造的财富,利润越多,说明企业新创造的价值就越大,企业的财富增加得越多,越符合企业的目标。但同时它也有如下缺陷:第一,利润最大化没有考虑取得利润的时间,忽略了货币时间价值这一因素,例如,今年获利 100 万同明年获利 100 万是不等值的;第二,利润最大化没有考虑获得利润与投入资本之间的关系,例如,两个企业同样都是获利 100 万,但一个企业投入 500 万元,另一个企业投入 600 万元,若不将利润与投入资本联系起来,也不能正确判断哪种获利方式更符合企业目标;第三,利润最大化容易使企业忽略风险;第四,利润最大化往往会使企业决策产生过多的短期行为。

　　（二）股东财富最大化

　　这种观点认为,股东创办企业的目的就是获得更多的财富,因而财务管理的目标就是追求股东财富最大化。与利润最大化目标相比,股东财富最大化的优点如下:第一,考虑了时间价值和风险因素;第二,股东财富最大化目标在一定程度上能够克服企业的短期行为;第三,股东财富最大化的目标比较容易量化,便于考核与奖惩。缺点如下:第一,适用范围狭窄,非上市公司很难适用;第二,只强调股东利益,忽视股东以外其他利益相关者的利益;第三,股票价格不能准确体现股东财富。

　　（三）企业价值最大化

　　企业价值最大化是指企业通过合理经营,采用最佳的财务决策,在充分考虑资金时间价值和投资风险与报酬关系的情况下,使企业价值达到最大。企业价值包含了企业新创造的价值,也包含企业潜在的获利能力,更能体现企业主体的特征和利益相关者的利益,较股东财富最大化目标更为合理。

五、财务管理职能

　　财务管理职能又称财务管理功能,是指财务管理应发挥的作用和应具有的功能,包括:财务预测、财务决策、财务预算、财务控制和财务分析。

　　（一）财务预测

　　财务预测是指根据财务活动资料,考虑现实的要求和条件,对企业未来的财务活动和财务成果做出科学的预计和测算。财务预测主要包括:筹资预测、成本费用预测、营业收入预测和利润预测等。具体方法包括：因果关系预测法、时间序列预测法和回归分析预测法等。

（二）财务决策

财务决策是指财务人员在财务管理目标的总体要求下，采用专门的方法，从多个备选方案中筛选出最佳方案。主要内容包括：筹资决策、投资决策、成本费用决策、收入决策与利润决策等。具体方法包括：比较分析法、线性规划法、概率决策法等。

（三）财务预算

财务预算是指以财务预测提供的信息和财务决策确立的方案为依据，运用科学的技术手段和方法，对目标进行综合评价，制定主要计划指标。主要内容包括：筹资预算、投资预算、成本费用预算、营业收入预算和利润预算等。具体方法包括：固定预算和弹性预算、增量预算和零基预算、定期预算和滚动预算。

（四）财务控制

财务控制是指在财务管理过程中，利用有关信息和特定手段，对企业的财务活动加以影响和调节，以便实现财务预算所规定的目标。具体方法包括：计划控制法、制度控制法、定额控制法。

（五）财务分析

财务分析是指以核算资料为依据，运用特定的方法，对企业财务活动及其结果进行分析评价的工作。

六、货币时间价值

货币时间价值（Time Value of Money）是指货币在周转使用中由于时间因素而形成的差额价值，又称资金的时间价值。在商品经济条件下，即使不存在通货膨胀，一定数量的货币资金在不同时点上也具有不同的价值。例如，现在的一元钱和一年后的一元钱不等值，现在的一元钱比一年前的一元钱经济价值要大。这是因为现在的一元钱存入银行，在银行利率10％的条件下，一年后可得到1.10元，这一元钱经过一年时间的投资增加了0.10元，随着时间的推移，货币发生了增值，这就是货币的时间价值。

小知识　　　　　　　　**货币价值的本质**

货币时间价值的定义如下：从量的规定性来看，货币时间价值是没有风险和没有通货膨胀下的社会平均资金利润率。在计量货币时间价值时，风险报酬和通货膨胀因素不应该包括在内。

本杰明·弗兰克说：钱生钱，并且所生之钱会生出更多的钱。这就是货币时间价值的本质。

货币时间价值这个概念认为,目前拥有的货币比未来收到的同样金额的货币具有更大的价值,因为目前拥有的货币可以进行投资,在目前到未来这段时间里获得复利。即使没有通货膨胀的影响,只要存在投资机会,货币的现值就一定大于它的未来价值。

专家给出的定义如下:货币时间价值就是指当前所持有的一定量货币比未来获得的等量货币具有更高的价值。从经济学的角度而言,现在的一单位货币与未来的一单位货币的购买力之所以不同,是因为要节省现在的一单位货币不消费而改在未来消费,则在未来消费时必须有大于一单位的货币可供消费,作为弥补延迟消费的补贴。

第二节　资金筹集管理

企业筹资是指企业根据其生产经营、对外投资以及调整资本结构等需要,通过一定的渠道,采取适当的方式,获取所需资金的一种行为。

一、资金需要量的预测

企业在筹资之前需要采用一定的方法对资金需要量进行预测,然后寻找筹资渠道,筹集所需资金,并降低资金成本,合理安排资金结构,保证资金的正常、高效周转。资金需要量预测是指对企业未来融资需求的估计和推测。筹资过少,不能满足生产经营的需要;而筹资过多,会增加筹资风险,造成巨大的浪费。

（一）资金需要量预测的步骤

资金需要量预测的步骤如下:

(1)销售预测。财务预测的起点是销售预测。

(2)估计需要的资产和负债增长量。资产通常是销售量的函数,根据销售预测可以预测所需资产的总量;流动负债也是销售量的函数,相应也可以预测负债增长量。

(3)估计收入、费用和留存收益。收入和费用与销售量之间也存在一定的函数关系,因此,可以根据销售数据估计收入和费用,并确定净利润。

(4)估计所需的追加资金需要量,确定外部融资数额。根据预计资产总量,减去已有的资金来源、负债的增长和内部提供的留存收益,得出应追加的资金需要量,以此为基础进一步确定所需的外部融资数额。

用以下公式可以表示所需外部资金的数量:

资金需求＝现金＋营运资金需求＋固定资产

$$内生资金＝留存收益＋折旧费$$

$$外部资金需求＝资金需求－内生资金$$

$$外部资金需求＝（现金＋营运资金需求＋固定资产）－（留存收益＋折旧费）$$

（二）资金需要量的预测方法

资金需要量的预测方法主要有销售百分比法、因素分析法、线性回归分析法、通过编制现金预算预测资金需要量等。此处着重介绍销售百分比法和因素分析法。

1. 销售百分比法

销售百分比法是根据销售收入与资产负债表和利润表项目之间的比例关系，预测企业融资需求数量的一种方法。利用此方法进行财务预测，首先，要假设收入、费用、资产、负债与销售收入之间有着固定的比例；然后，根据预计销售额和相应的比例，预计资产、负债和使用者权益，最后，确定出所需的融资数量。

在实际运用销售百分比法时，一般是借助预计利润表和预计资产负债表进行的。通过预计利润表预测企业留存收益这种内部资金来源的增加量；通过预计资产负债表预测企业资金需要总额和外部融资额。

使用销售百分比法的步骤如下：

第一步，预计利润表。

（1）收集基年实际利润表资料，计算确定利润表各项目与销售额的百分比。

（2）取得预测年度销售收入的预计数，用该预计销售额乘以基年实际利润表各项目与实际销售额的百分比，计算出预测年度预计利润表各项目的预计数，并编制预计利润表。

（3）用预计利润表中的预计净利润和预定的股利支付率，预算出留存收益的数额。

第二步，预计资产利润表。

（1）按基年资产负债表实际资料，计算确定敏感项目与销售收入的百分比。

（2）用下年预计销售收入乘以敏感项目百分比，求得敏感项目金额；非敏感项目除留存收益项目外，按本年数额填列。

（3）确定下年度留存收益增加额及预计资产负债表中的留存收益累计额。

（4）确定追加资金需要量，用公式表示为

$$追加资金需要量＝预计资产总额－预计负债－预计所有者权益$$

2. 因素分析法

因素分析法是根据企业基期实际资金占用数额和预测期有关因素的增减变化情况，测算企业预测期的资金需要量的方法。影响资金需要量的因素主要有业务量的变化、资产价格的变化、资金周转速度的快慢等。业务量就是企业平时所做的工作，产品生产量大，需要资金购买原材料、雇佣劳动者、引进生产设备。所以，这一因素应该与资金需要量成正比,但还要考虑到资产价格因素和资金周转速度因素。

一般来讲,业务量增加,资金需要量增加;资产价格升高,在业务量、资金周转速度一定的条件下,资金需要量增加;而资金周转速度越快,则资金需要量越少。

用公式表示为

$$\text{资金需要量} = \left(\text{基期资金实际平均占用量} - \text{不合理平均占用量}\right) \times \left(1 + \text{预测期业务量变化率}\right) \times$$
$$\left(1 + \text{预测期资产价格变化率}\right) \times \left(1 + \text{预测期的资金周转速度变化率}\right)$$

其中,不合理占用量指的是呆滞积压及超储积压的原材料、辅助材料、在产品和产成品等占用量。

【例 4.1】 某上市公司资金实际平均占用量为 100 万元,其中,不合理部分平均占用量为 20 万元,预计本年业务量比上一年增长 2%,资金周转速度加快 2%,则本年度资金预测量为

$$(100-20) \times (1+2\%) \times (1+2\%) = 83.232 \text{(万元)}$$

二、权益性筹资

权益资金又称主权资本或自有资金,是指企业依法筹集并长期拥有、自主支配的资金,其数额就是资产负债表中的所有者权益总额,又称净资产。权益资金主要通过国家财政资金、吸收直接投资、发行股票、内部积累等方式筹集资金。

(一)吸收直接投资

1. 投资者出资方式

企业在吸收直接投资方式筹集资金时,投资者可以用现金、厂房、机器设备、材料物资、无形资产等作价出资。

(1)以现金出资。以现金出资是吸收投资中一种最主要的出资方式。有了现金,便可获取其他物质资源。

(2)以实物出资。以实物出资就是投资者以厂房、建筑物、设备等固定资产和原材料、商品等流动资产所进行的投资。一般来说,吸收实物投资应符合如下条件:确为企业科研、生产、经营所需;技术性能比较好;作价公平合理。

(3)以工业产权出资。以工业产权出资是指投资者以专有技术、商标权、专利权等无形资产所进行的投资。一般来说,企业吸收的工业产权应符合以下条件:能帮助企业开发研究出新的高科技产品;能帮助企业生产出适销对路的高科技产品;能帮助企业改进产品质量,提高生产效率;能帮助企业大幅度降低各种消耗;作价比较合理。

(4)以土地使用权出价。企业吸收土地使用权投资应符合以下条件:企业生产、科

研、销售活动所必需;交通、地理条件比较适宜;作价公平合理。

2. 吸收直接投资的优缺点

吸收直接投资的优点如下:

(1)有利于增强企业信用。

(2)有利于尽快形成生产能力。

(3)有利于降低财务风险。

吸收直接投资的缺点如下:

(1)资金成本较高。

(2)容易分散企业控制权。

(二)发行普通股票

1. 股票的分类

(1)按股东权利和义务的不同,可将股票分为普通股票和优先股票。普通股票又称普通股,是股份公司依法发行的具有平等的权利和义务、股利不固定的股票。优先股票又称优先股,是股份公司发行的、相对于普通股具有一定优先权的股票,这种优先权主要体现在股利分配和分取剩余财产权利上。

(2)按股票票面是否记名,可将股票分为记名股票和无记名股票。记名股票是指在股票上载有股东姓名或名称并将其记入公司股东名册的股票。记名股票的转让、继承都要办理过户手续。无记名股票是指在股票上不记载股东姓名或名称,也不将股东姓名或名称记入公司股东名册的股票。我国《公司法》规定:公司向发行人、国家授权投资的机构和法人发行的股票,应当为记名股票;向社会公众发行的股票,可以为记名股票,也可以为无记名股票。

(3)按发行对象和上市地区,可将股票分为 A 股和 B 股、H 股和 N 股。我国内地上市交易的股票主要有 A 股和 B 股。A 股是以人民币标明票面金额并以人民币认购和交易的股票。B 股是以人民币标明票面金额,以外币认购和交易的股票。H 股是在中国香港上市的股票,N 股是在纽约上市的股票。

2. 普通股股东的权利

(1)公司管理权。体现在董事会选举中有选举权和被选举权,主要包括投票权、查账权、阻止越权经营的权利。

(2)分享盈余权。即普通股股东经董事会决定后有从净利润中分得股息和红利的权利。

(3)出让股份权。即股东有权出售或转让股票。

(4)优先认股权。即普通股股东拥有优先于其他投资者购买公司增发新股票的权利。

(5)剩余财产要求权。即当公司解散、清算时,普通股股东对剩余财产有要求权。

3. 股票发行

我国股份公司发行股票必须符合《中华人民共和国证券法》和《上市公司证券发行管理办法》规定的发行条件。股票的发行方式有公募发行和私募发行，公募发行有自销方式和承销方式，承销方式具体分为包销和代销。

4. 股票上市的影响

（1）股票上市的有利影响。有助于改善财务状况；利用股票收购其他公司；通过股票市场客观评价企业；利用股票可激励员工；提高公司知名度。

（2）股票上市的不利影响。使公司失去隐私权；限制经理人员操作的自由度；公开上市需要很高的费用。

5. 普通股筹资的成本

1）股利折现模式

（1）公司采用固定股利政策。

$$普通股筹资成本 = \frac{每年固定股利}{普通股筹资金额 \times (1 - 普通股筹资费率)} \times 100\%$$

【例 4.2】　某公司拟发行一批普通股，发行价格为 12 元，每股发行费用为 2 元，预定每年分派现金股利每股 1.2 元。则该普通股筹资成本测算为

$$普通股筹资成本 = \frac{1.2}{12-2} \times 100\% = 12\%$$

（2）公司采用固定股利增长率的政策。

$$普通股筹资成本 = \frac{第一年预期股利}{普通股筹资金额 \times (1 - 普通股筹资费率)} \times 100\% + 股利固定增长率$$

【例 4.3】　某公司准备增发普通股，每股发行价为 15 元，发行费用 3 元，预定第一年分派现金股利每股 1.5 元，以后每年股利增长 5%。则该普通股筹资成本测算为

$$普通股筹资成本 = \frac{1.5}{15-3} \times 100\% + 5\% = 17.5\%$$

2）资本资产定价模型

资本资产定价模型的含义可以简单地描述为：普通股投资的必要报酬率等于无风险报酬率加上风险报酬率。用公式表示如下：

$$K_c = R_f + \beta(R_m - R_f)$$

式中，K_c 为必要报酬率；R_f 为无风险报酬率；R_m 为市场报酬率；β 为某公司股票收益率，相当于市场收益率的变动幅度。

【例 4.4】　某股份公司普通股股票的 β 值为 1.5，无风险利率为 6%，市场投资组合的期望收益率为 10%。则该公司的普通股筹资成本为

$$普通股筹资成本 = 6\% + 1.5 \times (10\% - 6\%) = 12\%$$

6. 普通股筹资的优缺点

普通股筹资的优点如下:没有固定利息负担;没有固定到期日,不用偿还本金;筹资风险小;能增加公司的信誉;筹资限制较少。

普通股筹资的缺点如下:资金成本较高;容易分散控制权。

（三）留存收益筹资

1. 留存收益筹资的渠道

（1）盈余公积。盈余公积是指有指定用途的留存净利润,它是按照《公司法》规定从净利润中提取的积累资金,包括法定盈余公积和任意盈余公积。

（2）未分配利润。未分配利润是指未限定用途的留存净收益。这里有两层含义:一是这部分净利润没有分给公司的股东;二是这部分净利润未指定用途。

2. 留存收益筹资的成本

留存收益是公司税后利润形成的,属于权益资本,是企业资金的一种重要来源。企业留存收益等于股东对企业进行追加投资。

（1）在普通股股利固定的情况下,留存收益筹资成本的计算公式为

$$留存收益筹资成本 = \frac{每年固定股利}{普通股筹资金额} \times 100\%$$

（2）在普通股股利逐年固定增长的情况下,留存收益筹资成本的计算公式为

$$留存收益筹资成本 = \frac{第一年预期股利}{普通股筹资金额} \times 100\% + 股利年增长率$$

【例 4.5】 某公司普通股目前的股价为 10 元/股,筹资费率为 8%,刚刚支付的每股股利为 2 元,股利固定增长率为 3%。则该企业留存收益筹资的成本为

$$留存收益筹资成本 = 2 \times (1+3\%)/10 \times 100\% + 3\% = 23.6\%$$

3. 留存收益筹资的优缺点

留存收益筹资的优点如下:资金成本较普通股低;保持普通股股东的控制权;增强公司的信誉。

留存收益筹资的缺点如下:筹资数额有限制;资金使用受制约。

三、债务性筹资

债务资金又称借入资金或债务资本,是指企业向金融机构或其他企业和个人借入的资金,即企业的负债。债务性筹资的主要渠道包括长期借款和发行债券。

（一）长期借款

长期借款是指借款期限在 1 年以上的借款。按照不同的标准,长期借款可分为不同的类型。

（1）按照用途,分为固定资产投资借款、更新改造借款、科技开发和新产品试制借款等。

（2）按提供贷款的机构，分为政策性银行贷款、商业银行贷款等。政策性银行贷款一般指执行国家政策性贷款业务的银行向企业发放的贷款。商业银行贷款是指由各商业银行向工商企业提供的贷款。

（3）按有无担保，分为信用贷款和抵押贷款。信用贷款指不需要企业提供抵押品，仅凭其信用或担保人信誉而发放的贷款。抵押贷款指要求企业以抵押品作为担保的贷款。长期贷款的抵押品通常是房屋、建筑物、机器设备、股票、债券等。

（二）发行债券

债券是企业依照法定程序发行的，承诺按一定利率定期支付利息，并到期偿还本金的有价证券，是持券人拥有公司债权的凭证。

1. 债券的种类

（1）按发行主体，债券可分为政府债券、金融债权和公司债券三大类。

（2）按期限长短，债券可分为短期、中期和长期债券。一般的划分标准是期限在 1 年以下的为短期债券，期限在 5 年以上的为长期债券，而期限在 1~5 年之间的为中期债券。

（3）按利息的支付方式，债券一般可分为附息债券、贴现债券和普通债券。

①附息债券。附息债券是指票面上附有各期息票的中长期债券，息票的持有者可按其标明的时间期限到指定的地点按标明的利息额领取利息。息票通常以 6 个月为一期。

②贴现债券。贴现债券是指在发行时按规定的折扣率将债券以低于面值的价格出售，在到期时持有者仍按面额领回本息的债券，其票面价格与发行价之差即为利息。

③普通债券。普通债券是指按不低于面值的价格发行，持券者可按规定分期分批领取利息或到期后一次领回本息的债券。

（4）按是否公开发行，债券可分为公募债券和私募债券。

①公募债券。公募债券是指按法定手续，经证券主管机构批准在市场上公开发行的债券，其发行对象是不确定的。

②私募债券。私募债券是指发行者向与其有特定关系的少数投资者为募集对象而发行的债券。

（5）按发行的区域，债券可分为国内债券和国际债券。

①国内债券。国内债券是指本国的发行主体以本国货币为单位在国内金融市场上发行的债券。

②国际债券。国际债券是指本国的发行主体到别国或国际金融组织等以外国货币为单位在国际金融市场上发行的债券。

（6）按有无抵押担保，债券可分为信用债券和担保债券。

①信用债券。信用债券亦称无担保债券，是指仅凭债券发行者的信用而发行的，没有抵押品做担保的债券。一般政府债券及金融债券都为信用债券。

②担保债券。担保债券是指以抵押财产为担保而发行的债券。具体包括：以土地、房屋、机器、设备等不动产为抵押品而发行的抵押公司债券；以公司的有价证券为担保品而发行的抵押信托债券；由第三者担保偿付本息的承保债券。

（7）按是否记名，债券可分为记名债券和无记名债券。

①记名债券。记名债券是指在券面上注明债权人姓名，同时在发行公司的账簿上做同样登记的债券。

②无记名债券。无记名债券是指券面未注明债权人姓名，也不在公司账簿上登记其姓名的债券。现在市面上流通的一般都是无记名债券。

（8）按发行时间先后，可分为新发债券和既发债券。

①新发债券。新发债券指的是新发行的债券，这种债券都规定有招募日期。

②既发债券。既发债券指的是已经发行并交付给投资者的债券。

（9）按是否可转换，债券可分为可转换债券与不可转换债券。

①可转换债券。可转换债券是指能按一定条件转换为其他金融工具的债券。可转换债券一般都是指的可转换公司债券，可按一定条件将持有的债券转换成股票。

②不可转换债券。不可转换债券是指不能转化为其他金融工具的债券。

2. 债券的发行程序

（1）做出决议或决定。

（2）向国务院授权的部门申请发行。

（3）发行公司债券的批准。

（4）公告募集办法。

（5）公司债券的载明事项。

（6）筹集债款。

3. 债券的发行价格

债券的发行价格有 3 种：一是按债券面值平价发行，又称面值发行；二是按低于债券面值折价发行；三是按高于债券面值溢价发行。债券之所以会存在溢价发行或折价发行，是因为资金市场上的利息率是经常变化的。当市场利率等于债券票面利率时，即平价发行；当市场利率高于债券票面利率时，则折价发行；当市场利率低于债券票面利率时，则溢价发行。

债券发行价格的计算公式为

$$债券发行价格 = \frac{债券面额}{(1+市场利率)^n} + \sum_{t=1}^{n} \frac{债券面额 \times 票面利率}{(1+市场利率)^t}$$

式中，n 为债券期限；t 为付息期数。

【**例 4.6**】 某公司拟发行面值为 1 000 元，票面利率为 8%，期限为 5 年的债券。其发行价格可分为以下 3 种情况来说明：

（1）资金市场的利率保持在 8%，与该公司的债券票面利率一致。为使投资者获得与资金市场利率相当的投资收益率,公司应采用面值发行方式,即发行价格为 1 000 元。

(2)资金市场利率上升到 12%,高于公司债券票面利率 8%,则应采用折价发行方式,其发行价格为

$$发行价格 = \frac{1000}{(1+12\%)^5} + \sum_{t=1}^{5} \frac{1000 \times 8\%}{(1+12\%)^t}$$
$$= 1000 \times 0.567 + 1000 \times 8\% \times 3.605$$
$$= 855.40 \ (元)$$

即公司按 855.40 元的价格出售债券,投资者才能获得与市场利率 12% 相等的报酬率。

(3)资金市场利率大幅下降到 5%,低于公司债券票面利率 8%,则可采用溢价发行方式,其发行价格为

$$发行价格 = \frac{1000}{(1+5\%)^5} + \sum_{t=1}^{5} \frac{1000 \times 8\%}{(1+5\%)^t}$$
$$= 1000 \times 0.784 + 1000 \times 8\% \times 4.329$$
$$= 1130.32 \ (元)$$

即投资者按 1130.32 元的价格购买该公司面值为 1 000 元的债券,只能获得 5% 的回报,与市场利率相同。

> **小知识　　　　最佳资本结构的本质**
>
> 确定最佳资本结构的方法包括:每股收益无差别点法(息税前利润—每股收益分析法)、比较资金成本法和公司价值分析法。每股收益无差别点法认为,当预计的息税前利润大于每股收益无差别点的息税前利润时,运用负债筹资可获得较高的每股收益,反之,运用权益筹资可获得较高的每股收益。比较资金成本法认为,通过计算各方案的加权平均资金成本,选择加权平均资金成本最低的方案为最优方案。公司价值分析法认为,在充分反映公司财务风险的前提下,以公司价值的大小为标准,经过测算确定公司最佳资本结构。

第三节　资　产　管　理

一、流动资产管理

(一)流动资产概述

1. 流动资产的概念

流动资产是指可以在 1 年以内或者超过 1 年的一个营业周期内变现或运用的资

产,包括现金、银行存款、交易性金融资产、应收账款、预付账款和存货等。流动资产在企业资产总额中占有很大的比重,在生产经营活动中具有较强的流动性。流动资产的多少表明企业短期偿债能力的强弱,因此,它在企业资产中占有最重要的地位。企业拥有一定数量的流动资产是企业开展生产经营活动必不可少的物质条件。

2. 流动资产的特点

(1)流动资产周转速度快,变现能力强。

(2)流动资产占用数量具有较大的波动性。

(3)流动资产占用形态具有多样性。

3. 流动资产的分类

(1)按流动资产的占用形态不同,可分为现金、交易性金融资产、应收及预付账款和存货。

(2)按流动资产变现能力的强弱,可分为速动资产和非速动资产。速动资产是指那些能够直接作为支付手段或能够直接变现用于支付的流动资产,包括货币资金、应收账款、应收票据、交易性金融资产等。非速动资产是指那些不准备迅速变现的资产等,包括存货、待处理流动资产损失等。

(3)按流动资产的盈利能力不同,可分为收益性流动资产和非收益性流动资产。

(二)现金的管理

1. 现金的含义

现金是指企业的货币资产,包括库存现金及存入银行或其他金融机构并可随时用于支付的款项,以及其他货币性资金等。持有一定数量的现金是企业组织生产经营活动的必要条件,也是稳定经营、降低财务风险、增强偿债能力的基础。但是持有过多的现金,则会使企业的收益降低,因为现金不能为企业直接赚取收益,因此,企业必须加强现金管理,尽量减少企业闲置的现金数量,提高现金的使用效果。

2. 现金成本

企业持有现金必然要发生一些相关成本,这些成本主要是持有成本、转换成本和短缺成本,3 者之和构成了相关总成本。相关总成本最低点的现金额度,就是现金最佳持有额度。

(1)持有成本。持有成本又称机会成本,是指企业因持有现金而放弃的再投资收益和增加的相应管理成本。例如,某企业持有现金 10 万元,若投资于证券,可以获得 10% 的收益率,即现金的再投资收益为 1 万元,若放弃再投资,则其收益 1 万元即为机会成本。

(2)转换成本。转换成本是指企业用现金购入有价证券以及转让有价证券换取现金时付出的交易费用,及现金有价证券之间相互转换的成本,如委托买卖佣金、委托手续费、证券过户费等。

（3）短缺成本。短缺成本是指因现金持有量不足且又无法及时通过有价证券变现得以补充而给企业造成的损失。例如，由于现金短缺而无法购进急需的原材料，从而使企业的生产经营及投资中断而给企业造成的损失。

3. 最佳现金持有量的确定

（1）现金周转模式。在实际工作中，考核现金管理水平高低的主要指标是现金周转率（现金在一年中的周转次数），其计算公式为

$$现金周转期＝存货周转期＋应收账款周转期－应付账款周转期$$

$$现金周转率＝\frac{全年天数（360 天）}{现金周转期}$$

$$最佳现金持有量＝\frac{预计年现金需求量}{现金周转率}$$

【例 4.7】 某企业预计全年需用现金 1 600 万元，预计的存货周转期为 100 天，应收存货周转期为 100 天，应收账款周转期为 50 天，应付账款周转期为 60 天，该企业的最佳现金持有量计算如下：

$$现金周转期＝100＋50－60＝90 （天）$$

$$现金周转率＝360÷90＝4 （次）$$

$$最佳现金持有量＝1 600÷4＝400 （万元）$$

（2）存货模式。存货模式认为，最佳现金持有量就是使现金的机会成本与转换成本之和最低的现金持有量，用公式表示如下：

$$现金总成本＝机会成本＋转换成本$$

$$TC＝\frac{N}{2}\times i＋\frac{T}{N}\times B$$

式中，TC 为现金总成本；B 为现金与有价证券每次的转换成本；T 为特定时间内的现金需求总额；N 为现金持有量；i 为短期有价证券利息率。

$$最佳现金持有量＝\sqrt{\frac{2TB}{i}}$$

【例 4.8】 某公司预计全年货币资金需要量为 70 000 元，每天资金支出量不变，货币资金与有价证券的转换成本为每次 140 元，有价证券的年利息率为 10%，根据公式计算如下：

$$最佳现金持有量＝\sqrt{\frac{2\times 70\,000\times 140}{10\%}}＝14\,000 （元）$$

有价证券转换次数为

$$T/N＝70\,000/14\,000＝5（次）$$

最低现金总成本为

$$TC=\frac{14\,000}{2}\times10\%+\frac{70\,000}{14\,000}\times140=1\,400\text{（元）}$$

4. 现金收支的日常管理

(1)编制现金收支计划,预测未来的现金需求量。

(2)加速收款,减少闲置资金数量。

(3)合理利用现金浮游量。

(4)充分利用信用条件,控制付款。

(三)存货的管理

企业持有存货是必不可少的,但并非存货越多越好。一方面,一定数量的存货有利于保障企业生产经营的顺利进行;另一方面,可以使企业的生产与销售具有较大的机动性,避免因存货不足失去商机,给企业带来机会损失。但是,企业持有存货过多,必然付出较高成本。

1. 存货的功能

(1)防止生产经营的中断、停工待料,给企业造成损失。

(2)有利于销售。如果企业畅销产品储备不足,则失去销售良机。

(3)适应市场的变化。当市场的需求量突然增加时,就能及时地满足市场的变化;当发生通货膨胀时,适当地储备一定数量的存货,能使企业获得物价上涨的好处。

(4)降低进货成本。企业采取大批量的集中进货,就可以降低单位存货的采购成本,从而增强企业在市场中的竞争能力。

(5)维持均衡生产,使生产能力得到充分的发挥。

2. 存货的成本

(1)取得成本。取得成本分为订货成本和购置成本。订货成本是指为取得订单的成本,包括办公费、差旅费、邮电费等。

(2)储存成本。储存成本是指在储存过程中发生的成本,包括存货的保险费、储存过程中的损耗、仓储费等。

(3)缺货成本。缺货成本是指由于存货供应中断而给生产和销售造成的损失。

企业存货成本的最优化管理,就是使企业存货总成本即上述3项成本之和最小。

(四)应收账款的管理

1. 应收账款的概念

应收账款是指企业因对外销售产品、材料及提供劳务等原因,应向购货单位或接受劳务单位收取而未收取的款项。影响企业应收账款水平的主要因素有需求状况、产品定价、产品质量和企业的信用政策等。财务部门对应收账款的管理,主要是制定适当的信用政策,从而改变应收账款的水平。应收账款主要有增加销售、减少存货的功能。

2. 应收账款的成本

（1）机会成本。企业发生应收账款，就意味着这笔应收账款资金被客户占用，而不能用于其他投资，从而使企业丧失了获得其他投资收益的机会。我们把这种因投资于应收账款而放弃的投资收益称为机会成本。

（2）管理成本。应收账款的管理成本是指企业为管理应收账款而发生的一切耗费，它是应收账款成本的重要组成部分。主要包括：调查客户信用情况的费用、收集各种信息的费用、催收账款的费用等。

（3）坏账成本。坏账成本是指由于某种原因导致应收账款不能如数收回而给企业造成的损失。

3. 应收账款信用政策的制定

（1）信用期限。信用期限是指企业在赊销商品时给予客户付清全部账款的期限。企业适当延长信用期限，对扩大销售具有刺激作用，可为企业带来较高的收益。但同时也带来如下问题：第一，应收账款资金在较长时间内被占用，从而影响企业的资金周转和利用率，使机会成本增加；第二，企业坏账的风险加大，信用期越长，发生坏账的可能性越大，收回账款的费用也会增加。

（2）现金折扣政策。企业为了减少应收账款的资金占用，加快资金回收，往往在延长信用期限的同时，采用现金折扣办法。现金折扣是企业为了使客户尽早偿付货款，而在商品价格上所做的扣减。现金折扣政策的内容包括折扣率和折扣期限，通常的表示方法为 $3/10$、$1/20$、$n/30$。

【例 4.9】 某企业产品全年销售量为 90 000 件，每件售价 100 元，均以赊销方式销售。根据历史经验，如不采用现金折扣，平均收款期为 40 天，坏账损失率为 0.5%。为了加快账款的回收，企业考虑给在 10 天内付款的客户以 2% 的折扣。估计在采用这一办法后，全部客户都会在折扣期内付款，假定应收账款的机会成本为 20%。试分析企业提供现金折扣政策的可行性。

①现金折扣的支出。

$$现金折扣支出 = 90\,000 \times 100 \times 2\% = 180\,000（元）$$

②应收账款的机会成本减少。

$$应收账款的机会成本减少 = \left[\left(\frac{90\,000 \times 100}{360} \times 40\right) - \left(\frac{90\,000 \times 100}{360} \times 10\right)\right] \times 20\%$$
$$= (1\,000\,000 - 250\,000) \times 20\%$$
$$= 150\,000（元）$$

③坏账损失成本减少。

$$坏账损失成本减少 = 90\,000 \times 100 \times 0.5\% = 45\,000（元）$$

从以上计算结果可以看出，采用现金折扣后的应收账款的机会成本和坏账损失将会减少 195 000 元(150 000＋45 000),而现金折扣支出为 180 000 元,提供现金折扣的收益大于现金折扣支出,因此,该企业提供现金折扣的政策是可行的。

(3)信用标准。信用标准是指客户获得企业商业信用所应具备的基本条件,一般以预计的坏账损失率作为判断标准。如果客户未达到信用标准,则不能享受企业提供的商业信用。

信用标准高,意味着企业只对信誉很好、坏账损失率低的客户提供商业信用。这样会减少应收账款的机会成本、管理成本和坏账成本,但同时也会影响销售量,影响企业产品的市场竞争力。信用标准低,意味着企业会扩大销售量,但也会相应增加应收账款的坏账成本、管理成本和机会成本。因此,企业应根据具体情况进行合理评价和判断。

二、固定资产管理

(一)固定资产概述

固定资产是指使用年限超过 1 年或者 1 个营业周期、价值超过一定标准的有形资产,包括房屋、建筑物、机器、设备、运输工具等。固定资产是企业进行生产经营活动的主要生产资料,也是企业实物资产的主要组成部分。

固定资产与流动资产比较,有如下特点:使用期限超过 1 年或超过 1 年的一个营业周期;在使用过程中保持原来的物质形态不变;用于生产经营而不是为了出售;其使用寿命是有限的。

(二)固定资产折旧管理

固定资产在其使用期限内不断发生损耗,其价值随着损耗程度逐渐转移到有关成本和费用中去,并从企业销售收入中得到补偿。固定资产因损耗而转移的价值就称为固定资产折旧。为了保证企业生产经营活动的顺利进行,就必须正确地计提折旧,使固定资产在价值上及时地得到补偿,保证原有固定资产的更新改造。

1. 固定资产折旧的计提范围

应计提折旧的固定资产包括:房屋建筑物;在用的机器设备、仪器仪表、运输工具等;季节性停用和修理停用的设备;以经营租赁方式租出的固定资产;以融资租赁方式租入的固定资产。

不计提折旧的固定资产包括:房屋、建筑物以外的未使用、不需用的固定资产;以经营租赁方式租入的固定资产;已提足折旧仍继续使用的固定资产;未提足折旧提前报废的固定资产;按规定单独估价作为固定资产的土地;已全额计提减值准备的固定资产。

2. 固定资产折旧时间的确定

企业固定资产折旧必须按月提取,当月增加的固定资产,当月不计提折旧,从下月起计提折旧;当月减少的固定资产,当月照提折旧,从下月起不计提折旧。固定资产提足折旧后,不论能否继续使用,均不再计提折旧。

3. 固定资产折旧的方法

企业计提折旧一般采用平均年限法,企业的运输工具、大型设备可以采用工作量法;在技术进步快的企业,其机器设备计提折旧可以采用双倍余额递减法或年数总和法。

（三）财务部门对固定资产的管理

(1)参与固定资产投资的使用、项目建设和验收的预测与决策。

(2)监督固定资产调入调出、报废、清理和清查盘点。

(3)依据规定计提固定资产、在建工程的减值准备。

(4)合理安排固定资产修理。

(5)促进企业不断提高固定资产的利用效果。

三、无形资产管理

（一）无形资产的概念和特点

无形资产是指企业拥有的,可为企业带来经济利益的非实物、非货币性资产,包括专利权、非专利技术、商标权、著作权、土地使用权、特许权等。随着科学技术的进步和市场竞争的加剧,无形资产对企业来说越来越重要,尤其在市场经济中,无形资产具有有形资产不可替代的经济作用。

无形资产主要有如下特点:无形资产没有实物形态;无形资产属于非货币性长期资产;无形资产是为企业使用而非出售的资产;无形资产在创造经济利益方面存在较大的不确定性。

（二）无形资产的分类

无形资产按不同的划分方式,有不同的分类。

(1)按无形资产性质划分,可分为专利权、非专利技术、商标权、著作权、土地使用权、特许权等。

(2)按无形资产取得方式划分,可分为内部自创无形资产、外部取得无形资产。

(3)按无形资产有无期限划分,可分为有期限无形资产、无期限无形资产(特指只要有商业价值,就可以一直有效地使用,如非专利技术、商誉等)。

（三）无形资产的计量

不同的无形资产具有不同的计量方式。

(1)自行开发的无形资产。按开发时发生的材料成本、劳务成本、注册费、在开发该无形资产过程中使用的其他专利权和特许权的摊销,以及按照借款费用的处理原则可以资本化的支出,作为无形资产的实际成本。

(2)购入的无形资产。应按照实际支付的价款作为实际成本,包括购买价款、相关税费等支出。

(3)投资者投入的无形资产。应按照投资各方确定的价值作为实际成本,但合同或协议约定的价值不公允的除外。

(4)通过债务重组取得的无形资产。按照债务重组的相关规定确定其实际成本。

(5)以非货币性交易换入的无形资产。按换出资产的账面价值加上应支付的相关税费作为实际成本。

(6)接受捐赠的无形资产。

①捐赠方提供了有关凭据的,按凭据上标明的价格加上应支付的相关税费,作为实际成本。

②捐赠方没有提供有关凭据的,先按照同类或类似无形资产存在活跃市场的,按市场价格作为实际成本;不存在活跃市场,按该接受捐赠的无形资产的预计未来现金流量现值,作为实际成本。

(四)无形资产的摊销

无形资产的摊销主要涉及无形资产的使用寿命、应摊销金额、摊销方法、摊销年限等因素。

无形资产的使用寿命如果合同规定或法律规定有明确的使用年限,其使用寿命不应超过合同性权利或其他法定权利的期限;合同或法律没有规定使用寿命的,企业应综合各方面因素判断来确定无形资产能为企业带来经济利益的期限。

小知识　　　　　　　　资产的属性

资产(Asset)是企业、自然人、国家拥有或者控制的能以货币来计量收支的经济资源,包括各种收入、债权和其他。资产是会计最基本的要素之一,与负债、所有者权益共同构成的会计等式,成为财务会计的基础。国际会计准则在框架中将资产定义为"资产是指作为以往事项的结果,而由企业控制的预期会给企业带来经济利益的资源",可以看到,变化后的定义从理论上与国际会计准则保持了内在的一致,其实践意义是可以根据资产的定义明确纳入会计核算的资源范围。资产定义应包括以下两个要义:

(1)资产的经济属性即能够为企业提供未来经济利益,这也是资产的本质所在。不管是有形的还是无形的,要成为资产,必须具备能产生经济利益的能力,这是资产的第一要义。

(2)资产的法律属性即必须是为企业所控制,资产所产生的经济利益能可靠地流入本企业,为本企业提供服务能力,而不论企业是否对它拥有所有权,这是资产的第二要义。

第四节 资金成本和利润管理

一、资金成本管理

(一)资金成本的概念

资金成本就是指企业为筹集和使用资金而付出的代价,又称资本成本。资金成本由两部分构成:一是筹资费用,是指企业在筹措资金过程中为获取资金而付出的费用,如向银行支付的借款手续费,因发行股票、债券而支付的发行费用等;二是资金使用费用,是指企业在生产经营、投资过程中因使用资金而付出的费用,如向股东支付的股利,向债权人支付的借款利息或债券利息等,它是资金成本的主要内容。

(二)资金成本的计算

1. 银行借款成本

银行借款成本由借款利息和筹资费用构成,计算公式为

$$\frac{银行借款}{资金成本率}=\frac{借款费用\times(1-所得税税率)}{借款总额\times(1-筹资费用率)}\times100\%$$

或

$$\frac{银行借款}{资金成本率}=\frac{借款利率\times(1-所得税税率)}{1-筹资费用率}\times100\%$$

【例 4.10】 某企业取得长期借款 100 万元,年利率为 8%,期限 3 年,每年付息一次,到期一次还本。这笔借款的筹资费用率为 1%,企业所得税税率为 25%。则银行借款资金成本率为

$$\frac{银行借款}{资金成本率}=\frac{100\times8\%\times(1-25\%)}{100\times(1-1\%)}\times100\%=6.06\%$$

2. 长期债券成本

长期债券成本由债券利息和筹资费用构成,一般包括手续费、注册费、印刷费、上市费等,计算公式为

$$\frac{长期债券}{资金成本率}=\frac{债券面值总额\times票面利率\times(1-所得税税率)}{债券筹资总额\times(1-筹资费用率)}\times100\%$$

【例 4.11】 某公司发行面额为 400 万元的债券 800 张,以 500 万元的价格发行,票面利率为 12%,发行费用占发行价格的 5%,公司所得税税率为 25%。则该债券资金成本率为

$$\frac{债券资金}{成本率}=\frac{400\times12\%\times(1-25\%)}{500\times(1-5\%)}\times100\%=7.58\%$$

3. 优先股成本

优先股成本的计算与借款、债券不同的是股利在税后利润中支付，不能抵减所得税，计算公式为

$$\text{优先股资金成本率} = \frac{\text{优先股每年股利额}}{\text{优先股发行总额}\times(1-\text{筹资费用率})}\times100\%$$

【例 4.12】 某公司发行优先股面值总额为 100 万元，发行总额为 125 万元，筹资费用率为 6%，每年支付 10% 的股利。则该优先股资金成本率为

$$\text{优先股资金成本率} = \frac{100\times10\%}{125\times(1-6\%)}\times100\% = 8.51\%$$

4. 普通股成本

普通股成本的计算与优先股的不同在于其股利一般每年递增，计算公式为

$$\text{普通股资金成本率} = \frac{\text{普通股预期最近一年股利额}}{\text{普通股发行总额}\times(1-\text{筹资费用率})}\times100\% + \text{普通股股利年增长率}$$

【例 4.13】 某公司普通股发行总额为 6 000 万元，筹资费用率为 4%，最近一年股利率为 12%，以后每年增长 5%。则普通股资金成本率为

$$\text{普通股资金成本率} = \frac{6\,000\times12\%}{6\,000\times(1-4\%)}\times100\% + 5\% = 17.5\%$$

5. 留存收益成本

留存收益是由公司税后利润形成的，它属于普通股股东。留存收益资金成本率计算公式为

$$\text{留存收益资金成本率} = \frac{\text{普通股预期最近一年股利额}}{\text{普通股市价额}}\times100\% + \text{普通股股利年增长率}$$

【例 4.14】 某公司留存收益资金额为 120 万元，最近一年的普通股股利率为 12%，预计以后每年增长 3%。该公司留存收益资金成本率为

$$\text{留存收益资金成本率} = \frac{120\times12\%}{120}\times100\% + 3\% = 15\%$$

二、利润管理

利润是指企业在一定时期内所获得的经营成果，它集中反映企业生产经营活动等各方面的效益，是企业最终的财务成果，是衡量企业生产经营状况的一个重要综合指标。

（一）利润构成

企业利润根据其包括内容的不同，可分为主营业务利润、营业利润、利润总额和净利润等。

（1）主营业务利润。主营业务利润是指企业经营主要业务所取得的利润，它由主

营业务收入扣减主营业务成本和主营业务税金及附加后形成。其计算公式为

$$主营业务利润＝主营业务收入－主营业务成本－营业税金及附加$$

(2)营业利润。营业利润是指企业在一定期间内从事生产经营活动所获得的利润。其计算公式为

$$\frac{营业}{利润}＝\frac{主营业}{务利润}＋\frac{其他业}{务利润}－\frac{销售}{费用}－\frac{管理}{费用}－\frac{财务}{费用}＋\frac{投资}{净收益}$$

(3)利润总额。利润总额是指企业在一定期间内所实现的全部利润,又称税前利润。其计算公式为

$$利润总额＝营业利润＋（营业外收入－营业外支出）$$

(4)净利润。净利润又称税后利润,是指利润总额减去所得税费用后的净额。其计算公式为

$$净利润＝利润总额－所得税费用$$

(二)利润预测

利润预测是指企业在营业收入预测的基础上,通过对销售量、商品或服务成本、相关费用以及其他对利润发生影响的因素进行分析和研究,进而对企业在未来某一时期内可以实现的利润预期数进行预计和测算。

1. 利润预测的作用

(1)利润预测是企业编制利润计划的主要依据。

(2)利润预测有助于企业目标利润的实现。

(3)利润预测有利于调动企业职工生产经营积极性。

2. 利润预测的主要内容

(1)营业利润预测。营业利润在利润总额中所占比重最大,因而营业利润预测应是利润预测的重点。而在营业利润中,主营业务利润又占很大比重,主营业务利润的大小,主要取决于企业产品的销售量和单位产品利润,而单位产品利润由单位产品成本和销售单价所决定。

(2)营业外收入预测。营业外收入与企业的生产经营活动没有直接关系,但与企业生产经营活动存在一定的联系,并直接影响利润总额。

3. 利润预测的步骤

企业的目标利润是通过利润预测来决定的。所谓目标利润,是企业在计划期经过努力能够达到的利润水平,是企业计划期生产经营活动综合经济效益的集中表现。利润预测的具体步骤如下:

第一,分析上期利润指标完成情况,提出计划期利润目标的理想数额。

第二,采用科学的方法测算计划期可能实现的目标利润数额。

第三,将计划利润目标的理想数额与可能实现数额进行比较,最后确定目标利润数额。

(三)利润分配

1. 利润分配的原则

利润分配的原则包括：依法分配原则；分配与积累并重原则；投资与收益对等原则；兼顾各方利益原则。

2. 利润分配的项目

(1)法定盈余公积。企业经计算本年累计盈利的，以实现的净利润抵减年初累计亏损后的余额，按 10% 的比例计提法定盈余公积。法定盈余公积可用于以下两个方面：一是弥补亏损，二是转增资本。企业用盈余公积转增资本后的留存部分不得低于转增前注册资本的 25%。

(2)任意盈余公积。企业除了从当年净利润中提取法定盈余公积之外，还应提取任意盈余公积，其提取比例按企业章程办理。

(3)向投资者分配利润。企业在提取法定盈余公积和任意盈余公积之后，应向投资者分配利润。企业在向投资者分配利润时，除了有足够的累计盈余之外，还要考虑盈余的稳定性、投资机会、债务需要和举债能力等因素。

3. 利润分配的顺序

(1)弥补以前年度亏损。这里的以前年度亏损是指超过用税前利润抵补亏损的法定期限(5 年)后，仍未补足的部分。企业实现的净利润在以前年度亏损未弥补完之前，一律不得提取盈余公积。

(2)提取法定盈余公积。法定盈余公积按照净利润扣除弥补以前亏损后的 10% 的比例提取，法定盈余公积达到注册资本的 50% 时，可不再提取。

(3)提取任意盈余公积。企业提取法定盈余公积之后，可根据股东大会决议提取任意盈余公积，提取比例自行确定。

(4)向投资者分配利润。企业向投资者分配利润，应遵循"同股同权、同股同利"的原则。企业税后利润按上述程序分配后的余额，加上企业以前年度未分配的利润，一并向投资者进行分配。

4. 利润分配的政策

(1)剩余股利政策。剩余股利政策是指当公司有较高收益的投资机会时，先将税后可分配利润用作内部融资，在满足投资需求后的剩余部分才向股东分配股利的政策。

(2)稳定或稳定增长的股利政策。稳定或稳定增长的股利政策是指公司将每年发放的股利固定下来，并在较长时间保持不变，不管公司盈利多少，股利总维持一定水平的政策。

(3)固定股利支付率政策。固定股利支付率政策是指公司每年按净利润的一定比例，作为股利分配给股东的政策。

(4)固定股利加额外股利政策。固定股利加额外股利政策是指公司在一般情况下,每年只支付固定股利,在净利润增长较多的年度,再向股东分派额外股利的政策。

小知识 　　　　　成本包含的内容

　　成本是生产和销售一定种类与数量的产品所耗费资源用货币计量的经济价值。企业进行产品生产需要消耗生产资料和劳动力,这些消耗在成本中用货币计量,就表现为材料费用、折旧费用、工资费用等。企业的经营活动不仅包括生产,也包括销售活动,因此,在销售活动中所发生的费用也应计入成本。同时,为了管理生产所发生的费用,也应计入成本。此外,为了管理生产经营活动所发生的费用也具有形成成本的性质。成本是为取得物质资源所需付出的经济价值。企业为进行生产经营活动,购置各种生产资料或采购商品而支付的价款和费用,就是购置成本或采购成本。随着生产经营活动的不断进行,这些成本就转化为生产成本和销售成本。成本是为达到一定目的而付出或应付出资源的价值牺牲,它可用货币单位加以计量。成本是为达到一种目的而放弃另一种目的所牺牲的经济价值。

小　　结

　　本节主要介绍了财务管理的概念、特点;企业筹资活动;资产管理和资金成本及利润管理等内容。

　　本节主要包括以下内容:

　　一是财务管理概述,财务活动主要包括:资金筹集、投资管理和资金分配。财务管理目标的主要模式包括:利润最大化、股东财富最大化和企业价值最大化。

　　二是资金筹集管理,分别介绍了权益性筹资、债务性筹资等不同形式的筹资成本及优缺点。

　　三是资产管理,分别介绍了流动资产需要量的测算、固定资产折旧计提和无形资产入账的摊销管理等。

　　四是成本和利润管理,主要介绍了资金成本的概念、不同方式的资金成本、利润分配的原则、利润分配的顺序等。

思考与练习

1. 什么是财务管理? 财务管理的特点有哪些?
2. 什么是资金筹集? 筹资渠道和方式有哪些?
3. 资金需要量的预测方法有哪些?
4. 债券发行价格有几种? 如何计算债券的发行价格?
5. 什么是资金成本? 如何计算不同的资金成本?

第五章　企业经营管理

学习目标

1. 了解企业经营管理的基本知识。
2. 了解现代企业经营环境的内涵、分类。
3. 掌握市场分析、调查、预测的方法和内容。
4. 理解并掌握如何进行市场细分和定位。
5. 掌握市场机会分析，选择目标市场，企业市场营销组合策略。

能力目标

1. 能根据实际需要有效组织、开展市场调查。
2. 初步具备根据市场环境进行企业经营决策的能力。
3. 通过学习市场细分及目标市场选择的有关原理方法，能为企业进行准确的市场定位及目标市场选择，将市场机会变成有利可图的企业机会。
4. 初步具有制定市场营销策略以及组织、执行市场营销工作的能力。

第一节　企业经营管理概述

一、企业经营管理的含义

什么是"经营管理"？国内外学术界有多种不同解释。一般认为经营管理只是企业管理的一部分，是指企业对自己所从事的经济活动的运筹谋划，是企业面向市场，通过对所拥有的人、财、物等各类经营要素的优化组合，利用企业外部环境因素，按照市场经济规律的要求，以最少的劳动消耗，获取最佳经济效益的全部经济活动过程。

经营管理和生产管理是通过不同的层次来实现企业经营目标的，是企业经济活动的两个有机组成部分。经营管理是企业根据市场的变化来决定经营目标，通过预测、决策谋求最大经济效益；生产管理则是组织协调企业内部以实现目标，尽可能发挥各种经营要素的积极作用，谋求在实施过程中提高效率。二者互为依托，缺一不可。没有好的生产管理，企业经营活动就组织不起来，企业的各种资源就不能被充分利用，就不可能以最少的劳动消耗取得最好的经济效果；但如果经营管理不善，生产管理水平再高，也不可能取得好的经济效益。

二、企业经营管理的内容

企业经营管理是企业以市场为出发点和归宿点,搞好市场调查与经营预测,选定产品发展方向,制定长期发展规划,进行产品开发,组织安排生产,开展销售与技术服务,达到预期经营目标的一个不断循环的过程。其内容主要包括:明确经营思想,制定经营方针,确定经营目标,进行市场调查研究,开展经营预测,进行经营决策,编制经营计划,建立经营组织,开展经营活动,评价经营效果等。

(一)明确经营思想

企业经营思想是指企业从事经营活动,解决各种经营问题的指导思想,它是在分析经营环境基础上逐步形成,并由一系列观念或观点构成的,是对企业经营活动过程中发生的各种关系的认识和态度的总和。树立正确的经营思想,对于企业谋求生存与发展,完成经营使命,满足市场需求,履行对社会责任等重大问题,有着重要的指导意义。

企业经营思想发展经历了以下几个阶段:

1. 生产观念

生产观念是最古老的经营思想,其基本思想如下:企业以生产为中心,只要能生产出来价格便宜的产品,就能卖掉。在这种观念指导下,企业经营的重点如下:努力提高生产效率、增加产量、降低成本,生产出让消费者买得起和买得到的产品。

这种观念的产生背景是工业化初期,生产力水平不高,产品供不应求,大批量、少品种、低成本的生产,符合消费者追求价廉的要求,也使得企业能尽可能多地生产和销售产品,获得丰厚利润。例如,21世纪初,美国福特汽车公司开发的T型车,采用流水线生产,生产效率大幅度提高,成本大大降低,尽管功能、车型、颜色单一,结构简单,但由于售价低廉,产品照样供不应求,使福特公司迅速壮长,也使美国成为"车轮上的国家"。

另外,从生产观念中还派生出产品观念,即认为:只要产品质量好、有特色、价格廉,就不愁销路,正所谓"酒香不怕巷子深"。

2. 推销观念

随着科技的进步和生产力的发展,市场上出现商品供过于求和竞争加剧现象,销售引起企业的重视,推销观念应运而生。这种观念的基本思想如下:产品的销路是企业生存发展的关键,如果不大力推销,产品就可能卖不出去。因此,企业的经营重点如下:运用各种推销手段和广告宣传向消费者推行产品,以期压倒竞争对手,扩大产品销售。例如,我国前几年,"秦池"、"三株"、"爱多"等产品大做广告,曾盛极一时。

以上几种观念已属陈旧的经营观念,是特定历史条件下的产物,都是以生产为中心,经营的目的是怎样把产品销售出去,顾客的需求未引起足够的重视。

3. 市场营销观念

20 世纪 50 年代以后,随着社会生产力的迅速发展,市场上商品供过于求的现象进一步发展;同时,收入增长使消费者需求向多样化发展,"消费者至上"的观念被普遍接受,消费者保护意识日益增强。因此,市场营销观念一经提出,就迅速成为经营思想的主流。

市场营销观念可以概括如下:消费者需要什么产品,企业就应当生产和销售什么产品。企业经营的重点如下:以顾客需求为中心和出发点,发现未被满足的需求,集合企业一切资源和力量去满足这种需求,以获取更大利润。

现阶段,我国企业市场意识淡薄,树立市场营销观念更显重要。企业必须把满足消费需求作为企业经营宗旨,牢固地树立全心全意为消费者服务、为用户服务的思想,想用户所想,急用户所急,提供适销对路、物美价廉的产品,为用户提供良好的服务。企业必须学会按市场法则思考和处理问题,制定以市场为轴心的企业经营发展战略,使企业的决策、投入、产出和销售、分配等立足于市场,加强市场信息研究,了解市场,研究市场,积极开拓潜在市场,预测未来市场,加速新产品开发,根据市场需求组织生产和销售,掌握市场的主动权。

4. 社会营销观念

社会营销观念是对市场营销观念的重要补充和完善。它的基本思想如下:企业提供任何的产品或服务时,不仅要满足消费者的需求,而且应符合消费者和社会的整体利益和长远利益。企业的合理行为应该是在满足消费者的需求的基础上,在获取企业利润的过程中,随时注意社会的长远利益,如防止环境污染、合理利用资源、保证人类健康等。

社会营销观念出现于 20 世纪 70 年代的西方发达国家,当时环境污染、资源浪费等社会问题日益严重并引起重视,环保意识增强和可持续发展战略的提出,强化了这一观念。近年来,在发达国家,符合环保不再是企业可遵守可不遵守的标准,而成为法律上对产品的基本要求。这方面,在我国也日益引起重视,企业应当早做准备。

(二)制定经营方针

经营方针是在一定的经营思想指导下,处理具体经营活动的基本原则与基本纲领,是企业经营思想的具体反映,是实现经营目标的行为指南,是制定经营目标与措施的重要依据。

企业既要有指导整个企业经营活动的总方针,也应该有指导个别方面经营活动的具体经营方针。不同企业在不同时期,其经营方针也是不同的。制定经营方针应注意从实际出发,充分利用自己的优势,扬长避短;搞好动态平衡,有进有退,有上有下,有

分有合;不能盲目效仿,也不能一成不变。企业经营方针主要包括以下一些具有战略性质的问题:

1. 企业发展方针

企业发展方针包括企业的经营方向,企业成长发展方向、发展方式和发展模式,技术发展的水平与速度,资金筹措方法,巩固与提高企业声誉的措施等。

2. 品种安排方针

品种安排方针是企业如何开发新产品、改造老产品或淘汰旧产品的方针,包括企业经营什么产品、经营规模怎样、是否需要使产品经营多样化等内容。

3. 经营特色方针

企业经营应该有一定的侧重点,应该有强于竞争对手的突出特色,作为竞争的重点。例如,有些企业突出优质、高价,靠质量、名牌取胜;有些企业在价格上采取低价,靠薄利多销取胜;有些企业则突出速度,以快取胜;有些企业靠综合优势或信誉好取胜等。

4. 市场销售方针

市场销售方针是企业针对具体目标市场所采取的促销方法,包括如何细分市场、应开辟或放弃哪些市场、在市场中如何定位、针对目标市场所采取的营销组合等内容。

（三）确定经营目标

企业的经营方针最终要体现在经营目标上,因此,有了经营思想和经营方针,就必须确定企业的经营目标。所谓企业的经营目标,是指企业生产经营活动在一定时期内所预计达到的成果。一个企业在不同的时期应该有不同的总体经营目标,企业的各种生产经营活动也都要围绕一定的预期经营目标来进行。

企业的经营目标是多元的,主要包括以下内容:

1. 贡献目标

企业的经营目标首先要服从社会的生产目的,应当把对社会贡献作为主要经营目标,做到企业经济效益和社会效益相统一。贡献目标主要有企业生产产品品种、产量、质量,商品销售额、纳税额,提供就业机会,各种能源消耗指标,环保状况等。

2. 发展目标

企业只有不断发展,才能适应形势的变化;只有不断发展,搞活经营,形成良性循环,才会兴旺发达;也只有不断发展壮大,经济效益不断提高,才能增加企业凝聚力,鼓舞员工士气,也才能对社会贡献更大。企业发展目标表现为劳动生产率的提高,投资规模扩大,生产能力的增加,新产品的开发和升级换代,技术水平和管理水平的提高,员工素质提高等。

3. 市场目标

开拓新的市场,提高市场占有率,是企业生存发展的基本条件。市场占有率是重要的企业经营指标,但企业不应只是扩大市场范围、增加销售额,更要提高企业的市场信誉,创造新的市场需求,使企业在市场上成为信得过的企业。

4. 利益目标

利益目标是企业生产经营活动的内在动力。作为企业经营效果的一个尺度,企业必须达到最低限度的利润,并争取实现超过社会平均利润率的满意利润。利益目标包括利润额、利润增长率、利润留成、员工奖金福利水平等。

(四)进行市场调查研究

企业生产产品和提供服务的目的是在市场中向买方出售产品或服务,以满足社会需求。为达到此目的,企业必须运用科学的方法和手段,有目的、系统地收集有关企业经营方面的各种市场信息和资料,并通过筛选、整理和分析,为企业经营预测和决策提供有实际价值的数据资料。

(五)开展经营预测

企业必须在通过市场调查研究所取得的各种信息资料的基础上,运用科学的手段和方法,通过对需求、资源、科技进步等方面预测,预计和推断未来市场需求量、供给量及其变化规律,以便科学地进行经营决策,克服决策的盲目性,提高企业经营效果。

(六)进行经营决策

决策是为达到预定目标在多个可相互替代的可行方案中选择最满意方案的分析判断过程。正确的企业经营决策,能够指导企业有效地活动,从而获得良好的效果;错误的决策则会产生错误的行为,使企业徒劳无功,甚至造成巨大的损失和严重的后果。企业经营决策贯穿整个经营管理过程的始终,是企业经营管理的核心和基础。科学合理的经营决策是企业实现预定经营目标的必要条件。

(七)编制经营计划

企业经营决策确定了实现企业预定经营目标的满意方案,紧接着就要用计划的形式把经营决策方案的内容做进一步具体的、实施性的规划和落实。经营计划是实现企业经营目标的总体性安排,与经营决策一样,都是企业经营管理的主要内容。经营决策是经营的核心,经营计划则是经营的实施蓝图,二者密不可分。企业经营计划也是企业计划管理的核心计划,是企业实现目标管理的基础计划。

(八)建立经营组织

经营组织是实现经营计划的重要组织保证。必须遵循组织管理原则,来建立和健全企业经营组织。组织的基本模式均可作为建立企业经营组织的参考模式,但应注意经营组织在企业中不应只发挥咨询、参谋作用,而应在企业中发挥核心作用,并要使决策层决议能迅速、准确地得以贯彻执行。

（九）开展经营活动

经营活动是经营计划的具体实施过程。企业经营管理者要具有管理学、市场学、心理学、社会学等方面的知识素养，在实施经营计划过程中，综合运用各种经营技巧和经营艺术，灵活使用各种营销策略，以取得满意的经营效果。

（十）评价经营效果

企业的经营效果既表现为为社会提供了多少有用的产品，又表现为为国家提供了多少积累，还表现为为企业取得了多少利润和提高了多少经济效益。对企业经营效果的评价与分析，不仅能正确认识企业经营活动的科学性，有利于提高企业经营管理水平和经济效益，而且是总结经验、肯定成绩、查找差距、制定措施、组织良性经营循环的重要手段。企业进行经营效果的评价与分析，要通过一系列的评价指标和科学的评价程序进行，并运用企业经营诊断的手段和借助有关工具进行全面分析。

第二节　企业经营环境分析与研究

企业是整个社会经济体系的一部分，其一切活动必然要受其经营环境的影响和制约。企业开展生产经营活动，必须使企业的经营目标与外部经营环境和内部条件实现动态的协调平衡，只有这样，企业才有生命力。市场环境是企业最重要的经营环境，是企业经营活动的出发点和归宿点，是企业经营环境分析与研究的核心内容。因此，运用科学合理的市场调查和预测方法，正确分析研究企业经营环境，对于有效地进行企业经营管理，具有极为重要意义。

一、企业经营环境的概念

企业经营环境是指企业周围的、不受企业控制但与本企业生产经营活动相关联的各种外界因素的集合。需要指出的是，从企业经营管理的角度出发，企业的经营环境并不是指整个外界事物，而仅是指与企业生产经营活动有关联的外界事物的集合。

根据企业经营环境中各种力量对企业生产经营活动影响的方式和程度，经营环境一般分为微观环境和宏观环境。微观环境是指直接影响企业生产经营活动的各种行动者，如供应商、竞争者、顾客、各种营销中介机构和社会公众。宏观环境则包括影响微观环境中所有行动者行为的较大的社会力量，即政治、经济、文化、技术等。

（一）微观环境

微观环境是指和企业有直接联系、能给企业的经营活动带来直接影响的环境因素。微观环境主要包括供应商、营销中介机构、顾客、竞争者、社会公众等影响因素，这些因素直接同企业目标市场密切相关,与企业形成协作、服务、竞争、监督的关系,影响着企业服务于目标市场的能力和效果。

1. 供应商

供应商是指向企业提供所需各种资源的企业和个人,所提供的资源包括主辅材料、设备、资金、技术、劳务等。

供应商对企业有着重要影响,其所提供资源的数量、质量、价格,直接影响企业产品的产量、质量、价格和利润水平等。如果供应不足、供应中断或不能按时供应,都会影响企业生产经营活动的正常进行,影响企业按期完成交货任务,招致顾客对企业不满,损害企业声誉。企业应该建立多种供应源,增加选择上的自由度,以减少供应方面的风险。

2. 营销中介机构

在多数情况下,企业的产品要经过营销中介机构才能到达目标顾客。营销中介机构是协助企业促销、分销、储存、运输以及提供融资服务的各种企业,包括中间商、实体分配机构(储运公司)、营销服务机构(广告公司、市场调查公司、营销咨询公司等)和金融机构(银行、信托公司、保险公司等)。

3. 顾客

顾客是企业产品或劳务的购买者,是企业的服务对象,是企业经营环境分析中最重要的因素。顾客可以是个人、家庭,也可以是生产者、转售者和政府机构;它们可能与企业同在一个国家,也可能在不同国家和地区。企业应针对不同顾客不同的购买目的和购买习惯,以不同的服务方式提供不同的产品和服务,这正是市场分析的主要内容。

4. 竞争者

一般来说,企业在其目标市场上,会面临与之服务于同一目标市场的其他企业的竞争,这些竞争者会对企业的经营活动造成威胁或制约。企业必须能比竞争者更好地满足顾客的需求,才能在市场上取得有利的地位。因此,企业必须识别竞争者,时刻关注竞争者的动向,分析竞争者的目标、战略、优势、劣势以及对市场的反应能力等,以便采取有效的竞争对策,赢得竞争优势。

5. 社会公众

社会公众是指对企业实现其目标的能力有着实际或潜在兴趣及影响的群体。企业经营活动所涉及的公众主要包括:金融机构(银行、投资公司、股东等)、政府机构、新闻媒体、群众团体(消费者协会、环保组织等)及一般公众等。

现代社会是一个开放的社会,企业在经营活动中必然要与社会各个方面发生联系。一个成功的企业应该考虑如何主动地处理与主要公众的关系,而不是消极等待或对公众采取冷漠的态度。疏通、理顺、融洽与社会公众的关系是企业的重要任务之一。

（二）宏观环境

宏观环境主要包括政治法律环境、经济环境、自然地理环境、科技环境、社会文化环境等。这些环境因素不仅作为社会环境直接影响企业的生产经营活动，而且还同时作用于企业经营的各个微观环境因素，如顾客、竞争者、供应商等，通过他们对企业发生间接影响。

1. 政治法律环境

政治与法律是国家意志的体现，对企业生产经营活动有重要的制约作用。政治法律环境主要包括政治形势、政治经济体制、政府方针政策和国家法律法规等。这些因素常常影响企业的经营行为，尤其会影响长期的投资行为。

2. 经济环境

经济环境主要指国际国内经济形势、经济发展水平、市场规模等。与其他宏观环境力量相比，经济环境对企业生产经营活动有更直接的影响。

3. 自然地理环境

自然界的地形条件、资源条件、气候条件和生态系统等构成了企业的自然地理环境。企业所处地区的地理位置、基础设施、地形条件、资源供应状况，在一定程度上制约着企业生产经营活动的方向、规模，甚至直接影响企业生产经营成本；而企业目标市场不同的地形条件、气候条件、资源状况，决定了需求的不同特征。

近年来，随着工业生产活动范围的扩大，同时也由于我们对环境保护的忽视，我国的自然环境遭受了不可弥补的破坏，我国已成为环境污染最严重的国家之一。各种资源的短缺将对企业生产经营活动形成很大制约，同时有关环境保护的立法也对企业提出了很多新的要求。土地沙漠化，耕地锐减，森林"赤字"，淡水、能源和其他自然资源的短缺已对某些行业造成致命影响。环境保护运动的兴起，也使那些造成环境污染和资源浪费的企业面临巨大的压力和困难；同时，也给生产环保设施和绿色产品的企业提供了良好的发展机会。

4. 科技环境

像经济环境一样，科技环境变化对企业的生产经营活动有着直接而重大的影响，尤其是在面临能源、原材料严重短缺的今天，重大技术发明和新技术的应用程度往往成为决定一个国家经济增长速度和国际竞争力的关键所在。与经济环境不同的是，技术是一种创造性的破坏力量，也就是说，当一项新技术给某一行业或企业带来增长机会的同时，可能对另一个行业形成巨大的威胁。

5. 社会文化环境

不同的民族、种族和国家有不同的社会文化传统和社会生活行为准则，从而产生不同的风俗习惯和道德观念。此外，在同一民族和国家内，不同的年龄、职业、教育水平、宗教信仰、社会阶层及地理气候等条件,也会使人们的观念和行为产生差异。这些因素会造成不同文化环境的人可能有不同的价值观念、审美观念、流行趋势和禁忌避讳,从而影响企业的经营行为。企业应该注意分析文化环境,了解特定文化环境对消费行为的影响,以针对不同文化环境制定出不同的经营策略。

二、市场分析

在市场经济条件下,社会的需求主要是通过市场来反映的。市场是企业一切生产经营活动的出发点和归宿,企业的一切活动都是围绕着如何了解市场需求和满足市场需求而展开的。企业的全部经营活动就是站在企业角度研究市场需求并努力去满足这种需求的过程。市场需求分析是企业经营环境分析的核心内容。

(一)市场的概念

市场本意是指商品交换的场所,经济学家将其定义为一定时空条件下商品交换关系的总和。而从企业经营管理角度来说,市场则是对某种商品或劳务具有购买欲望并有支付能力的潜在顾客的集合,即消费需求的总和。

(二)市场的分类

市场类型不同,顾客的购买行为不同,企业的经营策略和方法也有很大差别。准确区分和识别不同类型的市场,对各个市场的不同特点进行深入分析、比较和研究,对于企业确定目标市场,有针对性地制定营销策略有重要意义。

市场可以从不同角度进行分类。按流通区域范围划分,可分为国际市场、国内市场和地区市场,也可分为城市市场和农村市场;按流通环节划分,可分为批发市场和零售市场;按产品和服务的特征划分,可分为消费品市场、生产资料市场、服务市场等;按产品的购买对象划分,可分为消费者市场、组织市场等。对市场的划分标准还有很多,对每一类市场还可以进行细分,具体内容在其他章节中再详细介绍。

三、市场调查

(一)市场调查的概念和意义

市场调查是指运用科学的方法和手段,系统地、有目的地收集、整理和分析各种与企业经营有关的市场信息资料,以了解其历史和现状,掌握市场规律,为企业经营预测和决策提供基础性数据和资料。企业的市场调查必须从企业经营活动的实际需要出发,收集、整理和分析影响企业生产经营活动的外部环境信息,以及其他各种有关信息资料,为企业领导者做出科学的判断和决策提供依据。

市场调查是进行企业经营环境分析与研究的有效方法,是企业经营活动的起点。通过有效的市场调查,能够提供及时、准确和充分的市场信息资料,有助于企业分析和研究经营环境的变化,从而有预见性地安排企业的生产经营活动,减少决策风险。同时,企业也可以通过对经营决策和计划的实施情况进行跟踪调查,对企业经营决策的得失做出客观的评价并提出正确的建议。

(二)市场调查的内容

市场调查的范围涉及企业经营活动的全过程,因此,企业经营活动的各方面、各环节的情况都可能成为市场调查的内容。一般来说,市场调查的基本内容有以下几个方面:

1. 消费需求调查

需求是企业一切经营活动的中心和出发点,对于顾客需求的调查应成为市场调查的主要内容。消费需求调查主要是了解消费需求量、需求结构和对顾客购买动机、购买行为进行分析。

2. 宏观环境调查

宏观环境调查是对政治法律、经济、自然地理、科技、社会文化等宏观因素的历史和现状进行的调查,以研究其对市场以及企业经营的影响。例如,政治法律环境调查主要了解政府的有关方针政策和国家的法律法规,以便准确把握企业经营的方向;经济环境调查主要了解国家或地区的经济发展速度、经济结构、消费水平等宏观经济因素的现状与发展,以使企业能准确地把握经济前景;社会文化环境调查主要了解当地的社会风俗习惯、宗教信仰、民族特点以及人口、家庭、职业结构、教育水平等因素,这些因素常常决定着对产品的要求和产品的发展方向。

3. 市场经营条件调查

市场经营条件调查是对影响企业经营活动的微观环境的调查,包括对市场竞争情况、资源供应情况等方面的调查。

(三)市场调查的步骤

市场调查涉及面广,是一项较为细致的工作。为了提高调查结果的准确性和适用性,充分发挥其效果,必须加强调查的组织工作,使调查工作有条不紊地进行。市场调查主要有以下步骤:

1. 确定调查主题

在展开调查之前,应先对已掌握的有关资料进行初步分析。通过现有资料的比较与分析,对企业经营中迫切需要解决的问题进行大致的分析,初步确定调查的方向和目标。在此基础上,提出调查要解决的问题,包括为什么要进行这次调查,在调查中要了解哪些问题等。确定调查主题时,必须突出重点,力求准确。否则,调查主题不明确,将使调查工作徒劳无益,劳民伤财。当企业对所研究的市场现象缺乏认识甚至很不了解时,可先采取一些简便易行的方法进行试探性调查,如请教熟悉情况的人士、分析以往的类似案例等，以便缩小调查范围，确定重点问题，修正不合理假设，以最终确定调查主题。

2. 制订调查计划

制订调查计划是整个市场调查中最重要的阶段。调查计划应该包括调查主题、调查项目、调查范围、调查方法和调查实施计划等。

3. 调查组织实施

组织实施即组织调查人员按已确定的调查计划进行具体调查，取得反映实际情况的资料，包括收集现成的第二手资料和到现场通过询问、观察、实验等方法收集原始资料。在此期间，应注意安排好人员分工，掌握调查进度，以保证调查质量。

4. 处理调查结果

调查人员在获得大量资料和数据以后，需要对这些资料进行整理，以剔除不真实的资料，同时对经过分类和统计的数据进行分析，得出合乎逻辑的结论。最后，根据分析结果写出客观、扼要、简洁易懂的调查报告，作为企业决策者进行经营决策的依据。

调查报告提出后，调查者还可以追踪了解企业决策者是否接受了调查的结论和意见，采纳的程度和采纳后的实际效果，验证调查结论与市场形势是否一致，以便积累经验，改进调查方法，提高调查质量。

（四）市场调查的方法

市场调查方法主要是指收集资料的方法。资料可分为现有资料和原始资料。现有资料又称第二手资料，是指已经存在并已经为某种目的而收集起来的信息。现有资料的来源主要有政府出版物、报纸杂志、专业书籍、各种专业机构编写的专题报告、企业年报等。现有资料收集比较容易并且成本也比较低，所以市场调查往往从收集现有资料开始，且需要长期积累。但现有资料往往是不够的，在很多情况下，调查人员需要进行专题性调查，即根据某种目的直接去收集原始资料（或称为第一手资料）。企业收集原始资料的方法主要有询问法、观察法和实验法。

1. 询问法

询问法是根据已经拟订的调查项目，当面询问或以书面的方式获取有关的信息资料。

2. 观察法

观察法就是调查人员直接到现场观察被调查者的活动，了解消费者对商品的反映和购买动机，收集用户的意见与要求，分析其行为及态度。这种方法的优点是所收集的资料比较客观和真实；但缺点是调查深入不够，只知其然而不知其所以然，同时调查费用也较高。

3. 实验法

实验法又称试销法，是指向市场中投放一部分产品进行销售实验，在此过程中征询意见，收集反映，分析消费者的动向。实验内容有产品价格实验，产品的质量、品种、规格、外观、包装实验，市场饱和程度实验等。在实验时，可采用试销、展销、选样定产、看样订货等实验方法。尽管实验法所需的时间较长，成本较高，但由于方法科学、数据可靠，因而其应用日益受到重视。

案例　　　　　　　　　　**电力企业经营环境变化**

　　某电力企业多种经营经过 20 余年的发展，形成了一个多样化业务经营的格局。多种经营涉及建筑安装、电器设备制造、水泥生产、电力物资贸易、物业餐饮、汽车修理运输、电力勘察设计等领域。在电力及相关领域有专业化和技术优势，并在企业的发展中培养造就了一大批经营管理人才，拥有可供扩展业务的丰厚的资金积累和资源。但从各产业结构比重及增长速度进行分析，多种经营收入的实现基础还不稳固，主要依赖于电气安装和变压器、开关柜的制造销售，这两项收入占多种经营总收入的70%。但这部分收入与电气安装市场的行业管理和电网改造规模密切相关，环境一旦发生重大变化，多种经营将面临重大考验。多种经营目前的主要问题在于产业结构的不合理性，产业优势不突出，依赖性强，竞争能力差，经营档次低，缺乏新的经济增长点，无法体现出企业资源的优化配置，亟须进行战略性调整和业务重组。

案例思考

　　1. 试分析该企业的内部环境（经营运行状态，核心竞争力）、外部环境（市场需求、经营格局、竞争者）等。

　　2. 为该电力企业重组提供一些好的建议。

四、市场预测

　　在市场变化日新月异的年代，为了使企业的生产经营活动适应市场经济的发展和市场需求的变化，企业经营者必须在市场调查所取得的各种信息资料的基础上，对与企业经营有关的未来情况及其发展变化趋势做出估计和判断，为企业正确进行经营决策和合理编制经营计划提供科学的依据。市场预测是企业经营管理的重要组成部分。

　　（一）市场预测的概念

　　预测是一门研究未来的科学。它是通过对过去和现在的研究，预计和推算未来的发展。市场预测则是在通过市场调查掌握市场信息的基础上，运用科学的预测方法，对影响市场需求变化的各种因素进行分析研究，推测未来一定时期内市场需求的情况和发展变化趋势。市场调查是市场预测的前提和基础，市场预测是市场调查的继续和发展，两个过程密切地联系在一起。

　　对当代商品经济高度发达条件下的市场进行科学的判断和预测，是一项极为复杂的工作。要想准确地预测市场，需要考察人口、社会、文化、政治、自然条件等因素，更需要对收入、消费、储蓄、投资、就业、价格、资本、利息等经济变量的数量关系与发展趋势进行研究。当然，对企业而言，尤其是做一般性预测时，既不可能也不必要对这些因素都进行深入研究，只需对影响企业生产经营活动和目标市场需求变化的主要因素进行重点研究即可。

（二）市场预测的内容

市场预测包括需求预测、价格预测、资源预测和技术预测等，其中最重要的是对市场需求的预测。而要正确理解市场需求的概念，需要理清市场需求量、市场潜量和企业销售量的相互关系。

1. 市场需求量

市场需求量是目标市场对某种产品的总的需求量，即在一定的地理区域和一定的时期内，在一定的营销环境和一定的营销努力影响下，特定顾客群体所愿意购买该产品的总数量。

要正确理解市场需求量的概念，需要把握好 6 个因素，即什么样的产品，目标市场的顾客是谁，地理范围多大，多长的时间，营销环境怎样，采取了怎样的营销努力。这6 个因素，无论是哪个因素发生变化，都会导致市场需求发生变化。

2. 市场潜量

当产品、顾客、地理区域、时期和营销环境一定时，市场需求是与行业努力相关的。随着行业营销努力程度提高，市场需求先是增长较快，然后增长就会逐步放慢。当营销努力达到一定水平后，即使再做营销努力，也不能促进需求的增加。因此，市场需求有一个上限，称为市场潜量。市场潜量是该产品市场的最大可能销售量。

3. 企业销售量

企业销售量是指某个特定企业在一定市场的产品销售量。一般表示为市场需求总量与企业市场占有率的乘积。一般认为，企业市场占有率大小是由企业所做出的营销努力所决定的。

企业销售潜量是当企业相对于竞争者的营销努力增大时，企业销售量所能达到的极限。一个企业的销售潜量通常总是小于市场潜量，只有在该企业独占市场时，二者才有可能相等。

（三）市场预测的程序

1. 确定预测目标

确定预测目标是市场预测的首要环节。确定预测目标，就是要用文字说明预测什么，什么时候达到什么目标。企业在进行预测前，只有从本企业的实际情况出发，选择好预测的项目，确定具体的预测目标，才可能为企业制定经营决策提供科学的依据。如果目标不明确，就达不到预期的目的。

2. 收集和分析资料

预测目标确定后,就要从各种可能的渠道收集资料,其中,市场调查的资料是主要的资料来源。预测,从本质上讲,就是对各种资料的分析和处理。要注意资料的可靠性,即收集的资料要有根据,有出处,要尊重客观事实;以科学的态度对待资料,防止先入为主,防止资料中夹杂个人好恶的主观偏见;对收集的资料要进行整理、分析、筛选,从中确定定性、定量预测中的各种必要数据。

3. 选择预测方法

预测的方法很多,有些方法相当简单,而有些又十分复杂、繁琐。每一种预测方法都有其优缺点和适用范围,选用的预测方法是否科学合理,对预测的准确性有很大影响。应当根据预测的精确度要求、预测的目的和内容、资料的占有情况等要求,选择合适的预测方法和预测模型。同时,由于经济现象错综复杂,企业可以采用几种不同的预测方法来进行比较、验证,从而使预测结果更符合实际。

4. 分析修订预测结果

在分析判断的基础上,运用选定的预测方法来进行预测,但这并不表示预测已结束。人们在进行预测时,不可避免地有一定的局限性,任何一种预测方法也都有一定的假设条件,只有通过对分析误差和未考虑因素进行分析,以适当修正预测值,才能作为合适的预测值。在预测的内容成为现实后,还要分析预测是否准确、原因何在,以便做好下一次预测。

(四)市场预测的主要方法

市场预测的方法很多,从大的方面来讲,主要有定性预测法和定量预测法两种。在进行市场预测时,并不是单独采用哪种方法,而是定量分析和定性分析相结合进行,即先进行定量的数据预测,然后再根据经营环境的变化对预测值进行修正,以获得较符合实际的预测结果。

1. 定性预测法

定性预测法以调查和经验判断为主,主要通过向社会做调查,取得一定的数据资料,依靠人的经验,运用主观概率加以综合分析、假设和判断,来做出预测。这类方法具有时间快、费用省、简便易行、应用广泛等特点。但因缺乏一个客观标准,往往带有主观片面性,其误差大小因人而异,难以测算确切数值。定性预测要特别注意客观实际,切忌主观武断。常用的定性预测方法有典型调查法、专家意见法、专家调查法和类推法等。

2. 定量预测法

定量预测法又称数理统计预测法,是利用历史资料或经济现象中相关变量之间的关系,运用数理统计公式或数学模型进行定量计算或图解,对未来的变化趋势做出预测,得出预测值;然后,再根据企业内部和外部的变化情况加以修正,从而得到最终的预测值。定量预测方法一般分为时间序列分析法和因果分析法两大类。

　　一般来说,市场需求与人口、收入、价格、促销等因素之间存在着一定的因果关系。因果分析法就是选用合适的数学模型对其加以描述,分析其内在联系和相互关系来推算未来变化的方法。这类方法理论性较强,预测结果比较可靠,但需要大量的历史资料,要花大量人力、时间和费用,多用于中长期战略预测。这类方法比较复杂,本书就不再深入探讨,需要时可参看有关专业书籍。

案例　　　　　　　　　　**台湾企业家王永庆的第一桶金**

　　台湾著名企业家王永庆早年因家境贫寒读不起书,只好去做小生意以补贴家用,16 岁时在嘉义开了一家米店。当时小小的嘉义已有米店近 30 家,竞争非常激烈。仅有 200 元资金的王永庆只能在一条偏僻的巷子里租了一个小铺面。在刚开张的日子里,生意非常冷清。王永庆曾背着米挨家挨户去推销,效果也不好。

　　王永庆感觉到要想自己的米店在市场上立足,就必须有一些别人没做到或做不到的优势才行。经过仔细的调查,王永庆很快从提高米的质量和服务上找到了突破口——他带领两个弟弟一起动手,不辞辛苦,不怕麻烦,一点一点地将夹杂在米里的杂物拣出来再出售。这样,王永庆米店的米质量高了一个档次,受到了顾客的好评,米店的生意日渐红火起来。

　　王永庆的调查并没有因为生意好转而停止。他发现,一些家庭由于年轻人忙于工作,没有时间上街买米,买米的任务只能由家中的老人承担,对于身体不太好的老年人来说,出来买米十分不方便;有时到煮饭时才发现米已经没有了,只好饿着肚子去米店。王永庆注意到这些情况,决定主动送货上门。这一服务措施大受欢迎,米店的生意更加红火了。

　　王永庆的送货上门也与众不同。每次给新顾客送米时,他都会做些记录。过了一段时间,不等顾客上门,他就主动将相应数量的米送到顾客家里。

　　王永庆还了解到大多数家庭以打工为生,生活并不富裕,由于是主动送货上门,要货到收款,有时碰到顾客手头紧,一时拿不出钱,双方都很尴尬。王永庆就与顾客约定,按时送米,等到发薪日再上门收钱,极大地方便了顾客。

　　王永庆这些细致、务实的服务,使他的米店在嘉义家喻户晓,米店生意越来越好。经过一年多的资金积累,他自己开办了一个碾米厂,在繁华的地段开了一家比原来大好几倍的米店。就这样,王永庆从小小的米店生意积累起了他的第一桶金,开始了他问鼎台湾首富的事业。

案例思考

1. 试问王永庆的米店为什么能够成功?

2. 王永庆在市场调查与预测中如何留住了顾客？
3. 本案例对大型企业的营销管理有什么启示？

第三节　市场细分与定位

一、市场细分

任何企业，无论规模大小，都不可能以自己的产品或服务满足市场上所有消费者的需求，只能满足某一类或某几类消费者群体的需求。因此，企业不应处处与别的企业竞争，必须善于选择适合自己并能充分发挥自身资源优势的目标顾客群，用自己的优势与别人的劣势竞争。也就是选择最有吸引力的、本企业可以提供最有效服务的细分市场，在细分市场上保证自己的经营优势，确立自己在市场上的位置。

（一）市场细分的概念

市场细分是指根据总体市场中不同消费者的需求特点、购买行为和购买习惯等不同特征，把市场分割为若干相类似的消费者群，其中每一个消费者群就是一个子市场或称细分市场。例如，著名的"箭牌"口香糖有4种不同的口味：绿箭——薄荷香型，白箭——兰花香型，黄箭——鲜果香型，红箭——玉桂香型。这4种口香糖不仅针对不同的目标顾客，而且极具创意。绿箭是"清新之箭"，针对有清新口气需要的人；红箭是"热情之箭"，适合表达爱意；黄箭是"友谊之箭"，与朋友分享休闲时光；白箭则是"健康之箭"，用嚼口香糖来"运动你的脸"。能将口香糖市场做如此精准的划分，确实有创意，因此，"箭牌"口香糖如此畅销。

（二）市场细分的作用

市场细分是企业确定目标市场并制定市场营销策略的前提与基础。具体地讲，市场细分对企业市场营销的作用，主要有以下3个方面：

1. 有利于分析市场机会，开拓新市场

通过市场细分，可以从表面上看起来竞争激烈、已经饱和的市场中发现"空间"，为企业找到营销机会。例如，日本钟表企业在美国钟表市场通过市场细分发现，高档手表市场已被瑞士的名牌手表所占领，且竞争激烈；而中低档市场顾客需求并未得到很好的满足，于是决定开发中低档手表，满足这一层次顾客的需求。实践证明这一决策是正确的。

2. 有利于企业生产适销对路的产品

任何一个企业的资源、人力、物力、资金都是有限的。通过细分市场，选择适合自己的目标市场，然后企业可以集中资源，去争取局部市场上的优势，最终占领自己的目标市场。

3. 有利于制定和调整市场营销策略

市场细分是企业制定营销战略和策略的前提条件。一个企业的营销战略和策略都是具体的,都是针对自己的目标市场而制定的。通过市场细分,企业可以正确地选择目标市场,采取相应的营销组合,制定正确的产品策略、价格策略、分销策略和促销策略,实现企业的营销目标。

(三)市场细分的标志

在现实生活中,人们的需求往往各不相同。企业要找到一群需求完全一致的顾客,是根本不可能的。不同的顾客往往在购买动机、偏好、习惯等各方面,存在着极其显著的差异,这种差异性决定了市场存在异类性。比如,不同的人对服装的颜色、质地、价格等要求是完全不同的。

1. 市场同类性与市场异类性

市场的同类性是指购买者的需求、爱好、购买行为、购买习惯及购买动机具有共同性,也就是说,市场上消费者的偏好大致相同,不存在显著的偏差。例如,消费者对皮鞋式样和质量两种特性都有同样要求,在这种情况下,经营皮鞋的企业必须同时重视两种特性,既要注意鞋的质量,又要注意皮鞋的式样。由此可见,市场同类性也是市场细分化必须要考虑到的问题。

市场异类性是指消费者的需要、动机及购买行为等存在差异。但是不可忽视的是,在异类性偏好中又往往会存在同类性需求。例如,女士在购买服装时,中年妇女的服装往往要求庄重大方,颜色不能过于艳丽;年轻女子的服装则需要新潮别致,色彩搭配往往要渗透青春活力。

市场细分化就是要把一种产品的整个异类性市场划分为主要方面都趋于同类性的细分市场。市场内部既包含了差异性或异类性,也包括了共同性或同类性。市场细分化就是将市场划分为几个需求相同的购买者"子市场",使得任何一个"子市场"都可成为企业所针对的目标市场。凡在市场细分中,每一次被划分出来的"子市场"都称为"细分市场"。

2. 市场细分的标准

根据市场的异类性和同类性特点,对消费者的需求进行细分,就需要一系列的细分标准。一般来说,凡是构成消费者需求差异的因素都可以作为市场细分的标志,具体可以分为以下几个方面:

1)地理因素

地理因素主要包括地区、气候、人口密度等。如按地区划分,全国可分为东北地区、华北地区、华南地区、华东地区、西南地区、西北地区等。由于地理条件不同,消费者对商品的需求在质和量方面都有很大差异。

　　所谓地理细分,就是企业按照消费者所在的地理位置以及其他地理变量(包括城市农村、地形气候、交通运输等)来细分消费者市场。地理细分的主要理论根据如下:处在不同地理位置的消费者对企业的产品各有不同的需要和偏好,他们对企业所采取的市场营销战略和企业的产品价格、分销渠道、广告宣传等市场营销策略也各有不同的反应。

　　2)人口因素

　　人口是构成市场的主要因素。人口因素主要包括年龄、性别、家庭人口及生命周期、收入、职业、文化程度等。人口变量很久以来一直是细分消费者市场的重要变量,这是因为人口变量比其他变量更容易测量。

　　消费者年龄、性别不同,消费需求也不相同。所以,按照人的年龄可将市场划分为婴儿、少年、青年、中年、老年等市场;按照消费者性别不同,可将市场划分为男性市场、女性市场;按照消费者从事的职业不同而产生的不同需求来划分市场,可分为工人、农民、军人、知识分子等市场。

　　消费者的收入是市场细分的最主要依据。收入水平不仅影响需求总量,而且它的变化还直接影响到消费需求的构成。收入水平和消费需求的变化一般是同向的,随着收入水平的提高,原来属于消费者理想中的需求或潜在需求也会变成现实的需求。所有这些情况都是企业在细分市场时值得注意研究的。

　　文化程度也是细分市场的重要标准。一般来说,文化程度的高低对人们吃、穿、用和精神文化方面的消费影响是较大的。文化水平高的消费者对商品的结构和商品的知识有深入的认识;文化水平低的消费者,特别是农村消费者,较低的文化水平限制了他们对所购商品的认识能力,使得他们在商品的花色、品种、式样的要求上与文化水平较高的消费者有较大的区别。

　　民族不同,在消费需求上的差异也是明显的。很多国家都是由多个民族组成的。不同的民族在吃、穿、用方面都有较大的差别,这些差别的存在使得按消费者民族不同细分市场成为必要。

　　3)心理因素

　　在市场营销活动中,经常产生这种情况,即在人口因素相同的消费者中间,对同一商品的爱好和态度截然不同,这主要就是由于心理因素的影响。

　　4)行为因素

　　行为因素是有效地建立细分市场的最好出发点。企业以消费者对产品或产品属性的认识、态度、使用或反应等为基础,将消费者划分为不同的群体。大致说来,行为因素包括购买动机(理由)、追求利益、产品使用频率与用户状况、品牌忠诚和消费者对营销组合的敏感度等。因为这类分法中消费者与产品直接挂钩,所以更直接易行。

　　以顾客所追求的利益来细分市场,也就是依照购买者从特定产品中可能得到的利益来细分市场,这是现代营销中取得最大进展的一种市场细分法。说得明白一些,也就是"他们为什么要购买该项产品"。另外,用户状况、使用频率、品牌忠诚度都是进行市场细分的重要依据。

案例　　　　　　　　　　宝洁战略分析

美国宝洁公司(简称 P&G)是全球 500 强企业之一,作为目前世界上名列前茅的日用消费品制造商和经销商,宝洁公司是一个全球导向的公司,其经营的 300 多个品牌在世界上 140 个国家和地区畅销。

20 世纪 80 年代,宝洁公司在中国广州成立了第一家合资公司,从此宝洁正式进军中国这个大市场。其品种之多之细,让人叹为观止。以洗发水产品为例,宝洁在中国销售的产品就有"飘柔"、"海飞丝"、"潘婷"、"润妍"、"沙宣"等。这 5 种洗发水占据了中国洗发水市场一半以上的份额。虽然同是宝洁的产品,这 5 种洗发水的定位人群也各不相同,这就是宝洁的多品牌细分战略。我们来看一下这 5 种产品的特点和定位。

海飞丝品牌承载的利益分配信息为去头屑,满足人群为有头皮屑的消费者,以"就是没有头屑"为主要利益诉求。为了能在去屑的细分市场里成为领导品牌,海飞丝又在去屑基础之上进行更为深入的细分,不断推出不同的配方、不同的香型、不同的包装来讨好不同层次的消费者,从而在去屑的细分化市场里面,控制更多的可利用品牌资源,争取更多的忠诚消费者,不断提升海飞丝这一主体品牌在去屑的细分化市场里的品牌吸引力。这是宝洁公司根据市场的变化和需求、中国人的生活习俗和文化背景等深斟细酌,最后才敲定的,意欲领导消费潮流。海飞丝以其洗头清洁并去头屑为特点,当时给人以全新的感觉。推出仅 3 个月,产品知名度就迅速提高。

飘柔品牌承载的利益分配信息为二合一洗发水,令头发柔顺;满足人群为需简单柔顺秀发的消费者;以"洗发护发一次完成,令头发飘逸柔顺"为主要利益诉求。飘柔同样推出了不同包装、不同配方、不同香型的洗发水,如黄飘、绿飘等,来提升细分化市场的品牌吸引力。其少女甩动如丝般秀发的画面,征服了很多消费者,从而对飘柔的利益承诺更加依赖。

潘婷品牌承载的利益分配信息为富含维生素 B5,可有效地护发;满足人群为想保养头发的消费者;以"营养与健康"为主要诉求。潘婷洗发水吸引了注重品质与健康的众多消费者。而其利益承诺所传递的主要信息"瑞士维生素研究院认可,含有丰富的维生素 B5,能由发根渗透至发梢,补充养分,使头发健康、亮泽",提升了潘婷在细分化市场里的品牌吸引力,得到了消费者的认可。

沙宣品牌承载的利益分配信息为专业用洗发用品;满足消费者为对美发要求更高的专业人士。沙宣要的就是专业,要的就是个性,要的就是绝对有型,要的就是够酷,对追求个性的消费者来说,具有很大的吸引力。

润妍品牌承载的利益分配信息为乌黑亮泽;满足消费者为追求自然健康的消费者。乌黑亮泽,对于追求神秘美的东方女性来说,无疑具有一定的吸引力。

不管是哪一个品牌,宝洁的品牌管理都会在品牌主体利益承载信息的基础之上,不断地推出新配方、新包装,对品牌利益不断地进行细分、细分再细分,以不断地在细分市场里提升品牌的吸引力,这是宝洁公司品牌战略长期不变的原则。同时,宝洁公司在宣传过程中始终避免宣扬购买某一件产品可以"包治百病"。如果宣扬产品可以"包治百病",显然,利益分配信息传达得过于分散,就变成了放在暗室里的一杯水与一杯羹。如果没有足够的光线让消费者看到这是一杯水或者一杯羹,或者无法用其他的方式告诉消费者哪一杯是水,那一杯是羹,那么消费者在进行需求性消费时,就会产生困惑。同样道理,如果没有将分配的利益表达得足够清楚,就不会被消费者认知、理解与消费,从而失去对品牌资源的控制力,进而失去品牌的吸引力。当然,从消费者利益需求多样性的角度来看,也同样需要在进行品牌建设时,对利益分配信息进行综合处理,即使有时只是一个概念,但只要是消费者的真正需求,也可以进行尝试。宝洁公司在宣传中提出了几个全新的洗发概念——去屑、滋润、护发、黑发等,并以此为基础推出了相应的品牌,并大获成功。

这种细分化的品牌战略,好处也还远不止这些,比如,利益分配多元化的品牌可以占领更多的货架空间,形成强势的终端品牌氛围,更有利于在视觉上刺激消费者进行购买等。

宝洁在中国乃至全球大获全胜,与其精心策划的多品牌市场细分战略是分不开的。宝洁的经验可以给那些在寻找出路的企业一个很好的借鉴。

案例思考

1. 宝洁公司的洗发水产品是按什么标准进行市场细分的?
2. 宝洁公司采用了哪一种目标市场策略?这样做有何好处?

二、市场定位

企业选择了自己的目标市场和目标市场战略后,还需要在每个细分市场中确定产品的定位,它要向顾客说明本企业的产品与现实竞争者和潜在竞争者的区别。

(一)市场定位的概念

市场定位就是根据所选定目标市场上的竞争者现有产品所处的位置和企业自身的条件,从各方面为企业和产品创造一定的特色,塑造并树立一定的市场形象,以求在目标顾客心目中形成一种特殊的偏爱。这种特色和形象可以从产品实体方面来体现,如形状、构造成分等;也可以从消费者心理上反映出来,如舒服、典雅、豪华、朴素、时髦等;或者通过两方面共同作用而表现出来,如价廉、优质、服务周到、技术先进等。

市场定位的实质就在于取得目标市场的竞争优势,确定产品在顾客心目中的适当位置并留下值得购买的印象,以便吸引更多的顾客。因此,市场定位是企业市场营销战略体系中的重要组成部分,它对于建立企业形象及其产品的市场特色,限定竞争对手,满足顾客的偏好等都有重要作用,从而可达到提高企业竞争力的目的。

(二)市场定位的方式

1. 初次定位与重新定位

(1)初次定位。初次定位又称潜在定位。它是指新成立的企业初入市场,企业新产品投入市场,或产品进入新市场时,企业必须从零开始,运用所有的市场营销组合使产品特色符合所选择的目标市场。

(2)重新定位。重新定位又称二次定位或再定位。它是指企业变动产品特色,改变目标顾客对其原来的印象,使目标顾客对其产品新形象有一个重新认识的过程。市场重新定位对于企业适用环境、调整市场营销战略必不可少。一般来说,企业产品在市场上的初次定位即使很恰当,但在出现下列情况时也需考虑重新定位:一是在本企业产品定位附近出现了强大的侵占了本企业品牌的部分市场,导致本企业产品市场萎缩和产品品牌的目标市场占有率下降;二是消费者偏好发生变化,从喜爱本企业品牌转移到喜爱竞争者的品牌。

2. 对峙性定位与回避性定位

(1)对峙性定位。对峙性定位又称竞争性定位,或称针对式定位。它是指企业选择靠近于现有竞争者或与其重合的市场位置,争夺同样的顾客,彼此在产品、价格、分销及促销各个方面区别不大。

(2)回避性定位。回避性定位又称创新式定位。它是指企业回避与目标市场上的竞争者直接对抗,将其位置定在市场上某处空白领地或"窒隙",开发并销售目前市场上还没有的某种特色产品更新的特点和突出的优点。

3. 心理定位

心理定位是指企业从顾客需求心理出发,积极创造自己产品的特色,以自身最突出的优点来定位,从而达到在顾客心目中留下特殊印象和树立市场形象的目的。无论是初次定位还是重新定位,无论是对峙性定位还是回避性定位,都要考虑顾客的需求心理,赋予产品更新的特点和突出的优点。

(三)市场定位的步骤

市场定位的关键就是企业要设法在自己的产品上寻找出竞争优势。竞争优势一般有两种基本类型:一是价格竞争优势,即在同样的条件下比竞争者定出更低的价格,这就要求企业采取一切努力,力求降低单位成本;二是偏好竞争优势,即能提供确定的特色来满足顾客的特定偏好。竞争优势的两种基本类型提供了市场定位的两条有利途径,因此,企业市场定位的全过程就可以通过以下三大步骤来完成。

1. 确认本企业的竞争优势

这一步骤的中心任务是要回答以下三大问题:一是竞争对手的产品定位如何;二是目标市场上的足够数量的顾客欲望被满足得如何以及确实还需要什么;三是针对竞争者的市场定位和潜在顾客的真正需要、利益要求,企业应该做什么和能够做什么。要回答这 3 个问题,企业市场营销人员必须通过一切调研手段,系统地设计、搜索、分析并报告有关上述问题的资料和研究结果。通过回答上述 3 个问题,企业就可从中把握和确定自己的潜在竞争优势在何处。

2. 准确地选择相对竞争优势

相对竞争优势表明企业能够胜过竞争者的能力。这种能力既可以是现有的,也可以是潜在的。准确地选择相对竞争优势就是一个企业各方面实力与竞争者的实力相比较的过程,比较的指标应是一个完整的体系,只有这样,才能准确地选择相对竞争优势。通常的方法是分析、比较企业与竞争者在下列 7 个方面究竟哪些是强项,哪些是弱项:

(1)经营管理方面。主要考察领导能力、决策水平、计划能力、组织能力以及个人应变的经验等指标。

(2)技术开发方面。主要分析技术资源(如专利、技术诀窍等)、技术手段、技术人员能力和资金来源及其是否充足等指标。

(3)采购方面。主要分析采购方法、储存及运输系统、供应商合作以及采购人员能力等指标。

(4)生产方面。主要分析生产能力、技术装备、生产过程控制以及职工素质等指标。

(5)市场营销方面。主要分析销售能力、分销网络、市场研究、服务与销售战略、广告、资金来源以及市场营销人员的能力等指标。

(6)财务方面。主要考察长期资金和短期资金的来源及资金成本、支付能力、现金流量以及财务制度与人员素质等指标。

(7)产品方面。主要考察可利用的特色、价格、质量、支付条件、包装、服务、市场占有率、信誉等指标。

通过对上述指标体系的分析与比较,选出最适合本企业的优势项目。

3. 显示独特的竞争优势

这一步骤的主要任务是企业要通过一系列的宣传促销活动,将其独特的竞争优势准确传播给潜在顾客,并在顾客心目中留下深刻印象。为此,企业首先应使目标顾客了解、熟悉、认同、喜欢和偏爱本企业的市场定位,在顾客心目中建立起与该定位相一致的形象。其次,企业应通过一切努力强化本企业在目标顾客中的良好形象,保持目标顾客对本企业的了解,稳定目标顾客对本企业的态度和巩固并加深目标顾客对本企业的感情。最后,企业应注意目标顾客对本企业市场定位理解出现的偏差,或由于企业市场定位宣传上的失误而造成的模糊、混乱和误会,及时矫正与市场定位不一致的形象。

(四)市场定位策略

市场上原有产品通常已经在顾客心目中形成一定的形象,占有一定地位,例如,可口可乐被视为全世界首屈一指的饮料;同仁堂中成药在同类产品中质量最好、信誉最高等。在这些产品市场上,参与竞争的企业要想争得立足之地,难度很大(当然,在一般市场上树立起自己的形象也并非轻而易举)。因此,必须有适应的定位策略。现提供以下几种策略供选择:

1.“针锋相对式”定位

把产品定在与竞争者相似的位置上,同竞争者争夺同一细分市场。实行这种定位战略的企业必须具备以下条件:能比竞争者生产出更好的产品;该市场容量足够吸纳这两个竞争者的产品;比竞争者有更多的资源和实力。

2.“填空补缺式”定位

寻找新的尚未被占领,但又为许多消费者所重视的位置,即填补市场上的空位。

这种定位策略有两种情况:一是这部分潜在市场没有被发现,在这种情况下,企业容易取得成功;二是许多企业发现了这部分潜在市场,但无力去占领,这就需要有足够的实力才能取得成功。

3.“另辟蹊径式”定位

当企业意识到自己无力与同行业强大的竞争者相抗衡从而获得绝对优势地位时,可根据自己的条件取得相对优势,即突出宣传自己与众不同的特色,在某些价值的产品属性上取得领先地位。例如,“七喜”汽水突出宣传自己不含咖啡因的特点,成为非可乐型饮料的领先者。

在市场定位的基础上,企业市场营销管理的下一个步骤是制定具体的营销组合策略。如果企业为自己产品的定位是“世界第一流产品”,那么,它就必须提供高品质的产品,寻求服务良好、信誉卓著的中间商,并通过适当的广告宣传树立高档产品的形象,吸引购买者。

案例   定位策略

中国香港作为亚太地区的国际金融中心,其银行业的竞争异常激烈。据统计,香港现有各类金融机构 227 家,其中,持牌银行 151 家,有限制牌照银行 28 家,接受存款公司 48 家,上述金融机构共有分支机构 1 300 家,由此形成了亚洲乃至世界上最密集的金融服务网络。如何在这个狭小的市场找到生存空间呢？它们的策略是利用定位策略，突出各自优势。

中国银行定位于有强大后盾的中资银行，直接针对有民族情结、依赖中资的目标顾客群，同时它还表明有能力提供更多、更新的服务。

恒生银行定位于充满人情味的、服务态度最佳的银行，它通过走感情路线赢得顾客的心。在恒生银行，员工总是对该行鼻祖何善衡先生最初提出的 40 字服务箴言津津乐道，箴言写着"笑容生和气，高声道姓名。工作需迅速，服务需忠诚。态度常谦敬，问答简而精。对客皆周到，鞠躬谢盛情"。突出"服务"这个核心优势，也使它有别于其他银行。

渣打银行定位于历史悠久的、安全可靠的英资银行。这一定位树立了渣打银行可信赖的"老大哥"形象，让顾客对它充满了信任感。

汇丰银行定位于分行最多、全港最大的银行。这是以自我为中心，展示实力的路线。随着形势的发展，为拉近与顾客的情感距离，它改变了定位策略。新的定位立足于服务顾客，旨在与顾客建立同舟共济、共同发展的亲密朋友关系。

而著名金融家廖创兴则将自己的银行定位于帮助个人创业的银行。以中小工商业者为目标对象，为其融资。香港中小工商业者是具有很大潜力的市场，廖创兴感到这一市场大有可为。据此，廖创兴将自身定位在专为这一目标顾客群服务，给予他们在其他大银行和专业银行所不能得到的支持和帮助，从而牢牢地掌握了这一块市场。

🔍 案例思考

1. 企业要进行市场定位，需要做哪些工作？
2. 如何理解"准确的市场定位可以带来竞争优势"？

第四节　市场营销组合

一、市场营销组合策略的概念

1964 年，美国营销专家鲍敦提出了市场营销组合概念，将其归并为 4 类，即 4P(产品——Product、价格——Price、地点——Place、促销——Promotion)，从那以后 4P 成为每一个商业人士的公用语言，风行营销界多年。

1990 年，美国学者劳朋特教授提出了与传统营销的 4P 相对应的 4C 理论：消费者的需求与欲望(Consumer Needs Wants)，即把产品先搁到一边，先研究消费者的需求与欲望，不要再卖你能制造的产品，而要卖某人确定想要买的产品；消费者愿意付出的成本(Cost)，即暂时忘掉定价策略，赶快去了解消费者要满足其需求所必须付出的成本；购买商品的便利(Convenience),即忘掉通路策略,转而思考如何使消费者便利地购得商品;沟通(Communication),最后请忘掉促销,90 年代以后的正确新词汇应该是沟通。4C 理论的提出引起了营销传播界及工商界的极大反响,从而也成为整合营销理论的核心。

市场营销组合策略是指企业针对选定的目标市场,综合运用各种可能的市场营销策略和手段,组合成一个系统化的整体策略,包括:产品策略、价格策略、分销策略、促销策略。

现代企业市场营销组合策略,应当是一种大营销的组合策略。就是在 4P 的基础上变为(6P+S)×C。6P 是指传统的 4P 加上 2P,即权力(Politics)和公共关系(Public Relations);S 是指服务(Service);C 是指顾客(Consumer)。

二、产品策略

产品策略是市场营销组合策略的核心。企业的主要任务是根据市场需求生产出物美价廉、适销对路的产品。产品是企业生存和发展的基础,是企业从事市场营销工作的物质基础。市场营销的各项工作都是围绕产品而展开的,脱离了产品,定价、分销、促销等策略就失去了意义。菲利普·科特勒认为产品的整体概念有 5 个层次。

(一)核心产品

核心产品是指向顾客提供的产品的基本效用或利益。比如,人们购买冰箱,不是获得装有某些电器零件的物体,而是为了使食品保鲜。

(二)形式产品

形式产品是指核心产品借以实现的形式,或目标市场对某一需求的特定满足形式。形式产品由 5 个特征构成,即品质、式样、特征、商标及包装。

(三)期望产品

期望产品是指购买者在购买该产品时,期望得到的与产品密切相关的一整套属性和条件。

(四)延伸产品

延伸产品是指顾客购买形式产品和期望产品时,附带获得的各种利益的总和,包括产品使用说明书、安装、维修、送货上门、技术培训等。

(五)潜在产品

潜在产品是指现有产品包括所有附加产品在内的,可能发展成为未来最终产品的潜在状态的产品。

产品整体概念的 5 个层次,十分清晰地体现了以顾客为中心的现代营销观念。

三、价格策略

对于产品价格,有多种不同的理解。经济学认为,价格是价值的货币表现,价格的形成和变动是与成本、利润、货币紧密联系在一起的,定价是一门科学。而市场营销学则认为,价格对市场变化能做出灵敏反应,价格的制定与企业生产的质量、消费者的接受程度和市场竞争有着重要关系,定价是一门艺术。价格是市场营销组合中最活跃的因素,企业营销活动能否成功,在一定程度上取决于定价的合理性。

(一)影响定价的因素

市场营销理论认为,产品的最高价格取决于产品的市场供求状况,最低价格取决于该产品的成本费用。在最高价格和最低价格的幅度内,企业能把价格定多高,则取决于竞争者同种产品的价格水平。综合分析这些影响因素,是科学合理定价的基础。

1. 产品成本

企业要维持再生产的正常进行,产品价格必须能补偿成本,同时还要形成一定的利润。产品成本是影响产品价格的基本因素,在正常情况下,产品价格不应低于产品成本。一般来说,产品成本越低,产品价格越低;产品成本越高,产品价格也越高。

2. 市场状况

市场因素是影响产品价格的最难捉摸的因素,是变化最频繁的因素。它主要包括市场供求状况、市场竞争状态和产品的需求弹性等。

3. 产品特性

产品本身的各种特性,诸如产品的质量、声誉、流行性、所处的生命周期阶段等,都会影响产品定价。如质量优、声誉好的名牌商品,价格一般较高,顾客照样接受;而质量没有保证的产品,即使价格低也不一定有人购买。

4. 宏观环境因素

国家的价格管理制度、政府的有关法律法规、经济发展状况、货币币值变动、国际市场价格变动等因素都可能在一定程度上影响企业产品定价,在某些情况下甚至还可能起到决定性作用。

(二)定价方法

不同企业、不同产品、不同时期,产品定价考虑的因素有所不同,因而采用的定价方法也各不相同。根据企业定价时考虑侧重点的不同,定价方法分为成本导向、需求导向、竞争导向三大类。

1. 成本导向定价法

成本导向定价法是以产品成本作为价格基础的定价方法,在企业中应用广泛。具体主要有以下 3 种方法:

1)成本加成定价法

成本加成定价法的具体做法是在单位产品成本上,加上一定比例的预期利润形成

产品售价。预期利润反映了企业预期投资收益,可采用不同比率计算,其表现为加成率的形式。计算公式如下:

$$单位产品价格=单位产品成本×(1+加成率)$$

或

$$单位产品价格=\frac{单位产品成本}{1-加成率}$$

此种方法简单易行,又可保证企业获得预期利润,尤其在商品流通企业应用广泛。但由于没有考虑市场和竞争状况,且加成率确定缺乏科学性,有较大局限性。

2)盈亏平衡分析法

盈亏平衡分析法又称目标利润定价法,是根据成本可分为固定成本和变动成本的原理来计算价格的一种方法。其具体做法是先预估可能达到的销售量,再根据目标利润水平来计算价格。计算公式如下:

$$单位产品价格=\frac{产品总成本+目标利润}{预计销售量}$$

或

$$单位产品价格=单位变动成本+\frac{固定成本+目标利润}{预计销售量}$$

此种方法也易计算,并可较好地实现预期投资收益。但要求企业计划能力较强,对销售情况有较好的掌握。

3)变动成本定价法

变动成本定价法又称边际贡献定价法,就是企业定价时,以单位变动成本为价格低限,价格高于单位变动成本即可。至于高多少,取决于竞争状况和企业能力而定。超过变动成本的部分称为产品的边际贡献。随着销售量的增大,总边际贡献补偿固定成本后的余额作为企业的利润。当边际贡献不足以补偿固定成本时,企业将处于亏损状态。这种方法较灵活,富有竞争性,给企业降价提供依据。当市场竞争激烈、企业生存困难时,也可采取此方法定价,以赢得生存机会。

2. 需求导向定价法

需求导向定价法是以消费者对产品的认识和需求程度为定价依据,是随着经营观念更新而产生的新型定价方法。具体有以下做法:

(1)理解价值定价法。理解价值定价法是以消费者对商品价值的感受和接受程度来确定产品价格,并以企业的客观成本为基础。运用这种方法应注意:一方面,要认真地进行营销调研,全面了解消费者对产品价值的认识和评价,以使定价能为消费者所接受;另一方面,要做好产品定位工作,注意突出本企业产品的特色,并综合运用各种营销手段,加深消费者对本企业产品的印象,从而提高他们对产品的认知水平和可接受的价格水平。

(2)需求差异定价法。需求差异定价法以销售对象、销售地点、销售时间等条件变化所产生的需求差异,尤其是需求强度差异作为定价的基本依据。例如,供水、供电部门对工业、农业、居民实行不同的水价、电价;长途电话费白天和夜间、工作日和节假日有不同的收费标准;体育场馆的不同位置有不同的票价。上述情况下,产品成本并没有明显差别,但差别定价可以达到区别需求、调节需求的目的。

3. 竞争导向定价法

竞争导向定价法是以竞争对手的价格作为定价的主要依据,根据自己产品的特点选择有利于实行企业目标的价格的定价方法。具体有以下方法:

(1)随行就市定价法。随行就市定价法是指本企业产品的价格与现行市场价格水平保持一致的定价方法,这是一种最简单、最常见的方法。采取此方法定价,使企业产品易为消费者接受,又能与竞争者"和平共处",并取得合理、适度的利润。这种方法主要适用于与竞争产品差异较小的产品。如果产品在功能、质量、品牌等方面具有明显优势,可以将产品价格定得高于竞争产品的价格,以树立企业良好形象。

(2)竞争定价法。与上述"随大流"相反,竞争定价法是一种主动竞争的定价方法,即企业产品的价格低于竞争产品价格,以期扩大市场占有率。

(3)竞标定价法。竞标定价法是指在招标、拍卖等活动中,由顾客主动竞争报价,以获得卖方认为最有利价格的一种方法。具体有密封暗标报价和公开明标报价等形式。

(三)产品定价策略

在运用适当的定价方法确定了基本价格以后,针对不同的消费心理、销售条件,采用灵活的定价技巧对基本价格进行修改,是保证价格策略取得成功的重要手段。灵活的定价策略是在具体场合将定价的科学性和艺术性相结合的体现。

1. 新产品定价策略

新产品定价关系到新产品能否顺利进入市场、占领市场,是企业价格决策中至关重要的问题。新产品定价一般有以下 3 种策略:

(1)高价定价策略。高价定价策略又称高价厚利策略:是在新产品投放市场之际,针对部分消费者追求时髦、猎奇的求新心理,把价格定得较高,以尽快取得最大利润。这是以短期利润最大化为目标的一种定价方法。在新产品具有独到特点、竞争者不易仿制且需求弹性较小的情况下,企业往往采用此策略。采取这种策略可尽快收回投资,取得较大利润;但价高利厚,会引来竞争者加入,也可能影响打开销路,不利于开拓市场。

(2)渗透定价策略。渗透定价策略与高价定价策略恰好相反,是指将新产品价格定得较低,以利于为市场接受,迅速打开销路和占领市场,等到占领市场以后,再逐步提高价格,它谋求的是长期稳定的利益。这种策略一般适用于易仿制、市场容量大、需求弹性大的产品。采取这种策略,可以尽快开拓市场,并能有效地阻止竞争者进入;但投资回收期长,见效慢。

(3)温和定价策略。温和定价策略是介于上述两种策略之间的,即确定一个适中的价格,使消费者比较满意,生产者也能获得适当的利润。企业采用此策略定价时多采用反向定价的方法,即先通过调查发现消费者容易接受的零售价格,然后反向推算企业出厂价,以此作为企业新产品的价格。

2. 心理定价策略

心理定价策略是利用消费者对价格的不同心理感受来对价格进行微调,以利于扩大销售的策略。主要有以下方法:

(1)整数定价和尾数定价策略。整数和尾数定价策略是利用消费者对不同数字的某些心理感受,而对价格分别采取取整或保留尾数的定价策略。一般来说,商品价格保留一定尾数,会给消费者以真实、可信、便宜的感觉,从而易接受;而对价格取整,不保留尾数,则可能会给消费者以价高质优的印象,同时,还可以方便交易,避免找零。具体采取哪种策略,应视产品档次、交易频率和消费者对价格的了解程度进行灵活掌握。

(2)声望定价策略。声望定价策略是指给一些名牌商品定较高价格,以迎合消费者的求名心理。这种策略特别适合质量不易鉴别的高档商品。这时,消费者为求稳妥,宁愿出高价,也会选择名牌商品和知名商场。

(3)吉利定价策略。吉利定价策略是利用消费者对某些数字的兴趣,以迎合其求吉利的心理。例如,将价格尾数定为"8",消费者可能认为有如意吉祥之意。

(4)招徕定价策略。招徕定价策略是利用消费者求廉的心理,将少数几种商品大减价,以招徕顾客光顾,连带扩大其他商品的销售。节日大酬宾多属此类。

3. 折扣折让策略

折扣、折让、馈赠商品、有奖销售等都是降价的特殊方式,灵活运用有利于吸引顾客、扩大销售。折扣折让的具体方式有数量折扣、现金折扣、季节折扣、以旧换新折让、成套购买折让、运费折让、附送赠品、抽奖、有奖集卡等,企业应灵活运用,并不断创新。

四、销售渠道策略

在现代经济生活中,绝大多数产品都不是从生产者的库房直接出售给最终用户,而是借助于一系列中间商的参与来实现的。这种由各种中间商连接而成的,将产品从生产者转移到最终用户手中的通道,就是销售渠道,又称分销渠道。销售渠道策略就是解决企业应选择怎样的销售渠道,并如何运用好这些渠道的问题。

(一)分销渠道的概念

分销渠道是指某种货物和劳务从生产者向消费者移动时,取得这种货物和劳务的所有权或帮助转移其所有权的所有企业和个人。它主要包括中间商、代理中间商，以及处于渠道起点和终点的生产者与消费者。

（二）分销渠道的分类

分销渠道按不同的分类方式有不同的划分。

（1）分销渠道按是否存在中间商，划分为直接分销渠道和间接分销渠道。

（2）分销渠道按商品销售过程中经过流通环节的多少，划分为长分销渠道和短分销渠道。

（三）中间商及分类

中间商是指在生产者和消费者之间进行商品流通业务活动，促成交换的经济组织和个人。中间商早已有之，且随着社会分工的发展，中间商内部职能分工也在细化，形成了以下分类：

（1）按中间商在商品销售过程中是否拥有产品所有权，可分为经销商和代理商。

（2）按中间商在商品流通中所起作用不同，可分为批发商和零售商。

（四）分销渠道策略的选择

不同企业发展状况不同，选择的分销渠道策略也不同。

（1）采用"长、短"渠道策略。渠道的级数代表渠道的长短，选择长渠道还是短渠道，应根据具体的情况决定。影响渠道长短选择的具体因素有产品因素、市场因素、中间商状况、厂商本身条件、环境因素。

（2）采用"宽、窄"渠道策略。宽渠道是指企业使用的同类中间商很多，分销面广泛；而窄渠道是指企业使用的同类中间商很少，分销面较窄。在分销面选择中，根据产品、市场、中间商、企业的具体情况，可以考虑 3 种分销策略的运用，即广泛性分销、选择性分销、独力性分销。

五、促销策略

企业经营活动的成功，不仅要求企业开发和生产适销对路的产品，制定合理的价格和选择适当的销售渠道，还要求企业开展有效的促销活动。特别是当企业的产品在质量和价格以及销售渠道方面与竞争对手差别不大时，积极的促销活动往往成为激发欲望和需求从而扩大产品销售的关键环节。

（一）促销的含义

促销是促进销售的简称，是指企业采用各种手段和方式向目标顾客传递有关企业及其产品的信息，使目标顾客对企业及其产品产生兴趣、好感和信任，从而促成目标顾客购买本企业产品的活动。促销活动的实质是在企业和目标顾客之间进行沟通。通过信息的沟通，使目标顾客对产品产生正面的反应，从而扩大产品的吸收，提高企业的市场地位和竞争力。

(二)促销方式

企业进行促销活动的基本方式有以下4种：广告、人员推销、营业推广和公共关系。

1. 广告

广告是广告主通过各种付费的大众传播媒体向目标市场和社会公众传递产品信息的活动。广告最大的优点是广而告之，能在同一时间内向众多的目标顾客传递信息。因而，作为一种强有力的促销手段，广告为众多企业所广泛使用。此外，广告在其信息的公开性、较强的表现力等方面，也具有其他促销方式难以比拟的优势。

2. 人员推销

人员推销是指企业派出推销人员直接访问潜在顾客，通过面谈说服顾客购买产品，是最古老、最直接和比较有效的促销方式。

3. 营业推广

营业推广就是采取各种短期内即可见效的促销方式，刺激顾客立即采取购买行动。营业推广是强刺激、短时间的促销手段，往往能引起消费者强烈、快速的反应，从而推动销售迅速上升；但它一般只能取得短期的效果，难以促进顾客形成长期的品牌偏好。因此，营业推广一般不宜单独运用或长期运用。

4. 公共关系

公共关系是指企业运用沟通手段使自己和社会公众相互了解和相互适应，以争取公众的理解和支持，从而给企业创造一种良好的舆论环境和社会环境。其目的是扩大企业知名度，树立良好的企业形象，从而最终促进产品的销售。

(三)促销组合

广告、人员推销、营业推广、公共关系这4种促销方式各具特色。企业需要根据其促销目标、促销产品的特性和市场的特点，将多种促销方式有机结合、综合运用，这就是促销组合。企业在制订促销组合方案时，应综合考虑以下因素：

1. 促销目标

促销的根本目的是销售产品，促进顾客的购买行为。但对于具体的产品和特定的市场环境下进行促销活动，企业可以有不同的具体目标，因而会有不同的促销组合。如果促销的目的在于提高产品的知名度，则促销组合的重点应放在广告和营业推广上，并辅以公共关系活动；如果促销的目的是让消费者了解产品的性能、特点和使用方法，则促销组合应以适当的广告和大量的人员推销和某些营业推广相结合；如果想促进消费者重复大量购买，则应当把重点放在广告、营业推广和适量的人员推销上。

2. 产品生命周期

产品在生命周期的不同阶段，促销的目标是不一样的，因此要选择和编配的促销组合自然不同。在投入期,促销的主要目标是使消费者认识新产品,因而多用营业推广和各种广告;在成长期和成熟期,促销的目标为培养消费者对产品的偏好,仍应以广告为主,但应改变广告形式,并利用好公共关系;到了衰退期,广告作用已经很小了,重点应放在营业推广上,也可对老用户进行人员推销。

3. 市场类型

不同特点的市场需要采取不同的促销组合。一般来说,专业化程度高、顾客集中的市场,应以人员推销为主;而市场分散、产品差异化程度小的市场则应以广告为主。例如,消费者市场上广告运用最多,其他依次为营业推广、人员推销和公共关系;而在组织市场上则以人员推销为主。

4. 企业资源情况

企业应根据自己的实力和信誉的状况,来确定促销活动的开展程度和选择适当的促销方式。一般来讲,人员推销和公共关系对人员素质要求较高;广告和人员推销的花费较多。

此外,制订促销组合方案还应考虑到企业所采取的产品策略、价格策略和销售渠道策略,从更高层次上配套组合,以期收到更好的促销效果。

案例　　　　　　　　　携程网(ctrip.com)卖的是什么

携程网(简称携程)是一家吸纳海外风险投资组建的旅行服务公司,创立于1999年初,主要的投资者有美国 Carlyle Group(凯雷集团)、日本 Softbank(软银)、美国 IDG(国际数据集团)、上海实业、美国 Orchid(兰花基金)及香港 Morningside(晨兴集团)等。携程网是国内最大的旅游电子商务网站、最大的商务及度假旅行服务公司,提供酒店、机票、度假产品的预订服务,以及国内、国际旅游实用信息的查询。

携程网于1999年10月接受 IDG 的第一轮投资;次年3月,接受以软银集团为首的第二轮投资;2000年11月,收购国内最早、最大的传统订房中心——现代运通,成为中国最大的宾馆分销商,并在同月接受以凯雷集团为首的第三轮投资,三次共计吸纳海外风险投资近1 800万美金;2001年10月,携程实现盈利;2002年4月,收购北京最大的散客票务公司——北京海岸航空服务公司,并建立全国统一的机票预订服务中心,在十大商旅城市提供送票上门服务。

携程网的交易额、毛利、会员数以及宾馆业务连年呈直线快速上升。公司在30个月内实现了盈利,2002年10月的交易额突破1亿人民币,其中,酒店预订量达到了18万间每夜。2002年全年的交易额超过10亿人民币,其中网上交易额达到40%。到2002年12月止,携程网拥有注册会员超过500万人,其中,使用过携程网服务及产品的常用客户约50万人。

携程网的发展证明了高科技和传统产业的结合是大有所为的:不仅在存活率不到

1%的网络公司中成为盈利规模最大、稳定性最好的互联网创业公司,并且在短短的3年时间内逼近了传统公司几十年的发展规模,使宾馆分销成为重要的旅游服务领域。携程网以高科技的运作手段、精细化的管理模式和先进的服务理念为旅游服务企业的超常规发展拓展了新路子。

互联网时代,每个公司都是以同样一屏界面的方式展现在消费者面前。这一点非常容易引起人们的错觉,前台看来好像每个公司都差不多,实际上这里相互间的差距可是山高水远,网站之间真正比拼的是其后台。尽管任意一个人都可以建立一个网站,号称可以提供相关服务,但最后决定胜负的还是企业的整体实力。

携程网创业就像小时候做数学题一样,从最简单的入手。携程网先从酒店订房开始,这是携程网的"初级版本"。相对订票,订房是更为简单直接的切入点。只要顾客在网上拿到订房号,自己带着行李入住即可。所以,第一年携程网集中全力打通酒店订房环节。这种"帮人订房"的"简单工作"或许是很多海归所不屑的,但是"不要忘了,你是在中国,要服务的是中国大众"。

"上市公司的股价你无法控制,但是你可以不断地把公司的核心竞争力加强再加强。只要是金子总会发光。"给核心竞争力加分的秘诀取决于"细节"。

比如,携程网从几年前开始的"预留房"服务。目前有近千家酒店为携程网协议保留一定数量的预留房。在洽谈这个条款时,携程并没有期望能马上得到回报,但是其意义却非同一般。它保证了携程网的酒店订房业务在旅游旺季依然能够游刃有余。更是为携程网的长期竞争力或者说携程股票的长期不俗表现加分。

2004年10月19日,携程旅行网和携程翠明国旅于上海召开新闻发布会,正式对外宣布推出全新360°度假超市,超市"产品"涵盖海内外各大旅游风景点,旅游者可以根据自己的出游喜好自由选择搭配酒店、航班等组合套餐。面对国内发展迅猛的旅游市场,度假超市的推出对整个国内旅游业的发展将起到积极深远的影响。

随着国内旅游者出游频率的逐年增加,旅游者的旅游经验日趋丰富,旅游者的旅游需求也在不断提高,传统旅行社组团在个性化、自由度方面已无法满足现代游客的出游需求。在此背景下,以"机票+酒店"套餐为主的自助游产品应运而生,即旅游网站等给游客提供机票和酒店等旅游产品,由旅游者自行安排自己的行程,自由行的出游模式已逐渐成为人们出行的一个热门选择。

面对旅游市场这一新的变化,国内许多旅游企业开始新一轮排兵布阵,携程网也将度假业务的重点放在自助游。携程网执行副总裁介绍,针对市场上自助游产品线路少、产品单一的状况,此次推出的360°度假超市主要是由携程翠明提供的自助旅游产品和携程网自行开发的"机票+酒店"套餐产品构成,携程网依托与酒店、航空公司以及中国香港、新加坡、马来西亚等当地旅游局的合作伙伴关系,通过强大的技术力量搭建了度假产品查询、预订界面的度假超市。整个"超市"包括中国香港、马尔代夫、普吉岛、巴厘岛、三亚、广西、云南、滨海假期等几十个自由行精品店,每个"精品店"内拥有不同产品组合线路至少 5 条以上。另外,度假超市为旅游者同时提供了景点门票等增值服务以及众多的可选项服务,旅游者可以根据时间、兴趣和经济情况自由选择希望游览的景点、入住的酒店以及出行的日期。

目前,携程网已把酒店、机票预订拓展到境外,可预订的海外酒店就超过 500 家,这比一般旅行社的数字都要大。由于携程网保持了电子商务公司的性质,在未来发展中,其酒店预订、机票预订以及旅游项目 3 块主业,无一不促使其和相应传统渠道存在特殊的关系:既竞争抢食,又合作发展。为此,携程开始在度假旅行方面下工夫,并推出一些组合性的套餐产品。预先帮客户设计一些可供选择的方案,客户可以据此安排自己的行程。度假旅行属于自助游的范畴,我国自助游的发展空间很大。在未来自助游将会成为主流。相比传统旅行社,携程的优势很明显。首先,携程网的成本比传统旅行社低得多;其次,自助游的选择很多,按传统方式操作,客户很难在短时间内全面了解清楚,而在网上一切就方便多了;还有,携程网的散客量很大,一年有 50 万人订房,100 万人订票,没有一间传统旅行社能达到这样的规模。同时,携程对传统旅行社还是充满兴趣的。

在美国纳斯达克成功上市后,携程网目前已经发展成为国内最大的旅游电子商务网站和最大的商务及休闲度假旅行服务公司。在酒店预订和机票预订获得双丰收后,2004 年 2 月,携程网与上海翠明国旅合作并将其正式更名为携程翠明国际旅行社,全力进军度假市场领域。

携程网永远都记得自己在卖什么,携程网本身是一个旅游服务企业,互联网只是载体。

案例思考

1. 携程网卖的主要是什么产品? 为何获得成功?
2. 携程网是如何发现客户的需要,开发有针对性的产品的?

小　　结

本章主要阐述了企业经营管理概述、企业经营环境分析与研究、市场细分与定位、市场营销组合以及相关知识,并通过对企业经营管理的内容的介绍,为下面章节的逐一展开做了一个概括和铺垫,其间穿插介绍了一些企业经营管理环境分析与研究、市场细分、市场营销组合等基础知识,尽管是课外阅读,依然值得认真阅读。

思考与练习

1. 企业经营环境包括哪些因素? 并简要分析其各自对企业的影响。

2. 市场调查包括哪些内容？制定时应注意哪些问题？

3. 什么是市场定位？企业市场定位的方法和步骤分别是什么？

4. 什么是市场营销的组合策略？举例说明市场营销组合策略的应用。

5. 从消费者的角度谈谈购买商品时最先考虑的是什么因素，并解释原因。

第六章 企业生产管理

知识目标

1. 掌握生产管理的概念、特征和原则，以及生产过程包括的内容。
2. 熟悉生产计划、安全生产的相关内容。
3. 了解生产管理新发展的趋势。

能力目标

1. 能够对企业生产的过程做简单描述。
2. 能够结合一个特定企业对生产安全管理提出要求。

第一节 企业生产管理概述

一、生产管理的内容、特征和地位

（一）生产管理的内容和特征

随着科学技术的不断进步和经济的不断发展、全球化信息网络和全球市场经济的形成，企业面临着产品开发、提高产品质量、缩短生产交货期、降低产品成本以及对不断变化的市场做出快速响应等方面的压力。

生产管理作为企业适应环境的一个重要环节，在整体性、动态化的管理中具有特别重要的地位。企业的最终目标是满足市场需要，实现企业所担负的社会使命。这个工作的基础是生产管理，即企业必须能够正常地生产，有效地运营，否则一切都是空话。生产管理不正常的企业是不可能满足市场需要的，也就失去了企业存在的价值。

生产管理就是对企业活动进行计划、组织、指挥、控制和协调的工作。它主要包括生产过程组织、生产能力核算、生产计划和生产作业计划的编制、生产进度控制、生产作业核算等，包含了企业生产过程的方方面面。生产管理的主要特征表现如下：

（1）生产管理范围扩展。

（2）多品种小批量生产成为生产方式的主流。

（3）计算机技术和现代管理技术在生产管理中得到广泛应用。

（4）生产管理模式不断更新。

生产管理的本质是在生产过程中增值,如图 6-1 所示。"增值"这一术语是用来描述投入的成本和产出的价格或价值之间的差异。在非营利性组织中,如公路建设部门、警察和消防部门,产出的价值是它们对社会的价值。

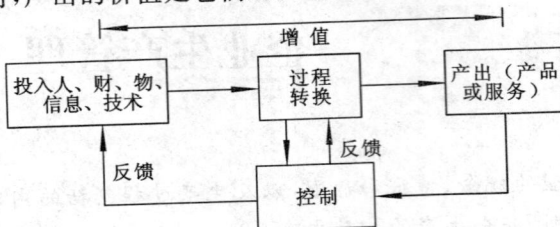

图 6-1 生产模型

(二)生产管理在企业管理中的地位

在市场经济体制下,企业是自主经营、自负盈亏的经济实体,企业能否生存要看企业经营的好坏。经营决策正确与否,关系到企业经营的全局,决定着企业的命运。这使得生产管理在企业管理中处于执行性的地位,其重要性主要表现如下:

(1)生产管理是企业管理中的基本部分,是实现企业经营目标的保证。经营目标是一种企业生产的理想状态,从目标转换为现实必须通过产品的生产控制,要靠加强生产管理来控制。

(2)搞好生产管理,可以提高企业的适应能力和竞争力。市场需求千变万化,企业在激烈的竞争中必须不断地开发新产品,及时地生产出来并投放到目标市场。这就要求企业加强生产管理,使企业生产系统灵活地运转起来。

(3)加强生产管理,有利于企业领导层搞好经营决策。决策是经营管理全过程的核心,是执行各种管理职能的基础。搞好了生产管理,企业有了一个正常稳定的生产秩序,管理者就能从日常琐事中摆脱出来,集中精力抓好企业经营决策,因此,搞好生产管理有助于提高整个企业管理水平。

二、生产管理的指导原则

生产管理的指导原则就是人们进行生产管理的指导方针或行动准则。要搞好生产管理,必须遵循经济性、适应性、科学性和均衡性 4 项原则。其中,经济性是基本原则,其他 3 项为经济性原则服务。

(一)经济性原则

经济性原则就是讲求经济效益的原则,要求企业用最少的劳动消耗和资金占用,生产出尽可能多的适销对路的产品。

在生产管理中贯彻讲求经济效益的原则,具体体现在实现生产管理的目标上,就是做到数量多、质量好、交货及时、成本低等。

讲求经济效益指的是综合经济效益，就是根据市场需求和企业生产条件，对生产要素（人、财、物、信息）进行权衡，找出其各自的最佳点，制定出正确的生产对策。

（二）适应性原则

适应性原则就是以销定产的原则，即要求企业根据产品销售订货的情况，来安排生产计划任务。

树立正确的经营思想，防止生产计划任务脱离市场需求的错误做法，克服不重视销售的单纯生产观念。

正确处理生产同销售的关系，防止两种片面性，一是只讲为销售服务，不顾实际生产条件（职工技能水平、机器设备条件等）；二是过分强调生产中的困难和条件，不愿努力改进工作为销售服务。

要不断提高生产管理对市场的适应能力，例如，搞好市场动态分析；发展新产品，建立雄厚的技术储备；采用更加灵活的生产组织形式、计划和控制方法等。

（三）科学性原则

随着科学技术的进步和生产力的发展，生产管理将逐步采用许多现代化的管理理论、方法和手段，在科学化的基础上，向现代化的方向发展。

为此，必须进行统一的生产指挥系统，进行生产的组织、计划和控制，以保证生产过程能够正常进行；建立和贯彻各项规章制度，如工艺规程、操作规程、设备维护和修理规程、安全技术规程以及岗位责任制等；要建立和实行各种标准，如质量标准、各项定额标准等；加强信息管理，做好各项原始记录的整理、加工和分析工作；加强职工培训，不断增强他们的专业技能和职业道德素质。

（四）均衡性原则

生产的均衡性是指出产成品完成某种工序操作，在相等时间内，在数量上基本相等或成稳定递增，即有节奏、按比例地生产。

均衡生产有利于保证设备和人力的均衡负荷，提高设备利用率和工时利用率；有利于建立正常的生产秩序和管理秩序，保证产品质量和安全生产；有利于节约原辅料消耗，减少在制品的存量，加速流动资金周转，降低产品成本。

要组织好均衡生产，需要搞好生产作业计划安排，加强生产调度工作和加强对在制品的管理；也需要建立起比较稳定的供应渠道和密切的协作关系，保证原材料能够按质、按量及时地供应。

三、生产管理的新发展

伴随着生产技术和管理方法的不断革新，企业的生产经营发生着巨大的变化：产品的生产周期缩短，产品更新加快，产品的生产由少品种大批量向多品种小批量甚至是单件生产的生产类型过渡,产品上市时间缩短,产品质量日益提高,产品成本日趋降低,产品的售后服务日趋完善,这对现代生产管理提出了新的要求。同时,运筹学、系统工程、微电子计算机等科技成果和新技术的出现和成熟,又推动了生产管理理论和方法的发展,所以近几年来企业生产管理出现了许多新的思想和新的趋势,并在实践中逐步得到推广和应用。

（一）生产管理的范围扩大化

传统的生产管理的任务是指运用组织、计划、控制的职能,把投入生产过程的各种要素有效地组织起来形成有机整体,按照最经济的方式生产出某种社会需要的廉价优质产品。而当今企业生产管理的范围扩大了,主要表现如下:

（1）生产的概念已从工厂制造业进入医院、餐旅、商场、银行、咨询等服务业,并且服务所占的比重将随着第三产业的发展会越来越大。

（2）就制造业而言,生产活动的涵盖范围随着生产系统的前伸和后延也大为扩展,在制造业内部生产的概念也和过去有很大的不同,生产活动所涵盖范围大为扩展。这种扩展体现在生产活动前伸和后延的两个方面。

（二）组织机构动态化

传统的生产管理的组织机构是金字塔型的多级管理,一般都是直线职能制和事业部制两种基本形式。它们是和过去的市场需求的相对稳定性相适应的。为适应当今多品种小批量生产的特点,生产管理组织机构则应具有较大的灵活性,对市场的变化要有较强的适应性,因此,出现了两种新的动态组织机构模式。

（1）柔性多变动态组织机构。它是一种矩阵组织机构,该组织机构灵活性大,适应性强。即将各部门人员组织一起,可以使很多工作开展并行工程,从而缩短产品的开发周期。

（2）虚拟组织机构。其基本含义就是以各种方式借用外力如购买、兼并、联合、委托、外包等,对企业外部资源优势进行整合,实现聚变,创造出超常的竞争优势。它所追求的主要目标在于突破企业的有形界限,弱化具体机构形式,达到全方位地借用外力,以提高企业对市场的反应速度和满足用户的能力。

（三）产品设计智能化

传统的产品设计主要靠知识渊博、经验丰富的专业人员通过手工进行。然而时至20世纪80年代,新产品的研制与设计已离不开计算机辅助设计系统（人工智能）。计算机辅助设计系统以其自动模拟、易修改、易控制、自动绘图、自动计算,并与生产设备直接连接以及直接控制生产加工过程等特点,赢得了产品设计与开发人员的信赖;先进的计算机辅助设计系统还可与生产系统连接,实现设计与生产加工相同步,改变设计与生产加工相同步,从而大大缩短整个生产周期。

（四）生产计划精确化

传统生产作业计划的编制方法使用的是累计编号法和提前期法等,利用这些方法编制的计划比较粗,零部件的库存量比较大,不能适应变化的市场需求。为了改变这种状况,近年来,人们相继开发出 MRP II 软件系统和 JIT 生产系统。MRP II 系统的基本思想是根据市场需求预测和客户订单,确定主生产计划。主生产计划是 MRP II 系统主要输入信息,然后对产品进行分解,列出物料清单,接下来按物料独立与相关需求理论,对物料清单进行分解,赋予基本零件和原材料不同的需求时间,这个过程中要不断地进行信息反馈,适时做出调整,使整个系统处于动态优化状态。MRP II 系统把企业各个系统都有机结合起来,形成面向整个企业的一体化系统,这个系统在统一数据环境下工作,从而使企业进行迅速、准确、高效的计划管理。

（五）生产制造柔性化

在工业化时期,企业主要是采用标准化、专业化、大批量流水线的生产方式,它与当今时代人们多样化需求不相适应。现代企业则建立了根据顾客需求随时调整产品品种、款式和生产批量的柔性生产体系。在柔性生产线上,同一条生产线可生产出不同风格、个性的产品,在这里产品设计、工艺设计、生产加工连接为一个整体,具有可调节、延伸、可升级功能的生产控制程序。传统的生产工艺和设备将被高精度、高智能、高自动修复的生产控制程序所代替。

（六）生产过程最优化

传统的生产过程往往允许仓库内有一定的库存量,允许制造过程中有一定的废品,从而使生产成本较高。而现代生产管理则树立"零"的观念,即要求一切不利于企业生产的负效应趋近于"零",使得企业的人流、物流、资金流、信息流处于最佳结合状态,这种观念正激发人们向管理的极限迈进。

（1）"零缺陷"质量管理。

（2）零库存。除了必要的原材料或零件确因特殊原因难以控制外,对原材料、半成品和成品尽可能彻底执行零库存。

（3）零准备时间。

总之,整个生产过程效率最高,各种浪费最少,充分利用各种资源,从而大大降低生产成本,使资源配置达到最佳。

第二节　企业生产过程组织

企业生产过程的组织是企业生产管理的主要内容,在产品生产过程中,要求在空间上对各种生产要素进行合理的配置,在时间上保持紧密的衔接,最终达到以尽可能少的劳动消耗生产出尽可能多的适销产品,以实现提高企业经济效益的目的。

一、企业生产过程的概念

狭义的生产过程是指从原材料投入到产品出产的一系列活动的运作过程。广义的生产过程是指整个企业围绕着产品生产的一系列有组织的生产活动,包含基本生产、辅助生产、生产技术准备和生产服务等企业范围内各项生产活动协调配合的运行过程。

企业生产过程的基本内容是劳动过程,即劳动者利用劳动工具,按照一定的步骤和方法,直接或间接地作用于劳动对象,使其按预定的目的变成产品的过程。生产过程又是劳动过程和自然过程的总和。

二、企业生产过程的构成及合理组织生产过程的要求

(一)企业生产过程的构成

产品或服务在生产过程中所需要的各种劳动,在性质和产品的形成上所起的作用是不同的。按性质和作用,可将生产过程分为生产技术准备过程、基本生产过程、辅助生产过程、生产服务过程。

生产技术准备过程是重要前提;基本生产过程是核心,占主导地位;其余各部分都是围绕着基本生产过程进行的,为更好地实现基本生产过程提供服务和保证。

基本生产过程还可以进一步分为若干工艺阶段。工艺阶段是按照使用的生产手段的不同和加工性质的差别而划分的局部生产过程。每个工艺阶段又可以分为若干个相互联系的工序。工序是指一个工人(或一组工人)在一个工作地上对同一种劳动对象进行加工的生产活动。工序是组成生产过程的最基本环节,是企业生产技术工作、生产管理组织工作的基础。工序按其作用不同,可分为工艺工序、检验工序和运输工序3类。

(二)合理组织生产过程的要求

合理组织生产过程的目标就是使劳动对象在生产过程中行程最短、时间最省、消耗最小,按市场的需要生产出适销对路的合格产品。

合理组织生产过程的具体要求如下:

(1)生产过程的连续性。它是指加工对象在生产过程的各个阶段、各个工序,在时间上紧密衔接、连续进行,不发生或很少发生不必要的等待加工或处理的现象。

(2)生产过程的平行性。它是指生产过程的各个阶段、各个工序实行平行交叉作业。保持生产过程的平行性,可以缩短产品的生产周期,同时也是保证连续生产的必要条件。

(3)生产过程的比例性。它是指生产过程各阶段、各工序之间在生产能力上要保持一定的比例关系,以适应产品生产的要求。

(4)生产过程的均衡性。它是指产品在生产过程的各个阶段,从投料到完工入库,

都能保持有节奏、均衡地进行。即保持在一定的时间间隔内,生产的产品数量是基本相等或稳定递增的。

(5)生产过程的适应性。它又称柔性,是指生产组织形式要灵活,对市场的变动性具有较强的应变能力。市场需求的多样化和快速变化是企业的生产系统必须面对和适应的。

三、生产过程的两种专业化的组织方式

任何产品的生产过程都需要在一定空间内,有许多相互联系的生产单位通过紧密的分工与协作来完成,所以,工业企业必须根据生产的需要,设置一定的空间场所,建立合理的生产单位,配备相应的设施进行生产活动。

(一)工艺专业化

工艺专业化是指按照生产工艺的特点来设置生产单位的生产组织形式。

工艺专业化的优点如下:对产品品种变化的适应性较强;便于充分利用设备和生产面积,提高设备负荷系数;便于工艺管理和工人技术水平的提高;生产系统的可靠性较高。

工艺专业化的缺点如下:产品的物流复杂、无序;生产周期长,在制品库存多,占用资金多;各生产单位之间协作往来频繁;编制生产计划以及在制品和质量管理等工作比较复杂。

(二)对象专业化

对象专业化是以产品(或零件、部件)为对象来设置生产单位的生产组织形式。

对象专业化的优点如下:连续性强,生产周期短;在制品库存减少,流动资金占用量下降;协作关系简单,简化了生产管理;可采用高效率的专用设备,生产效率较高。

对象专业化的缺点如下:对品种变化的适应性差;生产设备可替代性较差;在产量不大时,难以充分利用生产设备和生产面积,并难以对工艺进行专业化管理。

工艺专业化与对象专业化特点的比较如表6-1所示。

表6-1 工艺专业化和对象专业化对比

特点 类型	工艺专业化	对象专业化
产量	低	高
品种	多品种	少量品种
设备类型	一般用途	专用设备
设备布置	工艺原则布置	对象原则布置
工作技能要求	高技能	重复劳动
生产能力	具有柔性	柔性差
在制品库存	高	低

四、流水生产组织

流水生产是对象专业化组织形式的进一步发展,是一种高效率的生产组织形式。它是大量大批生产类型企业通常采用的一种生产组织形式。

(一)流水生产线的含义和特征

流水生产线是指劳动对象按照一定的工艺路线顺序通过各个工作地,并按照统一的节拍连续不断地进行加工并产出产品的一种生产组织形式。

流水生产线的特征如下:

(1)工作地的专业化程度高。

(2)各工作地按劳动对象加工的工艺顺序排列。

(3)按规定的节拍或时间间隔出产产品。

(4)各道工序的加工时间之间,有着相等或倍比的关系。

(5)生产过程具有高度的连续性。

(二)流水生产线的种类

按生产对象移动方式不同,流水生产线可分为固定流水线和移动流水线;按生产对象的数目不同,流水生产线可分为单一对象流水线和多对象流水线;按生产对象轮换方式不同,流水生产线可分为不变流水线和可变流水线;按生产过程连续程度不同,流水生产线可分为连续流水线和间断流水线;按流水线节奏性不同,流水生产线可分为强制节拍流水线和自由节拍流水线;按流水线的机械化程度不同,流水生产线可分为手工流水线、机械流水线和自动生产流水线。

(三)组织流水生产的条件

组织流水生产的条件如下:产品结构和工艺相对稳定;工艺过程能根据工序同期化的要求,把某些工序适当合并和分解;产品的产量足够大,单位劳动量也较大,以保证流水线各工作地有足够的负荷;厂房建筑和生产面积容许安装流水线的设备、工装和运输传送装置。

小知识　　　　**"6S"管理,企业生产过程的管理细节**

海尔集团作为我国知名的家电生产企业,从一个濒临破产的小厂发展成为如今世界知名的企业,其生产管理过程中的各个环节都设置有相应的管理标准。

(1)整理(Seiri)。将有用的和无用的物品分开;将无用的物品清理走,将有用的物品留下。

(2)整顿(Seiton)。有用的物品留下后,依规定摆放整齐;定位、归位、标识,保证使用方便。

（3）清扫（Seiso）。对打扫、去脏、去乱等保持清洁的过程要有具体明确的频次及规范要求（如每天清理设备两次，12:00、14:00各一次等）。

（4）清洁（Seiketsu）。对清扫的必然结果，要有明确的标准，使环境保持干净亮丽，一尘不染，如"漆见本铎、铁见光"等；维护成果，根绝一切污染源、质量污点和安全隐患。

（5）素养（Shitsuke）。每位员工养成良好的习惯，自觉进行整理、整顿、清扫、清洁的工作；变成每个岗位的"两书一表"，并能日清日高。

（6）安全（Security）。人、机、料、法、环均处安全状态和环境下；有消灭一切安全事故隐患的机制。

"6S"的生产管理办法监管了企业生产过程的各个方面，细致入微，有效地保证了企业生产过程的高效安全。

第三节　企业生产计划与控制

一、企业生产计划

生产计划是指根据对市场的预测，从企业能够适应需求的生产能力出发，来规定企业计划期内应生产的产品品种、数量、质量和进度安排。它是企业制订物资供应计划、设备管理计划和生产作业计划的主要依据。

生产计划的内容主要包括：调查和预测社会对产品的需求，核定企业的生产能力，确定目标，制定策略，选择计划方法，正确制订生产计划以及制订计划的实施和控制工作。

（一）生产工作主要内容

生产计划工作主要包括生产能力的核定、生产计划的确定和生产作业计划的编制。

1. 生产能力的核定

生产能力是指企业固定资产在一定时期内，在一定的组织技术条件下，所能生产一定种类产品的最大可能数量。生产能力一般分为设计能力、查定能力和计划能力。

影响企业生产能力的因素主要包括3个方面：生产中固定资产的数量；固定资产的有效工作时间；固定资产的生产效率。

2. 生产计划的确定

生产计划的确定就是根据对市场需求的预测，从企业能够适应需求的生产能力出发，来规定企业计划期内应出产的产品品种、数量、质量和进度安排。

生产计划确定步骤可分为四大步：研究、收集相关信息；拟订生产计划指标方案，进行方案优化;综合平衡,确定生产计划指标;编制生产计划大纲。

3. 生产作业计划的编制

生产作业计划是企业生产计划的具体执行计划,它是根据企业年、季度生产计划所规定的生产任务和进度,并考虑各个时期企业内部条件和外部环境,把企业的生产任务分配给各个车间、工段、班组以至工作地和个人,并按日历顺序安排生产进度的具体计划。生产作业计划的计划期较短,计划的内容更具体,计划的单位更小。

(二)生产计划的主要内容指标

1. 产品品种

产品品种指标是指企业在计划期内应该生产的品种、规格的名称和数目。例如,冶金企业中不同牌号的钢材,纺织企业中不同规格的纱或布,机床制造企业中不同型号的机床等。

2. 产品质量

产品质量指标是指企业在计划期内各种产品应该达到的质量标准。它反映着产品的内在质量(如机械性能、工作精度、使用寿命、使用经济性等)及外观质量(如产品的外形、颜色、装潢等)。

3. 产品产量

产品产量指标是指企业在计划期内应当生产的、可供销售的工业产品的实物数量和工业性劳务的数量。产品产量指标通常采用实物单位或假定实物单位来计量。例如,机床用"台"表示,钢铁用"吨"表示,棉布用"万米"表示。

4. 产品产值

各种产品的实物计量单位不同,为了计算不同品种的产品总量,需要运用综合反映企业生产成果的价值指标,即产值指标。企业产值指标有商品产值、总产值与净产值等3种形式。

(三)生产计划的编制

1. 编制生产作业计划所需要的资料

要编制好生产作业计划,必须有充分可靠的依据资料,主要包括以下内容:

(1)年、季度生产计划和订货合同,技术组织措施计划,生产技术准备计划,工艺装备生产计划及其完成情况。

(2)产品零、部件明细表,产品零件分车间、工段和班组明细表,产品工艺技术文件。

(3)各种产品、零件分工种、分工序的工时消耗定额及其分析资料,人员配备情况及其各类人员数的技术等级。

(4)原材料、外购件、外协件、工艺装备等的供应和库存情况,动力供应情况和物资消耗情况。

（5）设备的类型、数量及其运转情况，设备修理计划，厂房生产面积和台时消耗定额。

（6）上期生产作业计划预计完成情况和在制品情况。

（7）市场动态及产品销售情况。

2. 生产作业计划的编制方法

（1）在制品定额法。即在一定技术组织条件下，为保证生产正常进行，生产各个环节所必须占用的最低限度的在制品数量。

（2）生产周期法。即根据产品生产周期来规定车间生产任务安排的方法，适用于单件小批生产的企业。这种方法关键是注意期限上的衔接。

（3）"看板"法。即准时生产法，是由日本丰田汽车公司所推行的一种生产管理制度。准时生产法即"只在必要的时刻，按必要的数量生产必须的产品"。

二、企业生产控制

生产活动在生产计划中虽然做了具体安排，但由于企业环境以及企业自身的影响，在现实的企业生产组织中，往往会出现现实与计划目标之间的差距，因此，为了防止干扰，实现企业计划的目标必须要进行生产控制。它主要包括如下内容：

（1）生产进度控制。生产进度控制是指对从原材料投入生产到成品入库为止的全部生产过程进行管理。它包括：投入进度控制；出产进度控制；工序进度控制。

（2）在制品占用量控制。企业从材料、外购件等投入生产到产成品出厂前，储留在生产过程中各环节的零部件称为在制品。在制品占用量控制的主要任务是做好在制品的计划、协调和控制，保证生产环节均衡进行生产。管理的关键在于建立健全收发、领用制度并做好记账和核对工作等。

（3）生产调度。生产调度就是在生产计划的执行过程中，对生产计划的监督、检查和控制，以及发现偏差及时调整的过程。

（4）生产作业核算。生产作业核算就是在生产作业计划执行过程中，对产品、零件的实际投入和产出量、投入和产出期、在制品占用量、各单位和个人完成的工作任务等所进行的实际记录。

（5）分析调整生产偏差。分析调整生产偏差是指发现计划执行结果有差距，迅速查明原因，采取措施缩小差距和恢复正常。作业控制的偏差主要表现为进度落后、产量不足等，关键在于迟延，应采取措施。

小知识　　　　　　　　　　精细化生产

精细化作为现代工业化时代的一个管理概念,最早是由日本的企业在 20 世纪 50 年代提出的。"天下大事,必做于细。"精细化管理的理论已经被越来越多的企业管理者所接受,精细化管理就是一种先进的管理文化和管理方式。

精细化生产是一种管理理念和管理技术,是通过规则的系统化和细化,运用程序化、标准化和数据化的手段,使组织管理各单元精确、高效、协同和持续运行。精细化生产要求在企业管理中多用"数学",重点是关注细节、数据、工具,少用或不用"语文",而不应该是权力、经验、感觉、判断。精细化生产要求对于管理工作要做到制度化、格式化、程式化,强调执行力。

精细化生产有三大原则:注重细节;立足专业;科学量化。只有做到这 3 点,才能使精细化生产落实到位。

举一个我们日常生活中的例子,就是煮鸡蛋。我们一般在家里煮鸡蛋,无非找一口锅,放上水和鸡蛋,打开火,煮上几分钟,等自己觉得差不多了,关火取鸡蛋,放凉水里冰一下,就完成了。那么,如果采用精细化的方式,将怎样煮鸡蛋呢?在日本的超市里,鸡蛋售出时都会附赠一份说明书,介绍的是怎样煮鸡蛋的步骤,告诉你用什么样的容器,放多少水,煮多长时间等,这就是精细化。

第四节　生产安全管理

一、生产安全管理概述

企业生产的根本目的是获取利润,在这个过程中由于工作时间长、工序复杂,再加上工作人员的工作技能有所差异,难免会有问题产生。为了提高生产效率,减少问题发生的几率,就要对生产的过程进行安全管理,规范生产的步骤和生产行为。

（一）生产安全管理的概念

生产安全管理就是针对人们在安全生产过程中的安全问题,运用有效的资源,发挥人们的智慧,通过人们的努力,进行有关决策、计划、组织和控制等活动,实现生产过程中人与机器设备、物料环境的和谐,达到安全生产的目标。

（二）生产安全管理的内容

生产安全管理的内容包括:生产安全事故控制指标（事故负伤率及各类安全生产

事故发生率)、安全生产隐患治理目标、安全生产和文明施工管理目标。

生产安全管理包括安全生产法制管理、行政管理、监督检查、工艺技术管理、设备设施管理、作业环境和条件管理等。

（三）生产安全管理的目标和对象

生产安全管理的目标如下：减少和控制危害，减少和控制事故，尽量避免生产过程中由于事故造成的人身伤害、财产损失、环境污染以及其他损失。

生产安全管理的基本对象是企业的员工，涉及企业中的所有人员、设备设施、物料、环境、财务、信息等各个方面。

二、企业职工安全生产教育

安全生产对于企业管理来说是最基础也是最重要的一个环节。不管是对于刚入职的新员工，还是已经工作一段时间的老员工，都应当不断地对其进行生产安全教育，以保证生产管理过程的安全进行，这样才能使企业的生产过程在没有任何后顾之忧的情况下进行。在这个过程中对于新职工的入职教育尤为重要，因此，要对其进行入职前的三级安全教育。

入厂三级安全教育是指对新招收的职工、新调入职工、来厂实习的学生或其他人员所进行的厂级安全教育、车间安全教育、班组安全教育。

（一）厂部安全教育的主要内容

厂部安全教育的主要内容如下：

（1）讲解劳动保护的意义、任务、内容和其重要性，使新入厂的职工树立起"安全第一"和"安全生产人人有责"的思想。

（2）介绍企业的安全概况，包括企业安全工作发展史、企业生产特点、设备分布情况（重点介绍接近要害部位、特殊设备的注意事项）、安全生产的组织机构、主要安全生产规章制度（如安全生产责任制、安全生产奖惩条例、交通运输安全管理制度、防护用品管理制度以及防火制度等）。

（3）介绍国务院颁发的《全国职工守则》和企业职工奖惩条例以及企业内设置的各种警告标志和信号装置等。

（4）介绍企业典型事故案例和教训，抢险、救灾、救人常识以及工伤事故报告程序等。

（二）车间安全教育的主要内容

车间安全教育的主要内容如下：

（1）介绍车间的概况，如车间生产的产品、工艺流程及其特点，车间人员结构、安全生产组织状况及活动情况，车间危险区域、有毒有害工种情况，车间劳动保护方面的规章制度和对劳动保护用品的穿戴要求和注意事项，车间事故多发部位、原因、特殊规定和安全要求；介绍车间常见事故和对典型事故案例的剖析；介绍车间安全生产中的好人好事、车间文明生产方面的具体做法和要求。

（2）根据车间的特点介绍安全技术基础知识。要着重介绍各工种的工作性质、工作情况、工作责任、各种常用设备工具的使用特性、注意事项、保养要求等。

（3）介绍车间防火知识，包括防火的方针，车间易燃易爆品的情况，防火的要害部位及防火的特殊需要，消防用品放置地点，灭火器的性能、使用方法，车间消防组织情况，遇到火险如何处理等。

（4）组织新工人学习安全生产文件和安全操作规程制度，并应教育新工人尊敬师傅，听从指挥，安全生产。

（三）班组安全教育的主要内容

班组安全教育的主要内容如下：

（1）介绍本班组的生产特点、作业环境、危险区域、设备状况、消防设施等，重点介绍高温、高压、易燃易爆、有毒有害、腐蚀、高空作业等方面可能导致发生事故的危险因素，交代本班组容易出事故的部位和典型事故案例的剖析。

（2）讲解本工种的安全操作规程和岗位责任，重点讲思想上应时刻重视安全生产，自觉遵守安全操作规程，不违章作业；爱护和正确使用机器设备和工具；介绍各种安全活动以及作业环境的安全检查和交接班制度。告诉新工人出了事故或发现了事故隐患，应及时报告领导，采取措施。

（3）讲解如何正确使用和爱护劳动保护用品以及文明生产的要求。要强调机床转动时不准戴手套操作，高速切削要戴保护眼镜，女工进入车间戴好工帽，进入施工现场和登高作业，必须戴好安全帽、系好安全带，工作场地要整洁，道路要畅通，物件堆放要整齐等。

（4）实行安全操作示范。组织重视安全、技术熟练、富有经验的老工人进行安全操作示范，边示范、边讲解，重点讲安全操作要领，说明怎样操作是危险的，怎样操作是安全的，不遵守操作规程将会造成的严重后果。

小　　结

本章着重介绍了企业生产管理的基本概念和生产过程的组织等问题，从中掌握生产过程中的管理方法和管理重点，有利于从企业生产的全面角度审视问题，便于在今后的学习中将各章节的知识进行统一的归纳理解，也可以详细拆分企业活动的整个过程,从每一个工作方面着重进行分析。

思考与练习

1. 结合企业实例简述企业生产管理的基本内容。
2. 结合实际谈谈影响企业生产管理的内外部因素。
3. 结合所讲知识,谈谈企业职工在生产开始前应当做哪些准备工作。
4. 企业对于安全生产和安全教育应当做哪些工作?

第七章　企业物资管理与物流管理

知识目标

1. 了解物资管理基本内容；掌握物资、物资消耗定额、招标投标等的含义；掌握物资采购的目标和责任；了解物资供应配送的特点和与物资领料制的区别。

2. 了解物资库存管理的目标；掌握物资储备定额、经常储备、保险储备、季节储备、先进先出、五五化堆码、验收、盘点等的含义。

3. 掌握物流、物流管理、供应链管理等基本概念。

4. 了解企业物流中供应物流等 5 部分内容的含义及这 5 部分物流各自的目标。

能力目标

1. 能够描述物资采购的步骤，描述物资供应配送基本作业环节。

2. 能够描述物资日常库存管理作业内容和作业方法，并能够说明物资库存合理化可采取的种种措施。

3. 能够简单分析物资管理和物流管理的关系，描述物资管理和物流管理对企业的作用。

4. 能够简单阐述企业物流管理如何实施。

第一节　企业物资管理

一、企业物资管理概述

在企业的生产中需要各种各样相关的生产资料。俗话说，巧妇难为无米之炊。没有这些生产资料，企业就无法开工；生产所需的原材料供应不及时或品种、规格等与所需不符合，或数量短缺，就会导致生产延误或停顿；所供应的原材料等质量有问题，生产出的产品质量就无法得到保证。这些问题的发生都会导致企业不能正常履行与客户所签订的合同，从而造成违约损失，影响客户的生产和经营，损害客户利益，影响企业和客户关系，并导致企业经济利益和声誉受损，市场竞争力下降。而如果为了保证生产需要大量采购与储存原材料等，又往往会导致超储积压，使得库存成本升高，生产成本增加，资源浪费。诸如此类的问题，是企业物资管理要综合考虑和解决的。

（一）物资的含义

物资一般专指生产资料。在企业生产中，物资是指产品生产过程所消耗的各种生产资料，主要包括生产过程所需要的各种原材料、辅助材料、燃料和动力、零配件、工具等。例如，生产服装需要布料（面料和衬里料等）等原材料（构成产品实体的主要材料），缝纫线、垫肩、拉链、纽扣等辅助材料（构成产品实体的辅助性材料），剪刀、软尺等工具（生产过程中用来对原材料等劳动对象直接加工的物件）。

为了便于我们今后学习，在这里区分几个概念。物资在采购、销售时又称"商品"。商品是指用来交换的劳动产品。在企业内已完成全部生产过程、按规定标准检验合格、可供销售的产品称为"产成品"，又称"成品"。产成品用来交换或销售时才称为商品。如果该商品进入另一个企业是用来生产其他产品，称为"物资"。

在本章第二节将介绍的"物流"概念中还提到"物品"一词。物品指经济活动中涉及实体流动的所有物质资料。企业物资管理中的"物资"主要指生产资料；而物流管理中的物品，既包括生产资料（物资），也包括生活资料（生活资料又称"消费资料"或"消费品"，是指用来满足人们物质和文化生活需要的那部分社会产品）。

在谈到物资储存运输等问题时，我们还会用"货物"的概念。一般运输部门或仓储部门习惯将承运或储存保管的一切物资、工农业产品以及其他物品等称为货物。

在生产领域，物资又常被称为"物料"。

（二）物资管理的含义

物资管理是指对企业生产经营过程中的各种物资，进行有计划的采购、存储、供应和使用等一系列组织与管理工作的总称。在生产制造企业又称物料管理。

企业物资管理的任务就是根据企业生产和经营的需要，及时、安全可靠、保质保量地保证物资的供应，保证生产经营过程的正常进行；并通过对物资进行有效管理，节约物资，降低物资消耗，降低库存成本、生产成本和各项费用，加速资金周转，进而促进企业盈利，提升企业的市场竞争力。

（三）物资管理的内容

1. 编制物资计划

物资计划的编制是企业物资管理的首要环节。物资计划管理不但是其他物资管理环节的重要前提，也是有效避免物资浪费的重要保证。

物资计划是企业进行订货采购工作和组织企业内部物资供应工作的依据。目前，综合物资、生产、财务等各部门的信息进行物资计划编制，由物资部门监督计划落实的物资计划管理模式已经被越来越多的企业所采用。

综合企业内部各部门的信息进行物资计划编制，制定先进合理的物资消耗定额和物资储备定额，做好物资综合平衡，可以使计划更精准、更科学、更具可操作性。在计划制订之初,物资部门组织人员对物资市场进行调研,深入了解物资行情,掌握第一手的价格资讯;生产部门则根据生产能力、预期产量、用户需求、发展储备等因素,估算所需物资的数量、种类,提报物资需求清单;财务部门则负责提供流动资金的详细信息,以资金净流量约束物资计划的规模。企业在通过计算机系统综合处理各部门所提供信息的基础上,统筹安排企业的物资采购、使用、储存等行为,编制科学、合理的物资计划,既切实可行又能达到控制成本的目的。

计划制订之后,由物资部门担负计划落实及监督的任务,通过定期的物资供应例会等形式,对物资计划的执行进行监督,发现问题及时解决。

2. 采购与供应管理

采购与供应管理主要是考虑如何经济合理地购买和供应物资。具体管理内容包括选择合适的供应商,做好订货、采购、运输、物资分配等工作。

物资供应中,应树立全心全意为生产部门服务的思想,做到及时、主动、优质。同时,认真做好市场调查及大宗物资采购的招标工作,确保供应好、周转快、消耗低、费用省。

为了加强物资计划管理,物资供应部门对于计划外材料的领用应严格控制。

3. 库存管理

物资库存管理主要包括以下两个内容:

(1)库存控制。选择正确的库存方法,制定合理的储备定额,使物资保持合理的库存水平和服务水平,既保证供应,又能将综合成本降到最低。

(2)仓储管理。在验收入库、保管保养、存放、发料、送料、账务统计等工作中实行科学管理。

4. 消耗定额管理

物资消耗定额是指在一定的时期内和在一定的生产技术组织条件下,为制造单位产品或完成某项任务所必须消耗的物资数量的标准。它是企业的重要基础资料和标准数据之一,对加强企业物资管理、降低物资消耗、提高物资利用率有着重要的作用。具体来讲,它有以下几个功能:

(1)它是编制物资供应计划的依据。

(2)它是科学地进行物资供应管理的重要基础。

(3)它是监督、指导、控制物资的合理使用及促进节约的有力工具。

(4)它是促进企业提高技术、管理和工人操作水平的重要手段。

控制物资消耗量是控制企业生产成本的决定因素。一般来说,编制物资计划时企业都会制定比较科学、合理的物资消耗定额,然而,在物资计划实施的过程当中,物资消耗定额沦为"摆设"的现象却并不少见。为什么会出现这种状况呢? 企业对物资消耗的监控力度不够是主要原因之一。企业对物资的消耗建立一套行之有效的监控系统,比如,利用计算机系统对生产过程中的物资消耗量进行详细记录、分析、比对,通过监控将超额情况及时反馈到管理层,尽早查明超额原因,可最大限度地降低物资消耗环节出现浪费现象的几率。

5. 回收管理

在物资管理中做好物资回收、修旧利废工作,主要是为了节约资源。

6. 制度管理

制度管理是做好物资管理的制度保证,主要指建立健全各种物资管理制度,如责任制度、计划管理制度、采购制度、仓库管理制度、限额供料制度、验收制度、统计制度、定额制度等。

二、物资采购管理

(一)物资采购活动的目标和责任

物资采购活动具有以下目标和责任:

(1)确定和评价供应地区和供应商。

(2)与供应商建立良好的关系。

(3)寻求新物资及其供应商。

(4)进行购买分析(购价分析和成本分析)。

(5)经济合理地购买物资。

(6)维持和发展各种物资关系。

(7)为企业决策提供物资信息。

(二)物资采购决策分析

1. 购料分析

购料分析是指在购料前,在保证产品质量的前提下,为避免或尽量减少原材料所造成的不必要的损失,由采购人员、工程技术人员及有关人员,共同对生产用料的质量、品种、价格、市场供应情况等进行分析,以谋求最佳的采购成本。主要包括以下分析内容:

(1)采用了此物资,对产品有何价值。

(2)物资的利用价值是否可以抵偿其成本。

(3)此物资是否在所有方面均认为有必要。

(4)此物资是否具有其他更有利的用途。

(5)对于必要部分,是否有较低成本的制造方法。

(6)对于必要部分,是否可以采用标准件。

(7)材料、加工费、制造费等是否能补偿成本并有余额。

(8)是否还有更低廉的材料供应场所。

2. 决策适当的质量

采购人员在决策质量时必须考虑以下方面:

(1)是否可用代用品。

(2)物资本身的特性。

(3)物资的采购价格。

3. 决策适当的采购数量,编制物资采购计划

在确定了合适的物资以及合适的规格、型号、质量要求等后,企业工艺部门或物资管理部门一般会编制各种物资的消耗定额,作为物资管理部门编制和审查采购计划的依据。具体的物资采购计划的编制要根据生产处下发的产品生产计划,明确生产任务;然后依据工艺部门下发的产品物资消耗定额上的材料名称、材质规格、型号数量和技术条件等,逐项计算出计划期内的物资消耗的需用量,并根据物资储备定额要求,编制物资采购供应计划,组织订货,保证物资供应。

在采购物资的时候,企业的物资管理部门一次购入的数量过多,会多占流动资金,增加存储费用和库存成本;一次购入的数量太少,会增加订购次数而增加订购费用。那么,一次购入还是分多次购入经济合理?若多次采购,分几次采购,每次采购多少数量合适呢?一般来说,在保证供应的前提下,以订货费用、储存成本等各项综合成本最低为宜。库存中的物资储备定额就是根据计划期内物资的需用量,综合考虑保证供应和降低成本的情况下所制定的库存合理储备(详细内容在后面物资库存管理中将介绍)。根据物资的需用量、物资储备定额、当前库存物资数量情况,就可确定具体采购数量。

对于占用库存资金比较大的重要的物资,可用经济订购批量法。经济订购批量(EOQ)是固定订货批量模型的一种,可以用来确定企业一次订货(外购或自制)的数量。当企业按照经济订货批量来订货时,可实现订货成本和储存成本之和最小化。经济订货批量计算公式为

$$Q^* = \text{SQRT}(2 \cdot DS/C)$$

式中,Q^* 为经济订货批量;D 为物资年需求量;S 为每次订货费用;C 为单位物资年保管费用;SQRT 为开方运算。

(三)物资采购步骤

物资采购具有以下步骤:

(1)获得物资需要量及需要信息。

(2)了解各物资的技术要求和等级。

(3)对不同的供应商进行评价。

(4)对特定物资进行招标投标。

(5)按质量、价格、交货期进行评标。

(6)选择确定供应商。

(7)订货、催货,掌握供货进程。

（8）检查到货进度和质量情况。

（9）对供应商进行评估和关系管理。

（10）单据整理及付款。

招标投标是有组织开展的一种择优成交的方式。这种方式是指在物资、工程和服务的采购行为中，招标人通过事先公布的采购要求，吸引众多的投标人按照同等条件进行平等竞争，按照规定程序并组织技术、经济和法律等方面的专家对众多的投标人进行综合评审，从中择优选定项目的中标人的行为过程。其实质是以较低的价格获得最优的物资、工程和服务。

在铁路施工企业物资管理工作中，由于大宗物资（如钢材、水泥、砂石料、油料、防水材料及火工材料等）的采购对工程进度和工程成本影响很大，为了保险起见，大宗物资的采购要进行详细的市场调查。进行市场调查时必须了解材料厂商的产品质量、规格是否符合设计图纸及规范的要求；生产规模是否能够满足施工需要；生产厂商的信誉度是否良好等。调查时对生产厂商的材料进行送样检测，保证材料的质量满足施工需要。满足要求的前提下对投标的生产厂商逐个进行价格、供应方式谈判，选择价格合理、供应方式灵活的2～3家供应商来供应，根据生产厂商的生产能力、供应方式按适当的比例份额签订供货合同。这样做的好处是避免单一货源，不被垄断供应，保证了每家供应商所承担的供应材料货源充足，减少了物资供应不及时造成的风险；同时，增加了竞争力，避免材料供应商哄价抬价，保证物资采购成本的控制。

三、物资库存管理

（一）物资库存管理目标

企业采购回来的物资进入库存环节后，对物资进行库存管理的目标主要包括：保证物资质量、数量完好；提高空间利用率；降低费用，使综合成本最小；利于进出库作业；防火防盗防潮防腐；保证作业人员安全等。

（二）物资保管基本原则

1. 分区分类储存

考虑物资的不同类别、不同批次，待处理的（如检验时发现残损）与已验收入库的，不同养护措施的（如有的须防潮，有的须防火等），不同危险性质的（如有的易燃易爆，有的有毒害性等），不同发送地区的（如已明确要配送给哪个部门）等分区分类储存，便于查找，便于盘点管理，便于拣选，便于采取合适的养护措施等。

物资所选的保管区域要满足和物资性质相符合的保管条件（如储存的温度要求、防潮要求、消防安全要求等），设施完善，满足保管和装卸需要，同一库房物资性质互容。

2. 方便装卸搬运等其他作业

物资储存时，要考虑和其他作业环节配合。例如，面向通道存放，不围不堵，以利于存取；提高装卸搬运的灵活性，如利用托盘、集装箱等集装存放；出库频繁的，存放在装卸搬运容易、靠近库门的库区或多层楼库的底层。

若在物资和储存的货位（指仓库内具体存放货物的位置）上贴条码，可采用信息化管理措施，提高存取、拣货、盘点等的准确性和效率。

3. 提高仓容利用率

仓容（又称仓容定额）指仓库有效面积和单位面积储存量的乘积，即仓库的容量，或称该仓库的储存能力。

例如，在保证不损坏物资质量、货垛稳定的前提条件下，尽可能码高；利用高架仓库提高储存容量；合理规划通道数和通道的宽窄，提高仓储面积等，降低库存成本。

（三）物资储备定额

1. 物资储备定额的含义与作用

在库存控制中，常通过制定合理的储备定额，使物资保持合理的库存水平和服务水平。

物资储备定额是指在一定时期和一定的生产技术组织条件下，为确保生产的正常进行所必需的最经济合理的物资储备的数量标准。其作用主要如下：

（1）企业编制物资供应计划，确定采购量、订购批量和进货时间的主要依据。

（2）企业掌握和监督库存动态，调节库存量变化，使储备经常保持在合理水平的重要工具。

（3）财务部门核算流动资金的重要依据。

（4）确定物资仓储条件，如确定库存面积、仓库数量及仓库定员等，进行仓库规划的主要依据。

2. 物资储备定额的形式

物资储备定额一般有 3 种形式：经常储备、保险储备、季节储备。

（1）经常储备（经常库存，周转库存）。经常储备是指正常经营环境下为满足日常需要而建立的库存。

$$某物资经常储备定额＝平均每日需要量×合理储备天数$$

其中，　　　　$$平均每日需要量＝计划期物资需要量/计划期天数$$

（2）保险储备（安全储备，安全库存）。保险储备是指为防止由于不确定因素而准备的缓冲库存，如突发性订货、交货延期等。

$$某物资保险储备定额＝平均每日需要量×保险储备天数$$

其中，　　　　　　$$保险储备天数＝平均误期天数$$

(3)季节储备(季节性库存)。季节储备是指克服物资供应或生产的季节性波动而建立的物资储备数量。

某物资的季节储备定额＝平均每日需要量×季节性储备天数

库存物资数量即物资储备量是不断周期变化的。为了使物资库存水平和服务水平合理,储备最大量一般不得超过最高储备量(经常储备＋保险储备,季节性库存物资还要加季节储备),最小量不得低于最低储备量(经常储备＋保险储备)。具体考查某一时期储备水平是否合理时,还要结合储备状况和进发料情况进行分析。

(四)物资日常库存管理

物资日常库存管理工作主要抓好物资的入库验收、保管保养和出库发放等方面的管理。要积极创造适宜的仓储条件。仓库管理员在认真做好物资进货验收工作的同时,对物资的数量、规格、质量、品种等情况要如实登账反映,做到准确无误。对各类物资要求做到合理堆放、牢固堆放、定量堆放、整齐堆放、方便堆放。做好仓库物资的保管保养、清仓盘点工作,做到账、卡、物三者相符。坚持先进先出,切实做到快收快发。严格执行物资出库需有凭证,检查审核凭证手续是否齐全准确,发现凭证有不妥之处,仓库管理员应拒发材料。

1. 物资的验收

1)物资验收的含义

物资验收是指按照订货合同、随货凭证和有关技术标准,对入库物资的数量、品种、规格、外观状况及其理化性能等技术指标,进行衡量、检测、观察和试验等一系列技术作业,检查其数量是否准确、品种规格是否正确、质量是否合格等。

2)验收的方式

(1)全验。对一批物资的数量和质量全部进行验收。一般对批量小、规格尺寸和包装不整齐以及验收要求严格的物资采用全验的方式。

(2)抽验。从一批物资中抽样检验。物资批量大、规格尺寸和包装整齐、供货信誉较高时,特别是需要进行理化性能检验时,可以采用抽验的方式。

(3)免验。不检验直接入库。当某类物资因长期检验获得较好声誉和批量产品附有质量保证的条件下可采用免验方式。

3)数量验收

数量验收必须注意同物资供应单位采用相同的计量单位。数量验收一般分为计重验收、计件验收、其他计量验收。

(1)计重验收。一般按净重计数验收。在进行收发、盘点时进行过磅,磅差应不超过国家规定的合理误差标准。

(2)计件验收。计件验收的物资一般其每件的尺寸和重量基本一致。在验收时,一律全部点清件数。

（3）其他验收方法。如玻璃、木材等，按国家有关规定的计量方法验收。

4）质量验收

（1）核对品名、型号、材质、规格尺寸、等级等。

（2）检查外观质量状况，如金属材料的裂纹、结疤、弯曲等缺陷的有无及严重程度，钢材的锈蚀情况，木材的节子、蛀蚀等情况。

（3）一般性地检查内部结构，如对机电产品做必要的电阻测试等。物资的一些内在的理化性能，如金属材料的化学成分、机械性能、内部组织的要求，都由合同和标准规定。验收时，一般要检查供应商提供的质量证明书的各项指标是否符合交货要求，不做重新测定。只有在有疑问时，或一些特殊物资（如进口钢材），才按合同规定重新取样检验，一般送交有合法资质的权威检验机构检验。

5）验收差异及处理

验收差异可能包括：实物与发货票上所标明的品名、种类、型号、规格、计量单位、数量等诸要素之一不符；实物与供应合同或调拨单上所标明的品名、种类、型号、规格、计量单位、交货期和应交数量等诸要素之一不符；实物验收的结果与国家颁布的、国际通行的或供需双方共同认可的技术标准不符。

验收中发现差异一般做如下处理：

（1）如实详细填写验收记录。

（2）判断造成差异的原因。

（3）如系供方造成的差异，可在转账拒付期内暂拒付货款；若发现差异时已超过货款拒付期或属交款提货，则应将差异情况及时通知供方。

（4）发现有差异的物资另外妥善保管，不得与库存相同物资混存，不得入账，更不得动用，以待处理。

2. 入库

1）入库交接手续

交接手续是仓库管理员对收到的货物向送货人进行确认，以划分清楚供货人、承运人和仓库的责任。主要包括接受货物、接受文件（有关货物的资料、运输的货运记录以及随货在运输单证上注明的图纸、准运证等相应文件）、签署单证（在送货单或交接清单上签字），并留存相应单证。

2）登账

仓库一般建立反映物资收、发、存动态的库存保管明细账。货物入库、出库时，要按规定登账记录有关动态。登账要求"一物一账"，及时、准确、清楚。在传统的手工记账过程中，如果发现记账有误，要用画线改错法或红字冲销法改错。现在，大多数仓库应用计算机处理账务，差错少，效率高。

3）立卡

立卡指货物入库或上架后,将货物名称、规格、数量或出入库状态等内容填在料卡(货卡、货牌)上,插放在货架上货物下方,或货垛正面的明显位置。

库存物资保管卡片按其作用不同,一般分为状态卡和保管卡。

(1)状态卡。标明货物所处的业务状态,如待验、待处理、不合格和合格等。

(2)保管卡。包括标志卡和储存卡。标志卡标明商品名称、规格、供应商等;储存卡标明商品的入库、出库、库存动态等。

4）建档

仓库对所接受的物资建立档案,以便进行货物管理,也为将来可能发生的争议保留凭据。货物档案应一货一档设置,统一编号,长期保存。库存物资档案资料包括从入库到出库产生的各种资料,主要包括下列内容:

(1)生产厂家提供的各种资料。

(2)物资运输和接运的各种资料。

(3)物资验收的各种资料。

(4)物资保管保养的各种资料。

(5)物资出库的各种资料。

3. 堆码(码垛)与苫垫

1）货位使用方式

物资存放时,要根据实际情况选择合适的货位使用方式。

(1)固定货物的货位。仓容利用率较低,便于记忆和查找,适用于长期货源的计划库存。

(2)不固定货物的货位。仓容利用率高,不利于保管与查找,适用于保管时间短的货物。

(3)分类固定货物的货位。分区分类,同一区内的不固定货位。仓库常采用此种货位使用方式。

2）选择货位的原则

(1)根据货物的尺寸、数量、特征、保管要求选择货位。

(2)保证先进先出,缓不围急。

(3)方便装卸搬运、拣货等作业,例如,出入库频率高的货物放在方便作业的离库门近的货位。

(4)大不围小,重近轻远(大件、大批量的不围堵小件、小批量的;笨重的货物放在出入方便的地方)。

3）物资堆码基本要求

(1)摆放科学合理。

（2）货垛稳固安全。

（3）整齐美观。

（4）方便。货垛设计要便于盘点、仓库检查、备料等。计重商品每层应明显分隔，标明重量；计件商品尽量采用五五化堆码。五五化堆码是指以 5 为基本的计量单位，把物品码成总数是 5 的倍数的垛形。

（5）经济。堆码时要考虑节省货位，提高仓库利用率。

钢材码垛方式如图 7—1 所示。

钢管（骑缝式堆码）　　　角钢（单元化堆码）　　　钢板（错头五堆码）

图 7-1　钢材码垛

4）苫垫

苫盖的目的是防止日光、雨、雪等对货物的直接侵袭。常见的苫盖材料有苫布、塑料布、铁皮、油毡纸等。常见的苫盖方法有就垛苫盖法、隔离苫盖法及活动货棚苫盖法等。

垫垛的目的是防止地面潮湿对货物的影响，在露天货场还保证垛底排水。下垫材料一般采用水泥墩、石墩、枕木、垫板等，货场中垫垛的高度一般为 40～60 cm，货棚、库房中为 20 cm。

4. 物资保养

不同物理、化学性质的货物须控制不同的保管储存条件，或防止不同性质的货物互相影响。根据物资的特点和仓库的储存条件加强仓库温湿度的管理，采取必要的密封、通风、吸潮措施，搞好仓库环境卫生，加强仓库防火、防盗等安全措施，做好在库商品的检查、检验工作，防止物资的霉变、虫蛀、锈蚀、破碎、变形、爆炸、丢失等现象，尽量减少自然的和人为的损耗，保证在库物资的数量和质量完好。

5. 检查与盘点

1）检查

检查主要查质量、数量、保管条件、计量器具和安全措施。检查的方法有日常性检查、定期检查和临时性检查。检查中发现问题要查明原因、及时处理。检查结果应详细记录。

2)盘点

盘点是指对库存保管的全部货物进行数量清点的一项业务管理活动，以保证做到账、卡、物相符。盘点方法有定期盘点或不定期盘点、按账面存货盘点或按实际存货盘点、全面盘点或分区盘点、营业中盘点（即时盘点）或营业前（后）盘点或停业盘点等。

盘点中常见问题及处理如下：

（1）数量盈亏。数量盈亏是指实际库存数量与账面结存数量发生溢余或短缺。

（2）同类物品规格混淆。同类物品规格混淆是指同类物品实际库存总数与账面结存总数一致，但此多彼少。

凡发生上述问题，在一定范围内要填写货物"调整调价单"，经有关部门审批后，以此单作为原始凭证登账调整。若数量出入较大，就作为经济责任事故来处理。

6. 出库供应

1)出库原则

（1）坚持"先进先出、后进后出"。避免商品长期存放超过其储存期限或增加自然损耗。

（2）做到"凭证发货"。出库必须凭正式单据和手续，非正式凭证或白条一律不予发放（国家或上级指令的、紧急抢险救灾物资除外）。

（3）做到准确、及时、安全。准确就是按照出库凭证所列的品名、编号、规格、质量、等级、单位数量等，准确无误地进行点交，做到单货相符，避免差错。及时是指发货时在手续健全的前提下，力求简便、加快速度，及时组织好物品出库作业，保证用户需要。安全就是在出库搬运点交时注意安全操作，防止物品震坏、摔伤、破损、变形，以保证物品出库时的质量完好。

（4）出库各种凭证填写完整，内容准确、真实，传递及时，交接手续要清楚。

2)出库方式

企业物资的出库方式一般有自提（材料员领料）和送货（仓库送货上门或实施配送）。

3)出库作业流程

出库作业是仓储作业的最后一个阶段，这个阶段的作业程序如下：出库准备→审核出库凭证→备货→复核→包装→刷唛（在包装上标打各种标记）→点交→登账→清理发货现场货位等。

（五）物资库存管理合理化

1. 将静态储存变为动态储存

（1）加快库存的周转速度。利用现代信息网络技术、现代科技手段（如快速的自动分拣系统）、物流技术（如采用托盘等单元集装储存，提高装卸搬运效率；和供应商连网共享信息,提高订货、供货等信息的传递与处理速度)等有效手段加快库存的周转速度,从而使资金周转加快,货损降低,仓库吞吐能力增加,成本下降。

(2)转换视野,从仓库的静态储存扩展到整个物流系统的动态储存。在整个物流系统中,许多物品动态地存在于运输车辆和装卸搬运过程中,如果有有效的信息管理技术支持,这些动态储存可起到一般储存的作用。例如,在良好的供应链管理中,某些物资可由供应商送货的车辆的动态储存中直接进入生产车间使用,减少在库房的储存,降低物流成本。

2. 实施重点管理

在物资管理中,人力、物力、财力是有限的,如何让有限的一切发挥它们最大的效益? 采取 ABC 重点管理的方法是实现物流仓储系统合理化的手段之一,可压缩库存,使库存结构合理化,减少资金占用,节约管理力量。

ABC 库存分类管理法又称重点管理法。其理论基础是"关键的少数,一般的多数"。基本点如下:将企业的全部存货按库存品种数量和占用资金的多少,分为特别重要的 A 类库存(其价值占库存总值的 60%～80%,品种数通常为总品种数的 5%～15%)、B(其价值占库存总值的 20%～30%,品种数通常为总品种数的 20%～30%)、C(其价值占库存总值的 5%～15%,品种数通常为总品种数的 60%～80%)三类,然后对不同类别采取不同管理方法,对 A 类实施重点管理。

(1)对 A 类货物的管理。投入较大力量精心管理,压缩库存到最低水平。多方了解货物供应市场的变化,尽可能地缩短采购时间;计算每种物资的经济订货批量,定量采购;掌握货物的消耗规律,尽量使仓库的安全储备量降低,加强在库的保管保养,检查盘点,保证数量质量完整,账实相符。

(2)对 B 类货物的管理。按企业经营方针调节库存水平,依据具体情况储备必要的数量。

(3)对 C 类货物的管理。一般集中大量地订货,增加库存储备。可以不作为日常管理的范围,减少这类货物的盘点次数和管理工作。

3. 采用有效的"先进先出"方式

(1)采用计算机存取系统。通过计算机存取系统自动识别物料、产成品的入库信息等,可防止入库在后的物品提前出库,保证"先进先出"。

(2)采用贯通式货架(又称驶入驶出式货架)、流利货架(又称重力式货架,见图 7-2)系统,固定从一端存入物品,另一端取出。流利货架从高端补货,从低端拣货,可以保证先进先出。贯通式货架在货架两端叉车都可以进行存取作业,也可以从货架一端存放货物,从另一端取货。这样可以做到"先进先出"。

流利货架（重力式货架）与输送机　　　　　　流利货架

图 7-2　流利货架与输送机

（3）"双仓法"储存。给每种被储物都准备两个货位，轮换进行存取，一个货位取光，再用另一个货位，同时采购补充取光的货位。可保证"先进先出"，但库存水平高，适合 ABC 库存分类管理中的 C 类物资。

4. 提高储存密度，提高仓容利用率

（1）采取高垛的方法。增加储存的高度，例如，采用高层货架。

（2）缩小库内通道宽度。例如，采用所需通道宽度较小的侧叉车等，以减少叉车转弯所需的宽度；采用窄巷道式货架，配以巷道堆垛机，减小通道宽度，如图 7-3 所示。

侧叉车（侧面式叉车）　　　　　窄巷道式高层货架与有轨巷道堆垛机

图 7-3　叉车与堆垛机

（3）减少库内通道数量，以增加储存有效面积。

5. 采用有效的储存定位系统

如果被储存的货物位置确定，能大大节约存取、寻找时间，而且防止出现差错。采取计算机储存定位系统,尤其对于存储品种多、数量大的大型仓库而言,已经成了必不可少的手段。入库时,将存放货位输入计算机,出库时,按计算机的指示人工或自动寻址,找到存放货位。

6. 采用有效的监测清点方式

(1)采用"五五化"堆码,可大大加快人工点数速度,减少差错。

(2)采用光电识别系统。在货位上设置光电识别装置,该装置对被存物资扫描,并将准确数目自动显示出来。

(3)采用电子计算机监控系统。用电子计算机指示存取,准确、效率高。在货位上、被储存的货物上都贴有条形码标签,在每一次存取时通过条码扫描仪识别,计算机自动做出存取记录。检查盘点时,向计算机查询,就可了解所存物品的准确情况。

7. 采用现代储存保养技术

采用现代储存保养技术,可有效防止储存损失。例如,采用"气幕隔潮"技术,即在潮湿地区或雨季,一般的库门、门帘隔绝潮气不理想,可在库门上方安装鼓风设备,使之在门口处形成一道气墙,有效阻止库外湿气侵入,起到"气幕隔潮"的效果,还能起到保持室内温度的隔热作用。又如,采用塑料薄膜封闭技术,即用塑料薄膜封垛、封袋、封箱,可有效隔水隔潮。再如,在封闭环境中加入杀虫剂、缓蚀剂或某种抑制微生物生存的气体,则内部可长期保持稳定的储存小环境。

8. 采用集装箱、集装袋、托盘等运储装备一体化的方式

这种方式将储存、运输、包装、装卸搬运实现了一体化,不但能够使储存实现合理化,更重要的是促使整个物流系统合理化。图 7-4 所示为集装箱堆垛储存与托盘货架储存方式。

集装箱堆垛储存　　　　　托盘货架(重型货架)储存

图 7-4　集装箱堆垛储存与托盘货架储存

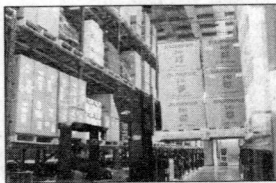

9. 采用虚拟仓库和虚拟库存

采用虚拟仓库和虚拟库存是指借助整合外在存储资源,弥补企业自己有限的存储资源的不足。如利用供应商的仓库、第三方物流的仓库,都可看作虚拟仓库;在供应商的仓库、第三方物流的仓库中的库存、在运输途中运输车辆上的动态库存,都可视作虚拟库存。

采用这种方式,要求合作者之间建立互相信任、互相协助的关系,要有先进的信息网络技术做支持,是现代物流管理思想的创新和具体应用。

四、物资供应管理

传统的物资供应一般采用领料制,材料员到库房排队领料,库管员限额发料。这种管理模式由于缺少弹性,在材料搬运、等待领料等环节造成了许多浪费。在企业进行现代物资管理改革中,很多企业为了降低成本、保证供应,采用了配送制度,"变领料为送料",统一进货、集中存放,按各部门、各车间的用料需求拣货、配货、统一送货,采用"即时配送"(满足用户突发性需要而采用的高度灵活的应急配送方式)、"准时配送"(满足用户需要配送时间精确性)、"共同配送"(多个企业联合起来配送,提高物流效率)等新方式,使企业的物资配送更趋向灵活。

配送是指在经济合理的区域范围内,根据用户的要求,对物品进行拣选、加工、包装、分割、组配的作业,并按时送达指定地点的物流活动。物资配送供应的主要作业环节如图 7-5 所示。

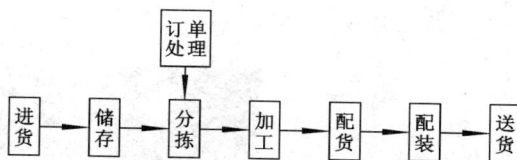

图 7-5　物资配送供应的主要作业环节

(1)订单处理。订单处理是指接受企业各分厂、各车间、各部门的物资需求订单,检查确认订单信息的准确性、合理性等,确定拣货方式和时间,送货方式和时间、配载方案、送货路线等,向仓储部门传递拣货、出货作业要求,向送货部门传递送货作业要求,若库存短缺则向采购部门传递缺货信息申请采购,以及向财会等其他部门传递相关作业要求。

(2)分拣。分拣是指将需要配送的物品按各分厂、各车间、各部门的送货要求,按品名、规格、出入库先后顺序进行拣取和分门别类。

(3)流通加工。流通加工是指为了降低成本,提高服务水平,提高物流效率,在储存、配送中根据物资用户的需要开展的简单的辅助性的加工活动,如组装、拆包分包、钢板的剪裁、水泥混凝土的集中搅拌等。

流通加工要与配送、配套、运输装卸搬运、资源节约结合,以使流通加工合理化。

(4)配货。配货是指使用各种拣选设备和传输装置,将分拣出来的物资,按企业各部门的送货要求配备齐全,送入指定发货区。

(5)配载(配装)。配载是指充分利用运输工具(如货车等)载重量和容积,合理安排物资的装载,并按时送达各个部门。配载是配送不同于一般送货的重要区别之一。

(6)送货。确定最佳送货路线,将配载和送货路线有效结合。这是配送运输的特点,也是难度较大的工作。

小知识　　　　　　　　　　自动化立体仓库

自动化立体仓库简称高架仓库,一般是指采用几层、十几层乃至几十层的货架来储存单元货物。由于这类仓库能充分利用空间储存货物,故常形象地将其称为"立体仓库"。

根据国际自动化仓库会议的定义,所谓自动化立体仓库就是采用高层货架存放货物,以巷道堆垛起重机为主,结合入库出库周边设备来进行作业的一种仓库。它把计算机与信息管理和设备控制集成起来,按照控制指令自动完成货物的存取作业,并对库存货物进行管理。

自动化立体仓库(见图7-6)有低层(5 m以下,老仓库改造为主)、中层(5～15 m,对建筑和机械要求不高,造价合理,应用最广)、高层(15 m以上,安装难度大,应用较少)几种。

图7-6　自动化立体仓库

自动化立体仓库有以下特点:

(1)提高空间利用率,节约土地、能源。

(2)提高生产管理水平,自动存取、动态储存,与生产实时连接。

(3)加快货物存取,减轻劳动强度,提高效率。

(4)现代化企业标志。

案例　　　　　　　广州天赐化工仓库管理成功案例

广州天赐高新材料股份有限公司是一家专业从事个人护理品功能材料、锂离子电池材料、有机硅橡胶材料的高科技民营企业。2002年,通过ISO 9001:2000质量管理体系认证;2004 年,通过 ISO 14001 环境管理体系和 OHSAS 18001 职业健康安全管理体系认证;2008 年,认定为国家级高新技术企业。

　　传统的仓库管理已经不能适应日益复杂的仓库管理业务,给仓库在日常工作中带来了管理、监控的难度,如何追踪到成品使用到的原材料批次,如何准确快捷地进行仓库盘点,更加科学地管理仓库成了迫在眉睫需要解决的问题。2010 年,天赐公司和广州易脉信息科技有限公司合作,共同完成了仓储管理方案及系统的开发,借助条码管理手段更加科学地对仓库进行管理,并将仓储管理系统与金蝶(Kingdee)ERP-K/3系统进行数据无缝集成,把产、供、销的管理融为一体。此次合作把天赐集团以前作业方式的手工化变成了智能化、系统化,杜绝了手工方式输入,改用条码扫描输入,大大减少了输入性错误对生产、供求、销售带来的损失。

　　一、仓库管理系统功能

　　仓库管理系统具有以下功能:

　　(1)在条码管理系统中能自动生成产品条码标签并打印出来,为产品全面条码管理建立基础。

　　(2)利用条码对产品进行标记,建立产品的质量追踪追溯关联,促进产品质量的改进。

　　(3)建立一套收发货条码管理系统,提高入仓发货的效率及准确性。

　　(4)实现入仓、发货等环节的报警提醒功能。

　　(5)为管理者提供实时的数据查询、审核工作,并自动生成相关的报表。

　　(6)条码识别及数据采集终端的应用,大大减少了人为的错误输入,省去了操作人员的纸上记录及数据录入的重复工作,节约纸张并提高了管理人员的工作效率与工作质量。

　　(7)条码管理系统与现有生产执行系统无缝集成,最大限度内发挥系统价值。

　　二、仓库管理系统功能模块

　　仓库管理系统具有原材料管理、成品管理、五金管理 3 个功能模块。

　　1. 原材料仓库管理

　　原材料仓库管理包括原材料入库、原材料发料、原材料盘点。

　　(1)原材料入库。仓库管理人员检验原材料合格后,按照原材料名称、规格、批号进行入库,利用 PDA(Personal Digital Assistant,又称掌上计算机)扫描原材料条码和库位条码,输入原材料数量,完成原材料入库,修改原材料库存。

　　(2)原材料发料。原材料需要领用时,仓库管理人员利用 PDA 扫描出库的原材料条码和库位条码,输入发料数量,完成出库,同时修改原材料库存。

　　(3)原材料盘点。原材料盘点时,仓库管理人员利用 PDA 到仓库现场扫描原材料条码和库位条码,输入实际盘点的原材料数量,扫描结束后,PDA 将根据账面的库存数量和实际的库存数量生成一份盘点差异报表。现场提供盘点结果给操作人员,保证数据差异及时处理。

2. 成品仓库管理

成品仓库管理包括生产投料、生成成品标签、成品入库、成品出库、成品盘点。

(1)生产投料。下载生产工艺单到采集终端，在生产现场采集生产成品的批次和投料的原料批次，系统将自动核对原料投放是否正确，同时记录成品批次和原料批次，提供以后追溯成品原料批次使用。需要拆包投料的原料，拆包后生成新的原料标签贴到剩余原料上。

(2)生成成品标签。成品生产下线后，条码系统根据成品的编号、规格生成唯一的成品条码编号，打印出成品的标签后，根据实际的成品将标签贴到成品上，作为成品的唯一标识。

(3)成品入库。生产下线检验合格后，仓库管理人员利用 PDA 扫描入库的成品标签条码、库位条码，条码系统更新对应成品的库存信息。

(4)成品出库。利用 PDA 扫描需要发货的成品标签条码、发货库位条码，条码系统更新对应成品的库存信息，同时更新销售订单的状态为发货。

(5)成品盘点。仓库人员利用 PDA 到仓库现场进行盘点，扫描库位和成品包装号条码。在扫描条码的同时，系统自动和账面库存情况进行核对，提示是否符合账面库存。如果不符合将提示账面库存和实际库存的差异情况。扫描完所有成品条码后，系统将自动生产盘点差异表。

3. 五金仓库管理

五金仓库管理包括五金验收入库、五金发料、五金配件检修跟踪。

(1)五金验收入库。仓库管理人员检验五金合格后，按照五金名称、规格、批号进行入库，利用 PDA 扫描五金条码和库位条码，输入五金数量，完成五金入库，修改五金库存信息。

(2)五金发料。五金材料需要领用时，仓库管理人员利用记录或 PDA 扫描出库的五金条码和库位条码，输入发料数量，完成出库，同时修改五金库存信息。

(3)五金配件检修跟踪。预防性更换配件在更换到设备后，系统根据更换时间和设备检修周期，自动提示配件检修清单。

三、仓库管理系统使用效果

使用仓库管理系统具有以下效果：

(1)减少了原材料的浪费，提高了利用率，为天赐化工节约了成本。

(2)提高了对原材料及成品的跟踪能力，加强了仓库物件管理能力。

(3)提高了工作效率，全智能化的管理通过小小条码得以实现。

(4)减少了工作中由于员工的疏忽导致的原材料及成品的损失。

总的来说，仓库管理系统减少了成本，提高了工作效率，使工厂流水线得以有条不素的运行且出错率小。

备注:"五金"过去是金、银、铜、铁、锡 5 种金属材料的合称。现在的五金则是指五金材料与制品,通常又分为大五金及小五金两大类。大五金一般指金属板材(如钢板)、管材(如钢管)、型材(如工字钢、槽钢、钢筋等)、棒材(如铜棒等)和线材(如低碳钢盘条、铜线等)等;小五金则主要包括镀层板材(如白铁皮)、镀层线材(如铁丝)、各种小型标准件(如紧固螺钉)、非标准件(如木螺钉)及各种小工具(如螺丝刀)等。

案例思考

1. 广州天赐高新材料股份有限公司在物资库存管理中采取了哪些改革措施?取得了哪些效果?

2. 以该公司的原材料仓库为例,说明一下其仓库管理的主要作业内容。

第二节　企业物流管理

一、物流、物流管理与供应链管理

(一)物流

二战期间,美国从军事需要出发,在对军火进行的供应中,首先采用了 Logistics Management(后勤管理,现在翻译为"物流管理")一词,并对军火的运输、补给、屯驻等进行全面管理。二战后,Logistics(物流)一词被美国人借用到企业管理中,称作 Business Logistics(企业物流),在军事后勤管理中的那套方法应用在企业的物资采购与供应、生产与销售的业务流程中,取得了巨大的经济效益,逐渐推广应用到了世界范围。随着信息技术和网络技术等的发展,物流也趋向信息化、自动化、网络化、智能化等。20 世纪 80 年代物流概念引入我国,20 世纪末开始迅速发展,至今物流业已成为国家"十二五"规划中加大力度重点扶持的国民经济基础产业。

在我国国家标准《物流术语》中给物流(Logistics)下的定义如下:物流是物品从供应地向接收地的实体流动过程,根据实际需要,将运输、储存、装卸搬运、包装、流通加工、配送、信息处理等基本功能实施有机结合。

(二)物流管理与供应链管理

1. 物流管理的含义

物流管理(Logistics Management)是指在社会生产过程中,根据物质资料实体流动的规律,应用管理的基本原理和科学方法,对物流活动进行计划、组织、指挥、协调、控制和监督,使各项物流活动实现最佳的协调与配合,从而降低物流成本,提高物流效率和经济效益的过程。

2. 供应链管理的含义

随着人们对物流认识的发展,物流管理从一个企业内部物流功能的整合发展到了企业供应链上,开始注重企业与其他企业、用户的物流有机联系,物流管理上升到了供应链管理。供应链(见图 7-7)指原材料等供应商、制造商、第三方物流公司的仓库或配送中心、分销商(或称渠道商,指代理商、批发商、零售商等)和用户等构成的物流网络。

供应链管理(Supply Chain Management,SCM)是指在满足客户需要的前提下,为了使整个供应链系统成本达到最小,对企业整个供应链的各个环节进行综合管理。例如,从采购、物料管理、生产、配送、营销到最终消费者的整个供应链的货物流、信息流和资金流,进行计划、协调、操作、控制和优化等,如图 7-8 所示。其目标是要将顾客所需的正确的产品(Right Product)能够在正确的时间(Right Time),按照正确的数量(Right Quantity)、正确的质量(Right Quality)和正确的状态(Right Status)送到正确的地点(Right Place),并使企业整个供应链的物流总成本达到最小化。

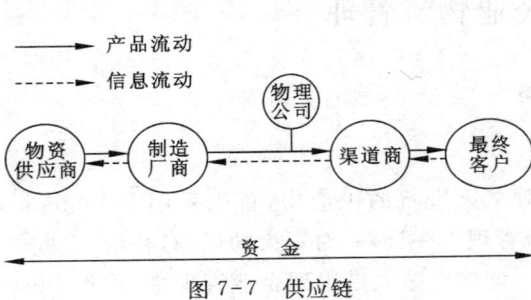

图 7-7 供应链

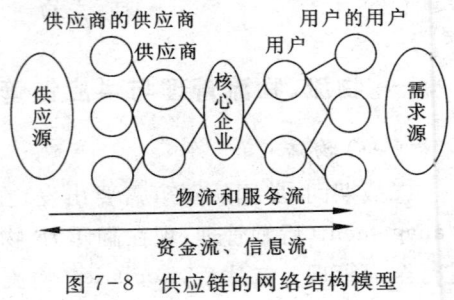

图 7-8 供应链的网络结构模型

3. 物流管理对企业的作用

1)物流管理是企业生产的前提保证

企业生产过程中原材料等的采购、储存、供应,半成品在加工点之间的流转,产成品的销售配送等,均依赖物流完成。物流管理是企业生产运行的基本保证,并为企业创造经营的外部环境,是发展企业的重要支撑力量。

2)物流管理能降低企业成本,提高企业竞争力

据有关研究显示,供应链可以耗费中国企业高达 29% 左右的运营成本。而通过优化企业内部物流管理和优化企业供应链,可以达到以下目标:

(1)原材料采购成本将减少 7%~11%。

(2)整个供应链的库存将下降 15%~30%。

(3)运输成本将下降 3%~15%。

(4)从供应商—制造商—用户的全过程的整个供应链的运作费用将下降 15%~25%。

3)物流管理是企业利润的源泉

实践已经证明,由于物流合理化能够大幅度降低企业的总成本,加快企业资金周

转,减少库存积压,促进利润率上升,从而给企业带来可观的经济效益,国际上普遍把物流称为"第三利润源泉",是继降低原材料消耗("第一利润源泉")、提高劳动生产率("第二利润源泉")之后的,提高企业整体利润的最大源泉。所以,各国的企业才越来越重视物流,逐渐把企业的物流管理当作一个战略新视角,通过制定各种物流战略,从物流这一巨大的利润空间去寻找出路,以增强企业的竞争力。

4)物流管理帮助企业提高服务水平,获得竞争优势

企业通过物流管理,如果在存货的可得性、递送的及时性和交付的一贯性等方面领先于同行业的平均水平,为客户提供良好的服务,就能成为有吸引力的供应商和理想的业务伙伴,并有利于树立企业的品牌形象,有利于和服务对象结成长期、稳定的战略性合作伙伴关系,对企业发展有着非常重要的意义。一个拥有卓越物流管理能力的企业,可以通过向客户提供优质服务获得竞争优势。放眼世界 500 强企业,它们都拥有世界一流的物流管理能力,通过向顾客提供优质服务获得竞争优势。可以说,发展物流、强化物流管理不仅能使企业获取"第三利润源泉",而且是企业获取竞争优势的重要源泉。

海尔集团在 2001 年提出将物流作为海尔新的经济增长点和未来发展的核心竞争力。明确目标后,首先将物流机构整合,将过去分散在每个产品事业部的采购业务合并,实施统一采购、统一配送,利用数量和品牌优势取得了最优价格,如彩色显像管,统一采购后由于采购数量等优势,平均每台至少便宜 10 元,而且供货服务得到保证,仅此一项,全年至少节约 580 万元。当时,海尔一年的采购费用大约 100 多个亿,节省一个百分点,就会少花 1 个亿,效益相当可观。经过十多年的努力,海尔集团实现了"以最低的物流总成本向客户提供最大附加值的服务"的管理目标,物流已成为企业发展的重要利润源和核心竞争力。

二、企业物流及其分类

物流包括社会物流和企业物流两方面。社会物流是在社会经济大领域内,国民经济领域中的物流活动总称。企业物流是在企业经营范围内进行相关物流活动的总称。

在企业经营活动中,物流是渗透到各项经营活动之中的活动。它包括供应物流、生产物流、销售物流、回收物流、废弃物物流等。我们下面主要以生产企业为例。

(一)供应物流

供应物流是企业经营所需要的物质要素输入,它包括对外采购物品(原材料、零部件或其他物品)、库存管理以及输送到生产场所 3 个阶段。

供应物流旨在对生产需要快速反应,在节省原料成本、库存管理成本和物流输送成本的前提下,按生产流程和物品需求计划准确地输送到生产线或工作场所。

(二)生产物流

生产物流是指在生产过程中,原材料、在制品、半成品、产成品等按照工艺流程在各个生产加工地点之间的实体流动。

生产物流与生产过程同步,生产物流保障生产过程连续运行,如果生产物流中断,生产过程也随之中断。生产物流活动的消耗时间(一般占总生产时间的 50%~90%)往往比制造加工时间消耗多,所以降低生产物流成本对降低总体生产成本影响大。

生产物流系统连接供应物流系统和销售物流系统。

(三)销售物流

销售物流是指生产企业、流通企业出售商品时,物品在供方与需方之间的实体流动。

销售物流是企业物流与社会物流的衔接点。

销售物流中销售渠道的选择和建设,即采用直接销售渠道(生产企业不通过中间环节,直接将产品销售给用户),还是间接销售渠道(生产企业通过中间环节,如代理商、批发商、零售商等,将产品销售给用户),对物流成本影响较大。

销售物流旨在使生产企业与下游销售企业通过战略联盟或合作经营等形式建立新型合理的销售渠道,上下游企业通过信息共享、产成品库存、配送、运输等多方面的一体化为客户提供有效、可靠、方便快捷的销售物流服务,并使销售物流的总成本达到最低。

(四)回收物流

回收物流是指不合格物品的返修、退货以及周转使用的包装容器,从需求方返回到供方所形成的物品实体流动。

回收物流旨在提高顾客价值,增加竞争优势。企业采取宽松的退货政策,可保证顾客交易中的满足感,减少经销商的风险,改善供需关系,促进企业间的战略合作,强化整体的竞争优势。回收物流另一个重要目标是节省资源成本。

回收物流一般纳入本企业的生产经营计划统筹管理,也可以由相关企业联合设立退货基地,或者承包给第三方物流进行外部商业化运作。

(五)废弃物物流

废弃物物流指将经济活动中失去原有使用价值的物品,根据实际需要进行收集、分类、加工、包装、搬运、储存,并分送到专门处理场所时所形成的物品实体流动。

有些废弃物,如废金属、废纸、废玻璃器具等,可回收加工利用,成为再生资源。有的完全无价值的废弃物,可通过掩埋、焚烧(如垃圾发电)、净化处理加工等进行处理。

废弃物物流旨在节省资源成本和保护环境。废弃物物流的合理化必须从能源、资源和生态环境保护的战略高度综合筹划。

三、企业物流管理的目标

企业实施物流管理的目的就是要在尽可能最低的总成本条件下实现既定的客户服务水平，即寻求服务优势和成本优势的一种动态平衡，并由此创造企业在竞争中的战略优势。根据这个目标，物流管理要解决的基本问题，简单来说，就是把合适的产品以合适的数量和合适的价格在合适的时间和合适的地点提供给客户。高效的物流管理水平决定了企业的利润水平，也同时决定了企业的核心竞争力。

（一）通过企业物流一体化，提高物流效率和降低综合成本

采购、仓储、物资供应管理、运输、与物流有关的信息管理等企业内部属于物流业务的大多数早已客观存在，只是分属于各个职能管理部门，如物资供应部门、运输部门、市场营销部门等。这些业务流程被不同的部门和人员分割成一个个孤立的步骤。这些分割了的业务流程，步骤多、差错多、周期长、反应速度慢。对这些业务重组，统一到物流部门实行系统管理，对这些业务流程创新，减少步骤、缩短周期、加快反应速度。从原材料进厂、中间过程存储到最终产品出厂、售后退换货服务等物流全过程，统一实施计划、组织、控制和管理，形成企业内部物流一体化，从而提高物流效率和降低综合成本，获得竞争优势。

（二）通过优化协调整个供应链物流的管理，实现供应链低成本和不断增值

客户满意的价值可以是低价格，也可以是与众不同的服务，如缩短订货的提前期和递送及时、可靠等。企业通过供应链管理可以使内部物流、外部物流一体化，降低整个供应链运作的总成本，形成与竞争对手的价值差异化能力，或向客户提供低成本、低价格，或向客户提供优质服务来获得竞争优势，成为对客户有吸引力的供应商和理想的业务伙伴。

（三）建立物流信息系统，提供高效的物流管理平台

现代化的企业物流管理主要体现在物流信息化的开发与应用上。建立与完善一套计算机网络支持的物流信息管理系统，既为企业内部物流运作提供电子化管理，也为企业和供应链合作伙伴提供一个快速、方便、安全、可靠的电子数据交换平台，并能为用户提供个性化的物流信息服务。

（四）不断改进物流过程，增加新的物流服务内容

企业通过不断创新改进物流过程，既能保证物流服务的高水平让客户满意，又能降低物流总成本，实现现代物流管理的目标。

例如，连锁零售企业或生产企业建立科学、合理、优化的配送网络和配送中心，把原来分散的采购、分散的库存，变为集中采购、集中库存、集中配送，可使采购成本下降，使总库存数量减少，库存成本下降，并通过送货路线优化、配载送货等方式使运输

费用大大下降。而对于企业配送中心的内部客户（如连锁零售企业的各连锁门店、生产企业的各分厂、各车间），由于配送中心的保障作用可节省手续，降低库存，甚至实现"零库存"。对于企业配送中心的外部客户（购买连锁零售企业商品的消费者，购买生产企业产品的批发商、零售商、消费者等），可以享受配送中心经济、方便快捷、送货上门的物流服务。

（五）与第三方物流合作，实行企业物流的全部或部分外包

很多企业在发展物流中，积极寻求与第三方物流（主要提供运输、储存、配送、包装、装卸搬运、流通加工、信息处理等专业的物流基本服务）合作，把物流全部或部分外包给专业化的第三方物流公司。企业把自己不擅长的物流等非核心业务委托第三方物流，可帮助企业把有限的人、财、物等资源集中到生产加工等核心业务上，形成核心竞争力。其优势还在于从库存方面看，使用第三方物流的仓库可以一方面节省资金投入，减小企业财务方面的压力；另一方面也减少了企业的投资风险，如对季节性生产而言，因为需求的季节性，生产往往提前于消费季节，并根据市场反馈及时进行生产调整，生产计划具有很大的灵活性，这样对仓储活动的需求也是季节性的。若使用第三方物流仓库，企业可以根据市场形势的变化自由地进行仓库租赁的决策，不仅能够减少仓储活动的投资，而且还能增加对市场的反应能力。此外，第三方物流能够利用精心策划的物流计划和适时装运配送手段，使企业能够最大限度地减少库存，甚至实现"零库存"，从而大大降低成本。而且通过第三方物流的配送网络，企业容易实现电子商务，扩大销售范围。

四、企业物资管理和物流管理的关系

（一）企业物资管理是物流管理的一部分

物流是从物资管理的基础上发展起来而又超越了物资管理，现代物流管理的范围要比企业物资管理范围大得多。我们所谈的企业物资管理中的物资，主要指企业生产所需的物品。企业物流管理所涉及的"物品"范围，不仅包括企业内生产所需的物资部分，也包括企业内与生产相关或无关的其他物品（如企业管理部门、教育培训部门等所需用的一些物品）、企业的产成品等。企业物资管理是企业物流管理中的一部分。

企业物流包括供应物流、生产物流、销售物流、回收物流、废弃物物流等部分。企业物资管理主要属于企业物流中供应物流部分。现代物流一体化、整体性的观念要求在企业物资管理中，要站在企业物流整体角度，多一些系统性的考虑，追求企业物流的整体效益，使企业物资管理和企业物流其他部分有机结合。

另外，物流管理所涉及的不仅包括企业内物流管理，也包括企业外其他企业或组织或个人所生产、经营或需要的种种物品的物流管理；不仅包括生产所需的物资的物流管理，也包括人们日常生活、办公等所需的消费品的物流管理。企业物资管理是企业物流中的一部分，而企业物流管理是社会物流中的一部分，是供应链管理中的一部

分。在进行企业物资管理时,要与现代物流管理、供应链管理紧密联系。

(二)现代物流管理促进了企业物资管理的变革

现代物流管理和企业物资管理间的影响主要体现在以下几方面:

1. 从物资管理的理念来讲

企业物资管理的进步直接推动了现代物流管理理念的形成与发展,而现代物流管理以实现客户满意为第一目标,以企业整体最优为目的,追求综合成本最低,重效率更重效果,强调信息化等思想理念;物流管理理念的发展也反过来正在影响和促进着很多企业物资管理理念的变革。

2. 从物资的采购与储存来讲

传统的物资管理、物资采购是依据企业年度计划和确保供应基础上进行的。为了确保供应,尽量多采购物资,留有余量,不太计算库存成本。由于企业生产需要物资品种众多,物资消耗量巨大,规格十分复杂,为了留有余地,往往尽量多多储备,很容易造成大量物资积压。

现代的物流管理具有系统性的思考,更注重供应链的建设和物资流动性分析。因此,企业物资采购成为物流的一个环节,而不是一个不流动的储备功能。在这一理念下,企业需要的是建立符合现代物流理念的供应链上下游关系,实现供求联动;其次是企业根据市场需求及成品生产制订采购与供应计划,尽量压缩库存,力争实现零库存管理,也就是说,企业的生产计划是由订单驱动的,物资采购计划是由生产计划拉动的,是根据生产情况随时调节的。这样,所有的物资采购品种都是与市场销售订单对应,企业原材料物资仓库的物资都是与市场需求联动的,企业没有多余的物资库存,从而实现零库存管理,大大降低采购费用,也实现了供应物流和销售物流的有效结合。

零库存管理不等于不需要仓库,而是强调仓库物资应该是物流环节的一部分,也是处于快速流动与周转之中。此外,企业物资管理采取零库存,由供应商管理库存或者由供应商直接配送物资也是现代物流管理的新趋势。

3. 从物资的供应来讲

传统的物资管理是没有主动配送的。物资管理部门往往是坐等领料,仓储物资与市场需求脱节,被动地等待生产需求部门来领料,并根据领料的情况制订储备计划,保持合理库存,确保满足生产供应。

现代物流管理中物资需求与市场需求联动,物资管理部门实时了解生产物料需求,并根据生产进度随时主动进行物料配送,实现生产物料的拉动式管理。这样做,极大地满足了生产供应,更大大降低了库存成本。

4. 从物资管理的技术装备来讲

传统的物资管理缺少现代物流技术装备支撑,尤其是缺少信息系统的建立与信息的互动,物资管理部门与生产部门不能实时互通信息,市场需求信息需要多个环节才能逐步传到物资管理部门,从而带来一系列问题。

现代物流管理,首先需要建立全面的信息系统,对物资进行标准化、规范化管理,根据生产线需求实现拉动式管理,此外,借助现代高架仓库、自动化立体库、输送分拣技术、单元化管理技术,实现物料的高效管理与自动配送。现代物流管理带动了企业物资管理的系统升级与改造步伐,直接促进了对物流技术与装备的需求。

5. 从企业物资管理活动模式来讲

随着现代物流的发展,能提供专业的多样化物流服务,以及提供基于信息化、专业化、网络化、个性化的供应链一体化解决方案、供应链管理及物流咨询的现代物流企业或第三方物流企业、第四方物流企业(注:第三方物流提供仓储、运输、配送等具体的物流功能服务,而第四方物流主要提供专业的供应链管理解决方案和供应链集成、整合、管理等服务)不断涌现。企业的物资管理也渐渐走出以企业自我服务为主的物流活动模式,而逐渐将全部或部分业务外包给第三方物流,以便企业腾出时间和精力发展主业,形成核心竞争力。

> **小知识** **第三方物流**
>
> 第三方物流(Third-Party Logistics,简称3PL,也简称TPL)是相对"第一方"发货人和"第二方"收货人而言的。广义的第三方物流是指由不属于第一方、第二方之外的第三方企业来承担企业物流活动的一种物流形态。狭义的第三方物流是指能够提供现代化的、系统的物流服务的第三方的物流活动。
>
> 生产经营企业等为适应市场竞争,以便集中精力搞好主业形成核心竞争力,加强供应链管理,降低物流成本,把原来属于自己处理的,不属于核心业务的物流活动外包出去,以合同方式委托给专业物流服务企业,同时通过信息系统与物流企业保持密切联系,以达到对物流全程管理控制。第三方物流这种物流运作与管理方式就应运而生。
>
> 第三方物流不拥有商品,不参与商品的买卖,而是为客户提供以合同为约束、以结盟为基础的功能专业化、系列化、服务个性化、管理系统化、信息网络化的物流代理服务。采用第三方物流服务,能提供比企业自己运作物流更高的价值。

> **案例** **海尔物流案例**
>
> 海尔集团在当初的企业物流重组阶段,整合了集团内分散在28个产品事业部的采购、原材料仓储配送、成品仓储配送的职能,并率先提出了3个JIT(Just In Time)(准时制)的管理,即JIT采购、JIT原材料配送、JIT成品分拨物流。通过它们,海尔物流形成了直接面对市场的、完整的以信息流支撑的物流、商流、资金流的同步流程体系,获得了基于时间的竞争优势(准时快捷),达到以最低的物流总成本向客户提供最

大的附加价值服务。

在供应链管理阶段,海尔物流创新性地提出了"一流三网"的管理模式。海尔集团自1999年开始,进行以"市场链"为纽带的业务流程再造,以订单信息流为中心,带动物流、商流、资金流的运转。海尔物流的"一流三网"充分体现了现代物流的特征:"一流"是以订单信息流为中心;"三网"分别是全球供应链资源网络、全球配送资源网络和计算机信息网络。

在海尔的流程再造中,建立现代物流体系是其关键工程。重整物流,就要以时间消灭空间,用速度时间消灭库存空间。海尔的物流中心不是为了仓储而存在,而是为了配送暂存的。如果把传统的企业的仓库比作水库的话,很多企业的问题就是出在水库把水蓄死了、蓄臭了,海尔就是把所有水库的闸门都打开。

在海尔,首先根据其发展战略的需要,改变了传统的按库存生产(MTS)的模式,转而采用按订单生产(MTO)的管理模式,消除了对需求预测的盲目性和误差。为了保证按单生产模式的成功,海尔集团实施了现代物流同步的模式,全球供应链网络得到了全面优化整合,国际化供应商的比例大幅度上升,保证了产品质量和JIT交货。

在要么触网、要么死亡的互联网时代,海尔作为国内外一家著名的电器公司,迈出了非常重要的一步。海尔公司2000年3月开始与SAP公司合作,首先进行企业自身的ERP(企业资源计划系统)改造,集采购、库存、销售等供应链管理、财务管理、人力资源管理等为一体,以系统化的管理思想,为企业决策层及各部门提供部门沟通、管理决策与业务操作的信息管理平台。随后利用SAP物流管理系统着手搭建一个面对供应商的BBP采购平台(海尔建设的企业对企业的电子商务系统)。BBP采购平台能降低采购成本,为海尔创造新的利润源泉。通过BBP交易平台,每月接到6 000多个销售订单,定制产品品种逾7 000个,采购的物料品种达15万种。通过整合物流,新物流体系降低呆滞物资73.8%,库存占压资金减少67%。海尔成为国内首家达到世界领先水平的物流中心。海尔物流中心货区面积只有7 000多平方米,但其吞吐量却相当于普通仓库的30万平方米。

海尔物流的信息化技术一直处于不断革新、改进的过程之中。建立ERP系统是海尔实现高度信息化的第一步。在成功实施ERP系统的基础上,海尔建立了SRM(招标、供应商关系管理)、B2B(企业对企业订单互动、库存协调)、扫描系统(收发货、投入产出、仓库管理、电子标签)、定价支持(定价方案的审批)、模具生命周期管理、新品网上流转(新品开发各个环节的控制)等信息系统,并使之与ERP系统连接起来。这样,用户的信息可同步转化为企业内部的信息。

在基础设施方面,以强大的网络技术为依托,自2002年开始逐渐推广条码扫描和RF技术(射频识别技术)在物流中的使用,以解决成品物流过程中面临的准确率、实时性、高效性和问题可追踪性的要求。2003 年海尔推广全程扫描后，物流业务的准确率有了明显提高，发货的准确率达到 100%，提高了客户的满意率。并于 2004 年初在全国 42 个配送中心全面实行严格的先进先出管理，加快了库存的周转效率。

好的企业满足需求，伟大的企业创造市场。海尔物流拥有了 3 个 JIT 的速度、一流三网的资源和信息化平台的支持，在不断完善内部业务运作的同时，积极发展品牌集群和社会化物流业务。其一是品牌集群，打造搭建一条完整的家电产业链。其二是构建社会化的采购平台。海尔在全球有 10 个工业园、30 个海外工厂及制造基地，这些工厂的采购全部通过统一的采购平台进行，全球资源统一管理、统一配置，一方面实现了采购资源最大的共享，另一方面全球工厂的规模优势增强了海尔采购的成本优势。

海尔通过整合全球化的采购资源，建立起双赢的供应链，多产业的积聚促成一条完整的家电产业链，极大地提高了核心竞争力。建立起强大的全球供应链网络，使海尔的供应商由原来的 2 200 多家优化至不到 800 家，而国际化供应商的比例却上升至82.5%。世界 500 强企业中有 1/5 已成为海尔的合作伙伴。全球供应链资源网的整合使海尔获得了快速满足用户需求的能力。

2003 年，海尔物流在发展企业物流的同时，成功地向物流企业进行了转变，以客户为中心，为客户提供增值服务。海尔第三方物流服务领域正迅速拓展至 IT 业、食品业、制造业等多个行业，并取得一定成效。另一方面，在不断拓展第三方物流业务的同时，海尔开始提供第四方物流服务。同第三方物流相比，第四方物流服务的内容更多，覆盖的地区更广，更能开拓新的服务领域，提供更多的增值服务。它帮助客户规划、实施和执行供应链的程序，并先后为制造业、航空业等领域的企业提供物流增值服务，现在来看物流业务已经为海尔一个新的经济增长点。

2000 年，海尔建立起 B2B(Business To Business，商业对商业)、B2C(Business To Consumer，商业对消费者)等电子商务平台，开创了中国第一笔网上家电采购。2011年，作为海尔集团 B2C 唯一网上专卖店，海尔商城依托海尔集团用将近 30 年时间打造出来的强大的营销网、物流网和服务网，率先在全国 400 个城市实现了 24 小时限时达，并实现了对三四级偏远市场的无缝覆盖。能做到如此快速的物流配送和精致贴心的服务，让消费者完全心动满意，源于海尔商城一直致力于为用户打造"全流程"服务体系，从产品、价格、物流仓储、客服体验，乃至后期的安装、售后服务等各个环节均以用户为本，贯彻打造最佳用户体验的原则。依托海尔集团强大的物流配送能力(海尔全国 83 个物流库房和超过 3 000 个星级服务中心的全流程贴心服务)，海尔商城做到了将线上网络商城与线下海尔专卖店的虚实结合，从网络前端收集消费者的购物需求，再以规模强大的实体店网络和行业领先的服务模式，在第一时间内为网友送达。在下单购买后，海尔商城便联系距离消费者最近的服务网点，承诺 24 小时之内为消费者送货上门、安装调试,尤其是为网购消费者解决了大家电送货难、产品保障等种种问题。海尔商城为消费者带来了更快捷更高效的送货服务和放心的购物体验,将 B2C 电子商务带入服务速度战和质量战的时代。正是凭借物流服务上的领先优势,海尔商城正在一步步赢得更多用户的心,而用户良好口碑对品牌建设发展无疑具有重要作用。

2011 年 12 月 15 日,世界权威调研机构欧睿国际公布 2011 年全球家电市场调查数据,海尔在大型家电市场的品牌占有率提升为 7.8%,第三次蝉联全球第一,同时获得"全球大型家电第一品牌,全球冰箱、酒柜、冷柜第一品牌和制造商,全球洗衣机第一品牌"共 8 项殊荣。海尔正以自己的实力与真诚最大限度地满足用户的需要,为世人创造美好的新生活。

🔍 案例思考

1. 海尔在物流重组的过程中采取了哪些改革措施?取得了哪些效果?

2. 海尔为何要进行物流信息化改革?在物流信息化改革中采取了哪些措施和技术手段?

3. 在供应链管理上,海尔取得了哪些成就?

4. 海尔在发展企业物流时,是如何向物流企业转变的?这对海尔有何意义?

5. 海尔在开展电子商务时是如何解决物流问题的?

6. 你从此案例中还获得哪些启示?

小　　结

物资一般指商品生产过程所消耗的各种生产资料,而物流中提到的"物品"既包括生产资料也包括生活资料。物资管理是企业物流管理、供应链管理中的重要部分。

物资管理内容主要包括:编制物资计划;采购与供应管理;库存管理;消耗定额管理;回收管理;制度管理。

物资采购活动的主要目标是确定和评价供应地区和供应商,经济合理地购买物资。招标投标是常用的一种采购方式。在物资供应环节,很多企业为了降低成本、保证供应,"变领料制为送制",采用了配送制度。

物资库存管理最主要目标是物资质量数量完好,综合成本最小。除了要做好物资的入库验收、堆码、保管保养、检查盘点、出库等库存管理工作,还可通过制定物资储备定额、对库存物资实施重点管理、采用有效的"先进先出"方式等各种措施使物资库存管理合理化。

物流包括社会物流和企业物流两方面。企业物流包括供应物流、生产物流、销售物流、回收物流、废弃物物流等五部分。物流管理是企业生产运行和基本保证,是企业

"第三利润源泉"。很多企业在发展物流中,把自己不擅长的物流等非核心业物委托给第三方物流。

思考与练习

1. 什么是物资?物资管理对企业有何重要意义?物资管理包括哪些内容?

2. 物资供应中为何越来越多地"变领料为送料"而采用配送制度?

3. 物资日常库存管理包括哪些作业内容?其中的盘点和检查有何不同?

4. 采取哪些措施可使物资库存管理合理化?

5. 为何越来越多的企业重视物流管理?企业一般是如何着手物流管理的?

第八章 企业信息管理

知识目标

1. 掌握信息、管理信息和企业信息技术的概念、特征及其相关内容。
2. 熟悉企业信息技术基础的有关知识。
3. 了解企业信息系统的开发程序。

能力目标

1. 能够详细列举企业相关的信息者资料。
2. 能够理解信息技术基础的内容。
3. 能够描述企业管理信息系统的开发步骤。

第一节 企业信息管理概述

一、信息

信息(Information)在企业管理中是指经过处理加工之后，对于企业管理决策和实现企业目标具有参考价值的一切内容、消息、数据等，它像原材料、生产工具一样也是一种资源。作为一种资源，信息具有以下特点：

(1)信息和决策互为依靠，有效的信息可以提高决策的精确程度，而信息的价值是通过正确的决策来体现的。

(2)信息可以决定企业组织的生存，能够给信息的使用者带来收益。

(3)由于是一种资源，信息的获取要付出一定的成本，因此，信息的使用者要考虑获取信息花费的成本是否合算。

(4)信息的时效性很强，过时的信息不但其价值减小甚至起到反作用。

二、管理信息

管理信息是指那些以文字、数据、图表、音像等形式描述的，能够反映组织各种业务活动在空间上的分布状况和时间上的变化程度，并对组织的管理决策和管理目标的实现有参考价值的数据、情报资料。管理信息都是专门为某种管理目的和管理活动服务的信息，主要分为以下两个方面的内容：

（1）为了达到管理目的和形成管理行为而获取的信息，反映的是与管理课题有关的内容信息。

（2）经过加工被管理者所采纳应用的信息，反映管理者的行为方式。

（一）管理信息的特征

管理信息都是专门为某种管理目的和管理活动服务的，因此具有以下特征：

1. 有效性

这是管理信息的首要特征，根据管理目的和管理活动的要求，管理信息必须有效，在时间上要及时，质量上有保证，内容上要适用。

2. 共享性

从管理信息角度来说，它的共享性主要表现在不同领域、不同层次、不同部门、不同单位往往都可共同使用某种信息资源。充分发挥其共享性能够避免在信息的收集、加工、传输、储存等方面的重复劳动。

3. 等级性

管理信息是分级的，同时处在不同级的管理者对同一事物所需要的信息不同，就是同一单位不同层次的管理者对信息的需要也明显有差异，从信息需要的重要性上可分为战略级、战术级和作业级。战略级主要指高层管理者需要的、关系到全局和长期利益的信息，如决定企业的新建、改建、扩建或停止等；战术级为部门负责人需要的、关系局部和中期利益的信息，如生产部门、销售部门对每月业务工作情况的计划和运行情况结果的比较分析、控制质量标准等；作业级是关系基层业务的信息，如每天的生产和统计数据、考勤等。

4. 不完全性

对于某种客观事实的真实情况往往是不可能完全得到的，数据的收集或信息的转换与主观思路关系甚大，所以，只有舍弃无用的和次要的信息才能正确地使用信息。

5. 经济性

信息的经济性就是信息同样存在着投入产出的问题，对于信息的投入是必要的，但也要重视费用效益的分析，要求花费成本尽可能少而获取的信息数量和价格量尽可能大。这就要求管理者既要重视对信息部门的经济投入，强调它们对于管理的重要性，健全信息管理组织和人员配备，又要注意信息的经济性和实用性。

6. 滞后性

信息是由数据转换而来的，因此它不可避免地落后于数据，而且信息的使用价值必须经过转换才能得到，这种转换也必须从数据到信息再到决策，最后取得效果。它们的时间关系如下：从前一个状态转换为后一个状态的时间间隔总不会是零，这就是信息的滞后性。同时，又由于信息是有寿命的，许多信息的寿命衰老很快，因此，要重视及时转换，否则信息难以转换，不转换就失去了信息的价值。

（二）管理信息的基本要求

1. 准确性

信息必须真实、客观地反映实际情况。虚假的信息往往对企业决策者产生误导，使其做出错误的判断和决策，从而给组织造成损害。

2. 及时性

信息具有时间价值，在管理活动中，信息的加工、检索和传递一定要快，只有这样，才能使管理者不失时机地对生产经营活动做出反应和决策。如果信息不能及时地提供给各级主管及相关人员，就会失去信息支持决策的作用，甚至有可能给企业带来巨大损失。

3. 可靠性

信息的可靠性除与信息的精确程度有关外，还与信息的完整性成正比关系。完整性是指管理信息的收集和加工不仅应全面、系统，而且应具有连续性。企业的生产经营活动是一个复杂的系统，而从外部影响企业经营的环境因素众多。因而，企业必须全面收集反映企业各方面的信息，才能保证统一地指挥、协调、控制企业内部的活动，才能使企业适应外部环境的要求。同时，客观世界是永恒变化的，其发出的信息也是连续不断变化的，因而，只有对这些不断变更的信息进行连续的收集和加工，才能正确地把握事情的本质，从而为主管人员的决策提供可靠的依据。

4. 适用性

管理控制工作需要的是适用的信息。由于不同的管理职能部门，其工作业务性质和范围不同，因而其对信息的种类、范围、内容等方面的要求是各不相同的。因此，信息的收集和加工处理应有一定的目的性和针对性，应当是有计划的收集和加工。

（三）管理信息的分类

按照不同的分类角度和信息的特性作用可以将管理信息分为不同的类型，如表 8-1 所示。

表 8-1　管理信息分类

分类角度	类别
信息来源	内部信息、外部信息
管理层次	计划信息、控制信息、作业信息
信息稳定性	常规信息（固定信息）、变动信息（流动信息）
信息期待性	预知信息、突发信息

（四）管理信息的作用

1. 心理作用

在管理实践中，管理信息能够发挥重大的心理作用。有经验的管理成功人士都知道，员工的士气能够产生巨大的力量，促使组织成员鼓足干劲、努力地工作以完成企业的目标或帮助组织走出困境。如何提高员工士气,方法有很多。其中之一就是恰当地向员工发布各类信息,搞好宣传工作,这就是管理信息的心理作用。比如,在管理实践中,有的企业定期将企业技术进步和销售额增长的指标向员工颁布,以鼓舞大家的工作热情;将员工在完成产量和成本指标方面的情况及奖惩结果定期公布,以落实责任制,激励先进者,鞭策后者;有时企业也把企业的经营困境状况告诉全体员工,以统一认识,增强员工的危机感,促使其将自己与企业的命运联系起来,主动地努力工作。

2. 进行预测的基础

预测是对未来环境进行估计,它是根据调查研究所获得的客观事物过去和现在的各种信息资料,运用科学的预测方法和预测模型,对事物未来一定时期内的发展方向所做出的判断和推测。可见,预测是以掌握信息为基础的,要做出科学的预测,除了要有科学的预测方法之外,充分拥有信息资料是基本的前提。管理信息的预测作用对于管理来说是相当重要的,没有预见就没有科学的管理,管理者必须充分发挥信息的预测作用。

3. 进行管理控制的基本手段

管理信息的流动是进行管理控制的基本手段,管理的本质在于处理信息,管理的艺术在于驾驭信息。在企业的生产经营活动中,总是贯穿着物流和信息流,信息流伴随着物流同时流动,并反作用于物流,控制着其流动过程。管理者正是通过驾驭信息流来控制物流,进而达到管理和控制生产经营活动过程的目的,以实现企业的目标。

第二节 企业信息化

一、企业信息化的含义

企业信息化实质上是将企业的生产过程、物料移动、事务处理、现金流动、客户交互等业务过程数字化,通过各种信息系统网络加工生成新的信息资源,提供给各层次的人们洞悉、观察各类动态业务中的一切信息,以做出有利于生产要素组合优化的决策,使企业资源合理配置,以使企业能适应瞬息万变的市场经济竞争环境,求得最大的经济效益。

企业信息化是指企业以业务流程的优化和重构为基础,在一定的深度和广度上利用计算机技术、网络技术和数据库技术,控制和集成化管理企业生产经营活动中的各种信息,实现企业内外部信息的共享和有效利用,以提高企业的经济效益和市场竞争力。这将涉及对企业管理理念的创新、管理流程的优化、管理团队的重组和管理手段的创新。

如果从动态的角度来看,企业信息化就是企业应用信息技术及产品的过程,或者更确切地说,企业信息化是信息技术由局部到全局、由战术层次到战略层次向企业全面渗透,运用于流程管理,支持企业经营管理的过程。这个过程表明,信息技术在企业的应用,在空间上是一个由无到有、由点到面的过程;在时间上具有阶段性和渐进性。信息化的核心和本质是企业运用信息技术,以进行隐含知识的挖掘和编码化,进行业务流程的管理。

二、企业信息化建设

(一)企业信息化建设含义和方向

企业信息化建设是指企业通过专设信息机构、信息主管,配备适应现代企业管理运营要求的自动化、智能化、高技术的硬件、软件、设备和设施,建立包括网络、数据库和各类信息管理系统在内的工作平台,提高企业经营管理效率的发展模式。

企业的信息化建设不外乎两个方向:第一是电子商务网站,是企业开向互联网的一扇窗户;第二就是管理信息系统,它是企业内部信息的组织管理者。电子商务的发展速度和规模是惊人的,各行各业的许多企业都在互联网上建立起自己的网站。这些网站有的以介绍产品为主,有的以提供技术支持为主,还有一些企业网站则开展电子商务,利用互联网组织企业的进货和销售。

(二)企业信息化建设的实施

1. 建设企业信息化内容

许多人认为"购买一些硬件设备,连上网,开发一个应用系统并给以一定的维护就是实现了企业信息化",这是对企业信息化内容片面的理解。企业信息化虽然是要应用现代信息技术并贯穿其始终,但信息化的目的是要使企业充分开发和有效利用信息资源,把握机会,做出正确决策,增进企业运行效率,最终提高企业的竞争力水平。企业信息化的目的决定了企业信息化是为管理服务的,所以,企业信息化绝不仅仅是一个技术问题,而是与企业的发展规划、业务流程、组织结构、管理制度等密不可分。

2. 开展企业信息化需注意的问题

(1)提高认识,增强紧迫感。事实上,在新的形式下,企业不开展信息化就没有出路。

(2)统筹规划,分步实施。企业信息化工作是一个复杂的系统工程,不可能一蹴而就,必须在总体规划下,本着急用先上的原则,分步实施。

(3)处理好引进、消化、吸收和创新的关系。引进先进技术产品是手段,消化、吸收是关键,自主创新才是目的。信息化建设本身就是创新的过程,在技术创新的同时,注重体制创新和管理创新。要注重实效,切勿为了信息化而信息化。

(4)制订企业信息化方案必须考虑以下原则:效益原则,包括社会效益、管理和经济效益;实用性和先进性原则;循序渐进持续发展的原则;开放性原则;弹性适应原则;安全可靠性原则。

(三)企业信息化的目的和范围

1. 企业信息化的目的

企业间的竞争应当包括产品竞争、价格竞争、品种竞争、服务竞争、市场竞争和信誉竞争等诸多方面。随着人们一边完成工业化进程,一边步入信息时代,这种种竞争的方面也都不可避免地被打上了信息化的烙印。企业要在日新月异的科技时代里求得生存和发展,就必须参与企业间的科技竞争,把生产和经营牢牢植根于科学技术的沃土之上,使企业在优胜劣汰的竞争中永远充满活力。一般来说,技术进步会从以下几个方面对企业产生直接的影响:

(1)技术的进步有助于产品和服务质量提高。

(2)技术的进步使产品的生命周期普遍缩短,由于更新换代的加快,企业也不得不重视产品的再开发。

(3)技术的进步可以改进生产工艺和生产流程,可以研制出更有效的生产工具应用于生产,从而可以大大提高生产效率。企业只有不断地进行技术开发、技术引进、技术改造,才能在市场竞争中保持强劲有力的态势,使企业永远立于不败之地。

(4)实现企业信息化全程管理,可以保障企业可持续健康发展。可同时针对企业涉及的个性化需求,以及行业化发展目标的特殊要求,全面支持企业在特殊业务环节上的深度应用,可扩展功能构建了企业信息化全程管理模型。

2. 企业信息化的范围

如何更好地促进当前的企业信息化建设,最首要的一点就是要搞清楚,该企业搞信息化的范围究竟是什么。企业信息化是一个很广泛的概念,总的来说,就是广泛利用信息技术,使企业在生产、管理等方面实现信息化。具体可以分为以下3个层次:

(1)企业在生产当中广泛运用电子信息技术,实现生产自动化。如生产设计自动化(CAD)、自动化控制、智能仪表、单板机的运用等,凡是用到电子信息技术的都是企业信息化的一部分。

(2)企业数据的自动化、信息化。用电子信息技术对生产、销售、财务等数据进行处理,这是最基础的、数据信息化过程。

(3)更高层次的辅助管理、辅助决策系统是更高层次的信息化。

案例　　　　　　　　　　**信息现代化成就企业**

来自美国的客商汤姆在上海的宾馆里不愿走出门外一步,他有点儿不太适应上海的湿热夏天,宁肯呆在空调房间里上网。由于丝棉纺织品及工艺品物美价廉,中国已经成为全世界的大市场,某天,他专程来中国采购地毯及室内装饰品。内蒙古一家品牌大厂已经和他取得联系,但百无聊赖之际,汤姆在网上搜索到黑龙江省蓝艺地毯集团有限公司(以下简称"蓝艺公司")的网站。

蓝艺公司的网站让他眼前一亮,汤姆没有想到,在偏僻的黑龙江一个小县城里,还出现了一个如此专业的电子商务网站。他立刻决定放弃内蒙古大厂的邀请,辗转来到蓝艺实地考察,以挑剔的眼光参观完这家坐落在美丽松花江畔的地毯厂后,汤姆随后与蓝艺公司总经理签订了百万元大单。促使他对蓝艺"情有独钟"的原因很简单，即蓝艺的网站做得太好了。

在蓝艺公司的网站上定制产品非常方便。客户在网站上选择了产品，记下产品类别、图案号，就可以通过两种方式购买。

一种是直接网上购买。客户在网站直接下订单，蓝艺的销售系统对订单进行整理确认，客户将订金打入蓝艺的账号；收到订金，销售公司审核确认后，订单自动传给产品开发及工艺定额管理系统进行图案设计、工艺制定，然后系统自动生成完整的订单传给生产部；生产部门在网上再次确认订单的信息是否完整后进行生产；加工完成后，销售公司确认了产品与合同，就交付运输公司发货；售后公司在这时与客户再次取得联系，保证产品安全抵达，并收集售后信息为客户提供售后服务。

另一种方式则照顾了一部分对网络操作不够熟练的客户。客户在网站的"联系栏"里留下联系信息，由蓝艺的销售公司主动与客户进行联络，通过电话、E-mail、传真等方式帮助客户选择产品，客户选择好产品类别后，便通过销售公司为他们下订单，后续工作便照样交给蓝艺来进行，直到客户收到满意的产品。

案例思考

1. 蓝艺公司做了哪些工作吸引了外商与其签订订单？
2. 小企业在企业信息化建设上可以有哪些自己的特色？

小知识　　　　　ERP 系 统

企业资源计划（Enterprise Resource Planning, ERP）又译企业资源规划，是一个由美国著名管理咨询公司 Gartner 于 1990 年提出的企业管理概念。企业资源计划最初被定义为应用软件，并迅速为全世界商业企业所接受；现在已经发展成为一个重要的现代企业管理理论，也是一个实施企业流程再造的重要工具。ERP 系统是建立在信息技术基础上，以系统化的管理思想，为企业决策层及员工提供决策运行手段的管理平台。它是从 MRP（物料需求计划）发展而来的新一代集成化管理信息系统，它扩展了 MRP 的功能，其核心思想是供应链管理。它跳出了传统企业边界，从供应链范围去优化企业的资源。ERP 系统集信息技术与先进管理思想于一身，成为现代企业的运行模式，反映信息时代对企业合理调配资源、最大化地创造社会财富的要求，成为企业在信息时代生存、发展的基石。它对于改善企业业务流程、提高企业核心竞争力具有显著作用。

其主要宗旨是对企业所拥有的人、财、物、信息、时间和空间等综合资源进行综合平衡和优化管理,协调企业各管理部门围绕市场导向开展业务活动,提高企业的核心竞争力,从而取得最好的经济效益。所以,ERP 首先是一个软件,同时是一个管理工具。它是 IT 技术与管理思想的融合体,也就是先进的管理思想借助计算机,来达成企业的管理目标。

第三节　企业信息技术

一、信息技术的概念

信息技术(Information Technology,IT)是指主要用于管理和处理信息所采用的各种技术的总称。它主要是应用计算机科学和通信技术来设计、开发、安装和实施信息系统及应用软件。

信息技术的应用包括计算机硬件和软件、网络和通信技术、应用软件开发工具等。计算机和互联网普及以来,人们日益普遍地使用计算机来生产、处理、交换和传播各种形式的信息。

在企业和其他组织中,信息技术体系结构是一个为达成战略目标而采用和发展信息技术的综合结构,它包括管理和技术的成分。其管理成分包括使命、职能与信息需求、系统配置和信息流程;技术成分包括用于实现管理体系结构的信息技术标准、规则等。由于计算机是信息管理的中心,计算机部门通常称为"信息技术部门"。有些公司称这个部门为"信息服务(IS)"或"管理信息服务(MIS)"。另一些企业选择外包信息技术部门,以获得更好的效益。

二、信息技术基础

(一)计算机系统

计算机作为人类进入工业时代以来最伟大的发明之一,已经走入了人们的日常生活中,影响了人们的生活习惯,改变了世界发展的传统方式。计算机的发展以 10 年 100 倍的容量增加,而价格以每 10 年不少于 10 倍的速度下降,这给其在企业信息管理中的应用带来了便利。目前,计算机技术与企业信息技术相关的发展趋势主要体现如下:多媒体技术正得到越来越广泛的应用,利用计算机技术来进行现实环境的模拟,以及信息系统终端向简单的网络计算机发展。

(1)多媒体。将两种或两种以上的媒体类型集成到基于计算机的应用中,使企业管理和生产人员可以从多种方式获取相关信息。

（2）虚拟现实。采用计算机技术生成一个逼真的视觉、听觉、触觉等感官世界，用户可以像现实生活中一样对这个生成的虚拟实体进行交互考察，例如，日本一家工厂用这种技术促销其生产的家具和设备，将客户的房间结构图输入计算机，形成计算机模拟的"真实"房间空间结构，客户可以在房间内四处走动，用直观的感受布置其室内摆设，从而形成采购订单和家具布置图。

（3）网络计算机。主要用来与网络和 Internet 连接，用户通过这种技术从中心计算机和组织内部网络中下载所需的软件和数据，并存储用户需要的独立信息。

（二）通信与计算机网络

计算机通信网络就是利用通信设备和线路将地理位置不同的、功能独立的多个计算机系统互相联系起来，以功能完善的网络软件实现网络中资源共享和信息传递的系统。

案例

Manitoba 是美国一个经营汽车保险的公司，该公司利用 PC 机和无线通信网络改进服务提高工作效率。该公司负责保险评估人员当场用电子笔输入车辆牌照号码，通过无线网络与索赔中心服务器相连，获取驾驶员和车辆有关信息，将汽车损坏情况输入计算机中，可立即获取零部件的价格和修理所需时间等有关信息，评估人员当场可完成评估工作，客户可直接进入修理和理赔阶段，减少了客户的等待时间，改进了客户服务。

（三）数据管理

在现今信息社会中，数据是一种资源，对数据资源也应和资金、劳动力、设备等其他资源一样进行管理。数据库技术可以解决传统文件管理环境中存在的很多问题。数据成为一个组织甚至组织之间的共享资源，由数据库管理系统进行统一管理，降低了数据冗余，提高了数据的一致性，为多个用户共享。

案例

美国 SAAB 公司要求其分销商保存所销售的每一辆汽车的所有信息，跟踪从汽车装配到报废整个生命周期。该公司通过数据集成，将原本保存在 3 个不同系统中的有关服务信息、拥有权信息、保险信息及零部件信息抽取出来，存储在一个统一的数据库中，分销商可通过 Web 浏览器访问中心数据库，这样用户的问题可得到快速回应，提高了分销商效率，降低了成本。

第四节　企业管理信息系统

一、管理信息系统的概念

管理信息系统（Management Information System，MIS）是一个以人为主导，利用计算机硬件、软件、网络通信设备以及其他办公设备，进行信息的收集、传输、加工、储存、更新和维护，以企业战略竞优、提高效益和效率为目的，支持企业的高层决策、中层控制、基层运作的集成化的人机系统。完整的 MIS 应包括：决策支持系统（DSS）、工业控制系统（CCS）、办公自动化系统（OA）以及数据库、模型库、方法库、知识库和与上级机关及外界交换信息的接口。办公自动化系统（OA）、与上级机关及外界交换信息等都离不开 Intranet（企业内部网）的应用。

二、管理信息系统的特性

完善的 MIS 具有以下 4 个标准：确定的信息需求，信息的可采集与可加工，可以通过程序为管理人员提供信息，可以对信息进行管理。

具有统一规划的数据库是 MIS 成熟的重要标志，它象征着 MIS 是软件工程的产物。通过 MIS 实现信息增值，用数学模型统计分析数据，实现辅助决策。MIS 是发展变化的，MIS 有生命周期。

MIS 的开发必须具有一定的科学管理工作基础。只有在合理的管理体制、完善的规章制度、稳定的生产秩序、科学的管理方法和准确的原始数据的基础上，才能进行 MIS 的开发。因此，为适应 MIS 的开发需求，企业管理工作必须逐步完善以下工作：管理工作的程序化，各部门都有相应的作业流程；管理业务的标准化，各部门都有相应的作业规范；报表文件的统一化,固定的内容、周期、格式;数据资料的完善化和代码化。

三、管理信息系统的开发

(一)系统规划

系统规划包括以下内容:

(1)项目立项、初步调查。要进行用户需求分析,调查企业的运行情况管理方法,了解企业现行的信息管理方式状态。

(2)总体方案设计。确定系统目标,划分子系统;进行结构设计和工程费用的预算;制订实施计划和总体实施方案。

(3)可行性研究。从经济、技术、操作、法律、管理等方面进行可行性研究,书写可行性分析报告。

(二)系统分析

对于企业进行详细的调查,进行组织机构与功能的分析、业务流程分析、数据分析。以此为基础针对整个系统的分析建立逻辑模型,并完成分析报告。

(三)系统设计

对于系统的物理配置方案、功能结构图、系统流程图、处理流程图等进行详细的设计规划。

(四)系统实施与系统测试

进行硬件设备的采购安装调试,编写相应程序并进行系统调控。调试完成后用新系统取代原有系统,试运行并进行验收。

(五)系统评价与系统维护

从功能、软硬件、应用效果、经济效益等方面对于系统进行定期考核与评价,并且对于系统进行日常维护、升级和运行监控记录。

小知识　　　　　**铁路运输管理信息系统**

铁路运输管理信息系统(TMIS)主要包括:确报、货票、运输计划、车辆、编组站、货运站、区段站、货车实时追踪、机车实时追踪、集装箱实时追踪、日常运输统计、现在车及车流推算、军交运输等子系统。

简单来说就是通过建立全路计算机网络,将全路部、局、主要站段的计算机设备联成一个整体,从而实现对全路近60万辆车辆、1万多台机车、2万多列列车、几十万个集装箱及所运货物实施追踪管理。计算机系统可以随时提供任何一辆货车、一台机车、一列列车、一个集装箱及所运货物的地点及设备的技术状态,并预见它们 3 天内的动态变化,随时提供车流的动态变化情况,特别是预见编组站、分界口、限制口的车流变化,从而为铁路系统运输指挥人员提供及时、准确、完整的动态信息和决策方案,同时也为货主服务。

TMIS 的总体结构由以下 4 部分组成:

(1)信息源部分。TMIS 采用集中建库与分布处理相结合的模式,完成中央数据库系统,站段系统,铁道部、铁路局应用系统,计算机通信网络系统的建设。

(2)中央处理部分。在铁道部建立中央处理系统,实时收集信息源点的信息并进行处理,建立实时信息库。

(3)应用系统部分。铁道部、铁路局及主要站段从中央处理系统获得有关信息并开发各自的应用程序,从而实现对车辆、列车、机车、集装箱及所运货物的实时追踪管理,实现货票信息、确报信息全路共享,实现现在车和车流推算信息自动化,有预见地组织车流以及实现日常运输统计自动化。

(4)网络部分。建立全路数据通信网,将上述 3 部分连成一个整体,实现信息的交换和共享。

案例　　　　　　　　　燕京啤酒的信息管理系统

北京燕京啤酒集团公司是 1993 年以原北京市燕京啤酒厂为核心发展组建的国家二级企业。2012 年,燕京啤酒集团发展成为拥有有形资产 187 亿元、员工 43 000 人,占地 389 万平方米、年产销能力超过 500 万吨,燕京啤酒集团已经成为中国啤酒行业吨位最大的"航空母舰"。

作为一个大规模的企业,企业管理水平的高低依赖于其信息化建设情况和信息管理水平,企业管理系统是企业管理思想的体现。

一、燕京啤酒管理系统解决方案

1. 硬件方案

由于燕京啤酒公司财务、销售、仓库等部门位于不同的办公楼,办公楼之间相距上千米,为了便于各部门实时传递信息,加强对各部门的管理和监控,需要在公司厂区内建立一个内部网络。

2. 软件应用方案

燕京啤酒管理系统主要由财务系统、销售管理系统、采购管理系统和存货管理系统等构成,目前采购管理系统为预留系统。销售管理系统包括销售开票、送货管理、运输费管理、结算管理、退货管理、退变质酒管理等模块;存货管理系统主要包括包装物周转管理、扎鲜啤酒桶周转管理和产成品库房管理等模块;财务系统主要包括总账、固定资产管理、工资管理、应收应付管理、UFO 报表、现金流量表、财务分析等子系统。

各模块之间实时传递信息,完全实现了销售、财务信息共享。

二、燕京啤酒企业管理系统应用效果评析

燕京啤酒企业管理系统在实现企业信息共享、加强业务控制和利用信息加强企业管理等方面取得了显著的成效。

(1)满足财务和业务协同,实现企业信息共享。

(2)降低原始数据错误率,减低企业经济损失,保证统计信息真实性。

(3)强化客户满意与忠诚度管理。

(4)加强产品管理,满足市场需求。

(5)业绩考核有据可依,部门、职员评价科学合理。

(6)加强应收账款管理,加速资金周转。

(7)及时、准确地对外提供报表,为利益相关者提供决策信息。

总而言之,燕京啤酒管理系统实现了财务业务一体化,对企业的业务进行了有效的控制,为企业管理提供了丰富的工具和手段,准确、及时地为企业提供各种对内管理报表和对外财务报表,在企业管理升级中起到了非常重要的作用。

案例思考

1. 燕京啤酒的管理信息系统主要是从哪些方面进行建设的?

2. 结合案例谈谈管理信息系统能够给企业和客户提供哪些必要的服务。

小　　结

本章着重介绍了在信息技术条件下企业管理所进行的一些调整,通过这些整合,利用信息技术的优势企业可以在激烈的竞争中保持自己的领先地位,对于这种先进生产力的掌握成为企业在瞬息万变的市场生存的首要条件。当然信息是一把双刃剑,运用得不好甚至会给企业带来灭顶之灾。因此,我们应当善于收集利用那些对企业有用的信息,真正为企业的现代化管理进程加速。

思考与练习

1. 结合实际谈谈你身边的信息是如何被利用的。

2. 管理信息技术的特征有哪些? 并结合实际说明这些特征体现在企业日常生产的哪些方面。

3. 通过收集资料,了解一些知名企业是如何建设自己的信息系统的。

第九章 **企业质量管理**

知识目标

1. 掌握质量、质量管理、全面质量管理的含义、特点、意义等。
2. 了解质量管理中和 QC 小组工作中常用的质量管理工具及数据分析方法。
3. 掌握质量认证、产品质量认证的含义、种类;了解产品质量认证对企业的意义。
4. 了解质量保证体系的含义及其主要构成;了解质量体系认证的含义、认证标准。

能力目标

1. 能够描述全面质量管理的基本工作程序。
2. 能够描述组建 QC 小组方法和 QC 小组工作基本步骤。
3. 能够辨识常见的产品质量认证标志。
4. 能够阐述 ISO 9000 质量体系认证对企业质量管理工作的影响。

第一节 企业质量管理概述

一、产品质量与质量管理

质量是企业生存和发展的第一要素,质量水平的高低反映了一个企业的综合实力,质量问题是影响企业发展的重要因素,在激烈的市场竞争中,产品质量和质量管理对企业发展有重要的作用和影响。

(一)产品质量

国家标准对质量的定义如下:质量是产品或服务满足明确或隐含需要能力的特征和特性的总和。产品质量也可将符合现行标准的程度作为衡量依据,指产品或服务符合国家的有关法规、质量标准及合同规定的对产品或服务的适用性、安全性和其他特性的要求。目前更流行、更通俗的定义是从用户的角度去定义:产品质量是用户对一个产品(包括相关的服务)满足程度的度量。

产品是指能够提供给市场,被人们使用和消费,并能满足人们某种需求的任何东西。除了实物产品外,还有无形产品,如软件产品(电子游戏软件、电子出版物等)、服务产品(如物流快递服务、导游服务等),它们均有各自的产品质量要求。实物产品,其概念不仅仅是我们看到的实体。产品概念包含 3 个层次:核心产品、有形产品(又称形式产品)、附加产品(又称延伸产品)。核心产品是指整体产品提供给购买者的直接利益和效用,是顾客真正要买的东西,如购买水杯是为了能喝水;有形产品是指产品的物质实体外形,包括产品品质特点、外观特色、式样、商标和包装等,如水杯的材质、款式、品牌、包装等;附加产品是指整体产品提供给顾客的一系列附加利益,如质量保证、免费送货、安装、维修、退换货等售后服务。所以对产品质量,要建立"大质量"的思想,即产品质量的主体,主要包括如下内容:

(1)产品或服务的质量。

(2)工作的质量。

(3)设计质量和制造质量。

产品质量不仅包括产品本身的质量、产品服务质量;也包括工作质量,即用工作质量来保证产品或服务质量;还包括设计质量和制造质量,好的质量是设计、制造出来的,而不是检验出来的。产品质量主体中的后两者往往容易被人们所遗忘,但这是"大质量"管理思想和管理方法所必不可少的。

（二）质量管理

质量管理是指在质量方面的计划、组织、指挥、协调、控制等活动,也即确定质量方针、目标和职责,并通过质量体系中的质量策划、质量控制、质量保证和质量改进来使其实现的所有管理职能的全部活动。

对产品质量的管理,贯穿在企业对产品进行规划、设计、原材料等采购、制造、检测、计量、包装、运输、储存、销售、售后服务、生态回收等全过程中。

二、全面质量管理（TQM）

（一）全面质量管理的含义

全面质量管理(Total Quality Management,TQM)是指在全面社会的推动下,企业中所有部门、所有组织、所有人员都以产品质量为核心,把专业技术、管理技术、数理统计技术集合在一起,建立起一套科学、严密、高效的质量保证体系,控制生产过程中影响质量的因素,以优质的工作、最经济的办法提供满足用户需要的产品的全部活动。

全面质量管理这个名称,最先是 20 世纪 60 年代初由美国的菲根堡姆提出,后来在西欧与日本逐渐得到推广与发展,并在世界范围得到普遍应用。全面质量管理是以质量管理为中心,以全员参与为基础,目的在于通过让顾客满意和本组织所有者、员工、供方、合作伙伴或社会等相关方收益,而使组织达到长期成功的一种管理途径。

（二）全面质量管理的特点

全面质量管理具有如下特点:

(1)全面质量管理具有全面性,控制产品质量的各个环节,各个阶段。不仅要着眼于产品的质量,而且要注重形成产品的工作质量。注重采用多种方法和技术,包括科学的组织管理工作、各种专业技术、数理统计方法、成本分析、售后服务等。

(2)全面质量管理是全过程的质量管理,应当包括设计过程、制造过程、辅助过程、使用过程等的质量管理,即对市场调查、研究开发、设计、生产准备、采购、生产制造、包装、检验、贮存、运输、销售、为用户服务等全过程都进行质量管理。

(3)全面质量管理是全员参与的质量管理,即企业全体人员包括领导人员、工程技术人员、管理人员和工人等都参加质量管理,并对产品质量各负其责。

(4)全面质量管理是全社会参与的质量管理。企业的供应商对产品原材料等的供应质量,分销商对产品的销售与服务质量,物流企业对产品的运输、储存、装卸搬运、配送等质量各负其责;顾客和国家有关部门如质检部门等负责对产品或服务质量监督。

(三)全面质量管理的意义

全面质量管理的意义如下:

(1)提高产品质量。

(2)改善产品设计。

(3)加速生产流程。

(4)鼓舞员工的士气和增强质量意识。

(5)改进产品售后服务。

(6)提高市场的接受程度。

(7)降低经营质量成本。

(8)减少经营亏损。

(9)降低现场维修成本。

(10)减少责任事故。

以海尔集团为例,其全面质量管理的意义如图 9-1 所示。

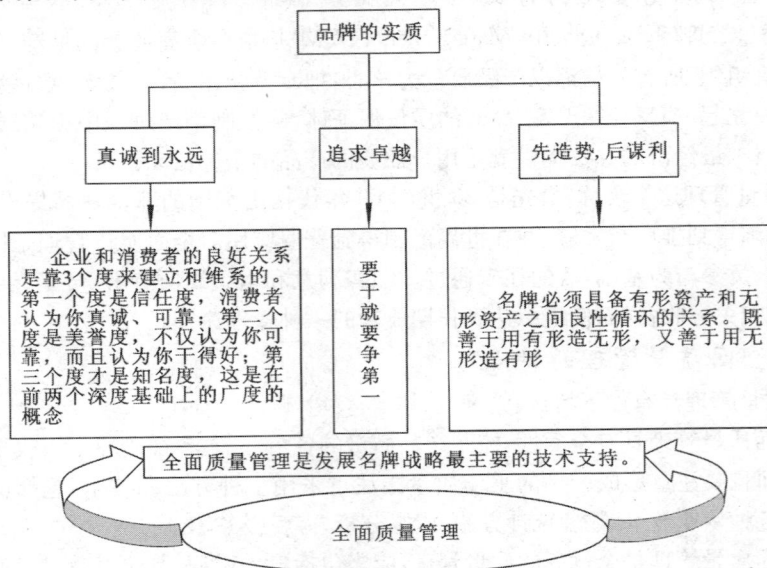

图 9-1 海尔集团全面质量管理的意义

(四)全面质量管理的基本工作程序

PDCA 管理循环是全面质量管理最基本的工作程序。PDCA 循环亦称戴明循环(美国统计学家威廉·爱德华兹·戴明(W. E. Deming)发明的),是一种科学的工作程序。通过 PDCA 循环提高产品、服务或工作质量。每个循环包括 4 个阶段:P(Plan,计划)→D(Do,实施)→C(Check,检查)→A(Action,处理)。这 4 个阶段大体又可以分为 8 个步骤(见图 9-2(a))。

PDCA 循环管理的特点如下:

(1)PDCA 循环工作程序的 4 个阶段顺序进行,组成一个大圈。

(2)每个部门、小组都有自己的 PDCA 循环,并都成为企业大循环中的小循环,大环套小环,相互衔接、相互促进。

(3)阶梯式上升,螺旋式上升,循环前进(见图 9-2(b))。

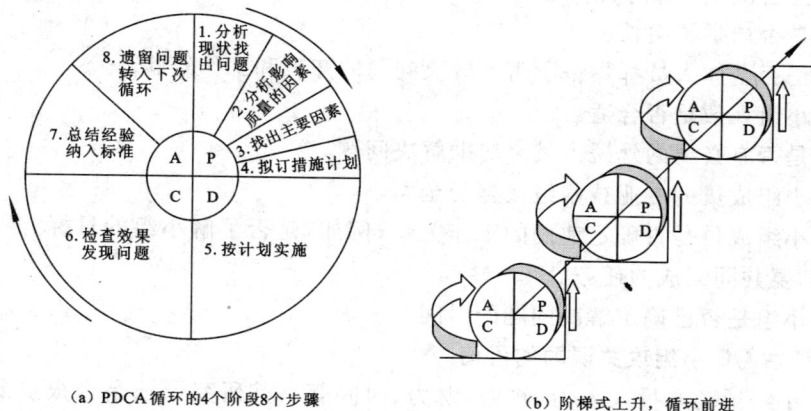

(a) PDCA 循环的4个阶段8个步骤   (b) 阶梯式上升,循环前进

图 9-2 PDCA 循环

(五)开展全面质量管理的有效组织形式——组建 QC 小组

QC(Quality Control)小组就是质量控制小组,或称质量管理小组,是企业中群众性质量管理活动的一种的有效组织形式,是由企业质量管理部门策划、审核、管理、推进,以职工自愿参加为基础,以改进质量、降低消耗、提高人的素质和经济效益为目的而组织起来,运用质量管理的理论和方法开展活动的小组。组建 QC 小组体现了全面质量管理的全员参与性。

1. QC 小组特征

QC 小组成员自愿参加,体现自主性、群众性;各抒己见、集思广益,体现民主性;遵循 PDCA 循环等科学的工作程序分析解决各种质量管理问题,体现严密的科学性。

2. QC 小组成员

QC 小组是吸引企业广大职工群众积极参与质量管理的有效形式,一般由 4~10

个跨部门的小组成员组成。成员不但包括领导人员、技术人员、管理人员,而且更注重吸引在生产、服务工作第一线的操作人员参加。职工群众在 QC 小组活动中学技术、管理,不断地互相鼓励和促进,群策群力分析问题,解决问题。

小组成员一般包括组长、核心组员、小组记录员、后备组员、指导者等。小组成员具有下列素质:有专攻主题方面的专长,具有解决本组攻关问题的能力;被分配给时间和一定权力,并愿意为完成小组的目标付出必要的时间;对本课题专心致志并渴望将工作进行到底;具有实施解决问题行动方案的能力;谦虚、平等待人、乐于接受意见的能力。

3. 组建 QC 小组检查表

组建 QC 小组检查表包括如下内容:

(1)是否确定了本小组人员。

(2)是否选举了组长。

(3)是否全体人员都具备所需的解决问题的知识和工作经验。

(4)小组人数是否合适。

(5)是否有必要的外援人员来协助解决问题。

(6)小组成员的专业技术组成是否全面。

(7)小组成员是否确定他们的工作关系,例如,是否了解小组的目标、各成员的角色和他们要共同完成的任务。

(8)小组是否已确定解决问题的时间。

4. 评估 QC 小组攻关课题的价值

QC 小组活动要投入人力、物力、财力、时间等。其研究课题是否很重要,是否值得投入这一切,能否取得预期效果等,要进行评估。评估 QC 小组攻关课题的价值,一般从多方面评分,综合考虑,如表 9-1 所示。

表 9-1　评估 QC 小组课题价值

	1	2	3	4	5
1. 该课题是否很耗资	成本高	2	3	4	成本低
2. 该课题对管理是否重要	不很重要	2	3	4	很重要
3. 该课题是否容易完成	非常困难	2	3	4	容易
4. 完成该课题需根多少时间	很长时间	2	3	4	较短时间
5. 小组对课题的完成是否有足够的控制	不可控制	2	3	4	可控性大

6. 该课题需要多少资源	1 太多资源不可控制	2	3	4	5 较少资源可控制
7. 该课题对于顾客来说重要程度如何	1 不重要	2	3	4	5 非常重要
8. 是否有机会进行全过程质量或服务改进	1 有限的机会	2	3	4	5 大量的机会
9. 是否已有可行的现存的解决办法	1 没有	2	3	4	5 有

5. QC 小组工作基本步骤

QC 小组工作流程遵循 PDCA 循环。QC 小组工作基本步骤一般如下：确定存在的问题→组建小组→选择攻关课题→调查现状、收集数据→分析数据、找出影响质量的各种因素→找出主要原因→确定对策拟订措施计划→实施计划对策→评估成果并制度化→分析遗留和需改进的问题转入下次 PDCA 循环。这是一个不断循环改进的过程。

（六）常用的质量管理工具及数据分析方法

企业在质量管理过程中，QC 小组在解决质量管理等问题时，基于数据的实证式问题解决方法是十分有效的，主要使用以下基本数理统计方法和工具：

1. 调查表

对问题的现状进行抽样调查，不放过任何一个细节问题。下面以缺陷位置调查表（见表 9-2）、产品缺陷项目频数调查表（见表 9-3）、不合格品统计调查表（见表 9-4）为例。

表 9-2 缺陷位置调查表

名　称		调查项目	尘　粒	日　期	
代　号			流漆	检查者	
工序名称			色斑	制表者	

（简图位置）

△尘粒
×流漆
•色斑

表 9-3　产品缺陷项目频数调查表

检验项目＼产品	产品 A	产品 B	产品 C	产品 D	产品 E	产品 F	产品 G	产品 H
尺寸不良								
表面斑点								
装配不良								
电镀不良								
其　他								

表 9-4　不合格品统计调查表

名　　称	柴油机	项 目 数	7	日　期	××××年 1~12 月
代　　号		不良件数	208 台	检查人	
工段名称	总装工段	检 查 数	310 台	制表人	

返修项目名称	频　　数	小　　计	占返修活比率％
汽缸内径椭圆度超差		72	34.6
进水管漏水		46	22.1
凸轮轴超差		30	14.5
检爆阀座漏水		24	11.5
出水管漏水		12	5.8
裁丝漏水		10	3.8
其　　他		14	7.7
总　　计		208	100

2. 排列图

排列图又称主次因素排列图、主次图、帕累托图，是按照发生频率大小顺序绘制的直方图。在分析质量原因时用。其作用是从众多的问题当中找出主要质量问题或影响质量的主要原因。图 9-3 所示为焊缝缺陷的排列图。

3. 因果分析图

因果分析图又称因果关系图、因果图、特性要因图、鱼刺图、鱼骨图、树枝图。可以供人们集体地、一步一步地、像顺藤摸瓜一样地对所有可能引起某一具体问题的原因进行分析鉴别，

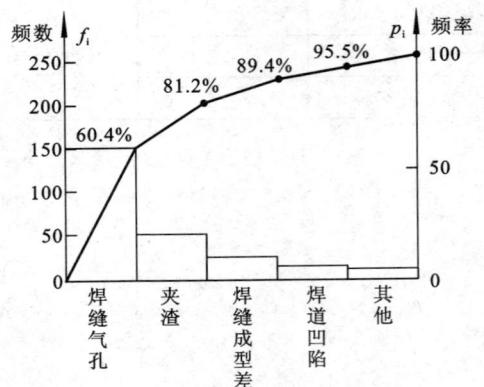

图 9-3　焊缝缺陷的排列图

去寻找影响质量特性的大原因、中原因和小原因,如图 9-4(a)所示。找出原因后,便可以有针对性地制定相应的对策加以改进。下面以工具品质因果分析为例,如图 9-4(b)所示。

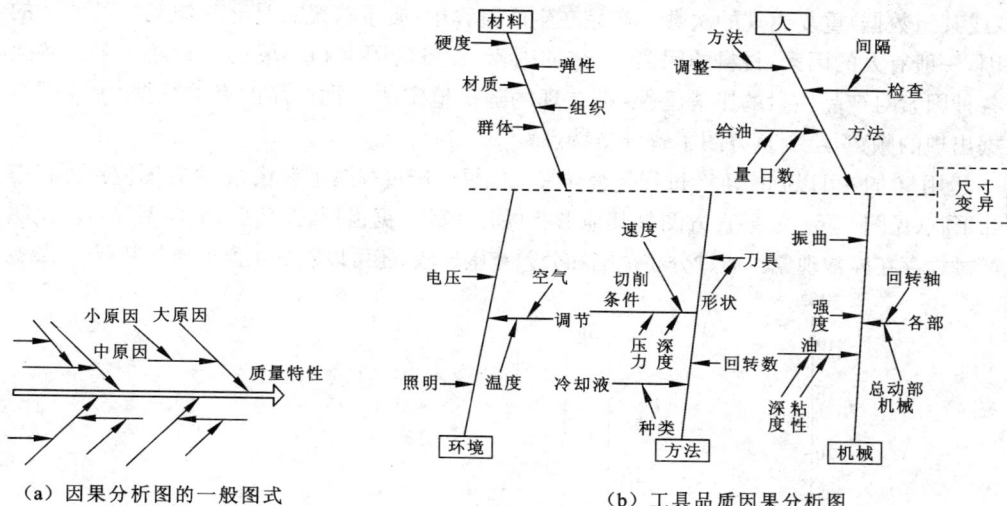

(a) 因果分析图的一般图式　　　　　　(b) 工具品质因果分析图

图 9-4　因果分析图

4. 图表

图表可直观展示统计信息属性(时间性、数量性等)的图形结构,使与产品质量等有关的数据做到一目了然。条形图、柱状图(见图 9-5(a))、折线图和饼图(见图 9-5(b))是图表中最常用的 4 种基本类型。图表类型还包括散点图、面积图、圆环图、雷达图等。

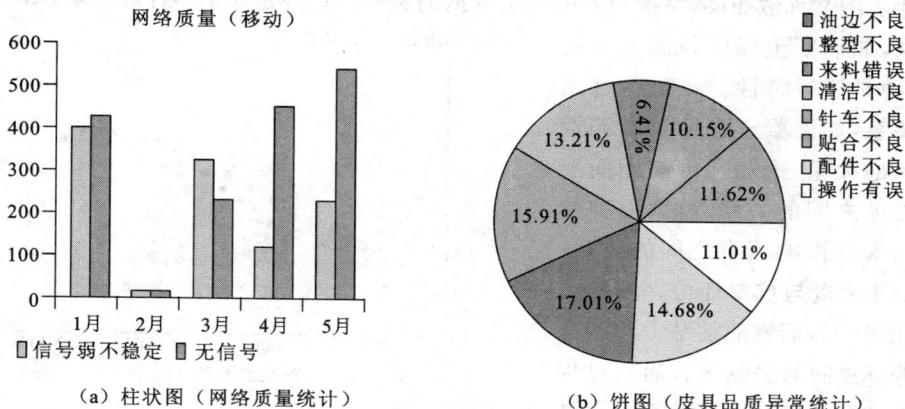

(a) 柱状图(网络质量统计)　　　　　(b) 饼图(皮具品质异常统计)

图 9-5　因果分析图

5. 频数分布直方图

频数分布直方图又称直方图、矩形图、质量分布图。它是通过整理抽查的质量数据,将产品质量频率分布状态用直方条表示的图表。它是判断工序产品质量变化状态的一种常用统计工具。所谓频数,是在重复试验中,随机事件重复出现的次数,或一批数据中某个数据(或某组数据)重复出现的次数。产品在生产过程中,质量状况总是会有波动。其波动的原因,一般有人的因素、材料的因素、工艺的因素、设备的因素和环境的因素。为了了解上述各种因素对产品质量的影响情况,则在现场随机地实测一批产品的有关数据,统计每组数据出现的频数,绘制直方图了解分布特点。

运用直方图可以判断生产过程是否异常。如果生产过程属正常状态,直方图应接近正态分布形状(见图 9-6),如果直方图是其他形状(如双峰型、锯齿形、孤岛型、平峰型等),就说明生产过程存在异常现象。通过分布范围和公差范围比较,还可以衡量生产的质量状况。

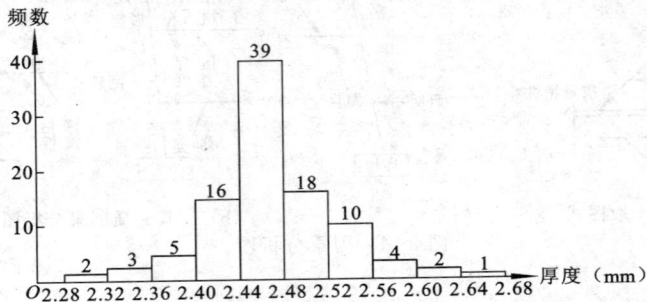

图 9-6　频数分布直方图

6. 相关图

相关图又称散布图,掌握成对的两组数据的关系。一种是质量特性和影响因素之间的关系,如混凝土强度与温度的关系;一种是质量特性与质量特性之间的关系,如混凝土强度与水泥标号之间的关系、钢筋强度与钢筋混凝土强度之间的关系等;第三种是影响因素与影响因素之间的关系,如混凝土密度与抗渗能力之间的关系(见图9-7),沥青的粘结力与沥青的延伸率之间的关系等。通过对相关关系的分析、判断,可以给人们提供对质量目标进行控制的信息。

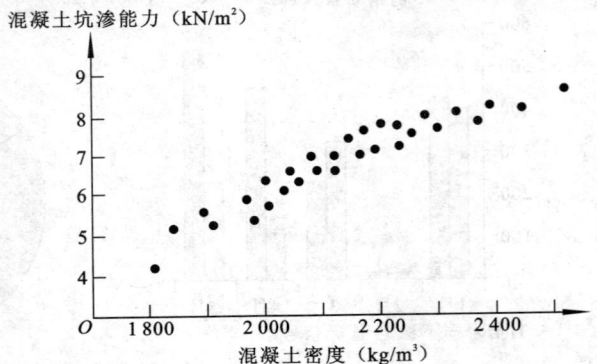

图 9-7　相关图(混凝土密度与抗渗能力相关图)

7. 控制图

控制图又称管理图,调查工序或工程内是否处在安定状态。实行工序质量控制,是生产过程中质量管理的重要任务之一,工序控制可以确保生产过程处于和稳定状态,预防次品的发生。工序质量控制的统计方法主要有直方图法和控制图法。控制图能反映出质量波动状态,如图 9-8 所示。使用控制图,能够及时地提供工序控制中质量状态偏离控制目标的信息,提醒人们不失时机地采取措施,使质量始终处于控制状态;使用控制图,使工序质量的控制由事后检查转变为以预防为主。

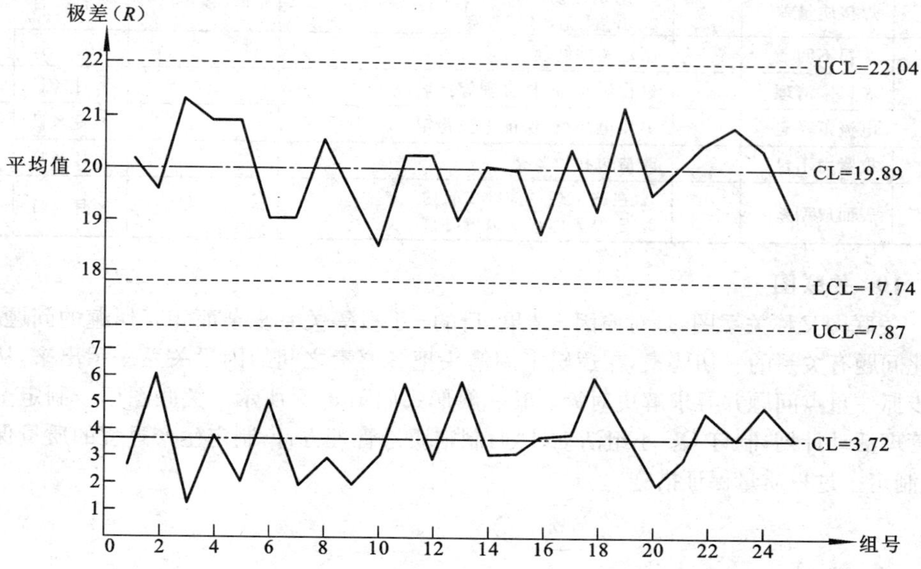

图 9-8　控制图

8. 分层法

分层法又称分类法,是将调查收集的原始数据,根据不同的目的和要求,按某一性质进行分组、整理的分析方法。

9. 对策表

对策表又称措施计划表。根据排列图、因果分析图等找出影响质量的主要原因后,再寻找出解决问题的主要对策,以对策表的形式促进改进措施计划落实。下面 QC 小组对策表(见表 9-5)、焊缝问题对策表(见表 9-6)。

表 9-5　QC 小组对策表

序号	项目	现状	目标	措施	地点	负责人	完成期	备注

表 9-6 焊缝问题对策表

零件名称		工序名称		对策表	质量问题		焊缝气孔	
质量要求		使用设备			登记日期		完成日期	
序号	影响因素	改进目标	措施		负责人	进度	效果	
1	焊接质量差		1. 组织定期培训 2. 开展"无差错"竞赛			×月×日		
2	奖罚不明		制定奖惩制度			×月×日		
3	坡口未清理		进行试验,选择合理焊接坡口			×月×日		
4	电流不稳定		更换电焊机、保证电流稳定			×月×日		
5	拉紧力不足		改造包扎拉紧架			×月×日		
6	表面成型差		1. 在施工现场铺橡皮软垫 2. 定专人施焊每道缝外层			×月×日		

10. 关联图

关联图又称关系图,是对原因-结果、目的-手段等关系复杂而相互纠缠的问题,找出与此问题有关系的一切要素,在逻辑上用箭头把各要素之间的因果关系表示出来,从而进一步抓住重点问题并寻求解决对策。其一般形式如图 9-9 所示。关联图用于制定全面质量管理活动计划;制订 QC 小组活动计划;制定质量管理方针;制定生产过程的质量保证措施;制定全过程质量保证措施。

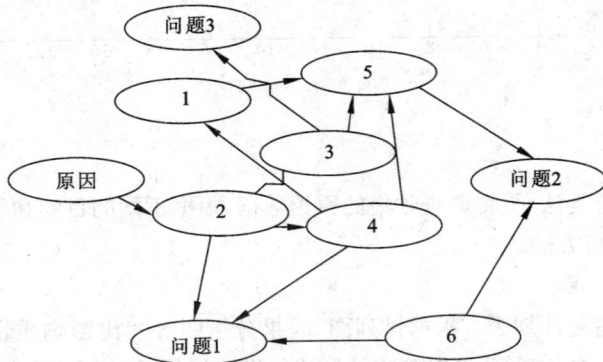

图 9-9 关联图的一般形式

11. 亲和图

亲和图又称 KJ 法,是把收集的大量事实、意见或构思等语言资料,按其相互亲和性(相近性)归纳整理,使问题明确起来,求得统一认识和协调工作,以利于问题解决的一种方法。其一般形式如图 9-10 所示。亲和图法实际上基于头脑风暴法,例如,软件开发前期寻找风险,发现现阶段的问题,对于未知问题发挥团队能力寻找解决方案,开发结束后的总结回顾都是需要组员共同参与、群策群力、互相激荡来完成的。

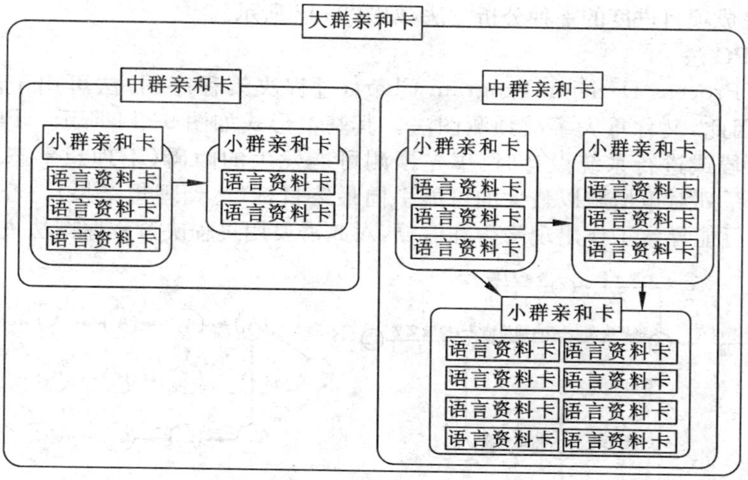

图 9-10　亲和图一般形式

12. 矩阵图

矩阵图就是从多因素问题的事件中，找出成对的因素，分别排列成行和列，找出其间行与列的相关性或相关程度的大小的一种方法。在目的或结果都有两个以上，而要找出原因或对策时，用矩阵图分析问题，比其他图方便。

13. 系统图

系统图分为两种，一种是对策型系统图（见图 9-11），另一种是原因型系统图（见图 9-12）。系统图简单、直观，可以形象地将繁杂流程一目了然地展现出来。系统图就是为了达成目标或解决问题，以目的-方法或结果-原因层层展开分析，以寻找最恰当的方法和最根本的原因。当某一目的较难达成，一时又想不出较好的方法，或当某一结果令人失望，却又找不到根本原因，在这种情况下，系统图会让人豁然开朗。

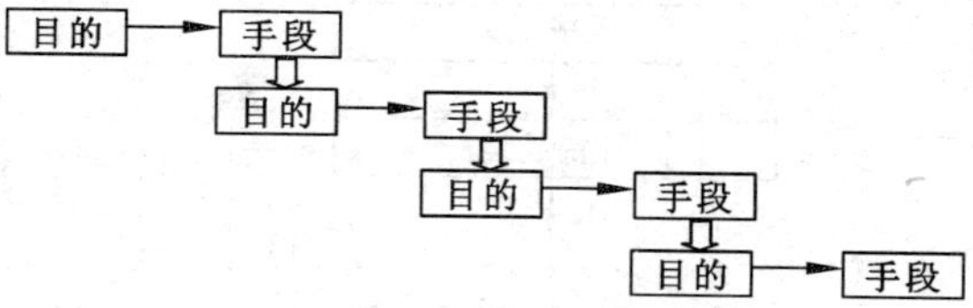

图 9-11　对策型系统图

○表示有影响	制程因素				不良项目	抱怨项目			
	喷嘴	油剂	温度	牵伸比		染色	起毛	斑点	粗纱
			○	○	结晶度不均	○			
	○			○	断丝		○		
		○		○	飞纱		○	○	
				○	并丝				○

图 9-12　某纺布厂"制程因素-项目-
抱怨现象"矩阵图比较

14. 箭条图（PERT 法）

箭条图又称箭形图、网络图、网络技术法、计划评核法（PERT）、关键路线法（CPM）。它是通过小组讨论，对某事项或工程的实施进行，建立最佳的日程计划，找出最佳线路并管理,高效率完成项目进度的一种分析方法,如图 9-13 所示。

15. PDPC 法

PDPC(Process Decision Program Chart,过程决策程序图)法可用于防止重大事故的发生,因此,又称重大事故预测图法。其基本形式如图 9-14 所示。PDPC 法是在制订计划阶段或进行系统设计时,事先预测可能发生的障碍(不理想事态或结果),从而设计出一系列对策措施以最大的可能引向最终目标(达到理想结果)。若由于一些突发性的原因可能导致工作出现障碍和停顿,对此需要用过程决策程序图法进行解决。

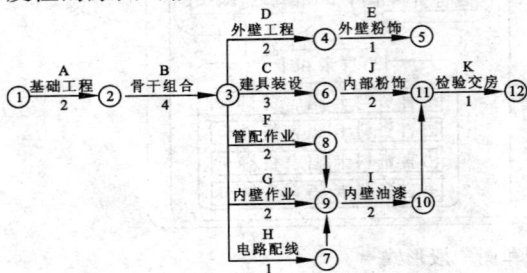

图 9-13　箭条图

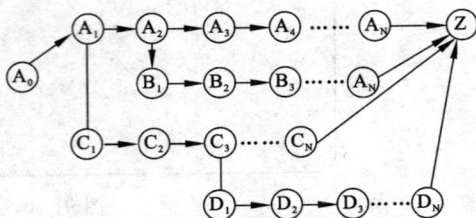

图 9-14　PDPC 基本形式

16. 流程图法

流程图法是指将某一项业务处理程序或生产线上的工艺流程或完成一项任务必需的管理过程用图来表示。流程图是揭示和掌握封闭系统运动状况的有效方式。作为诊断工具,它能够辅助决策制定,让管理者清楚地知道问题可能出在什么地方,从而确定出可供选择的行动方案。图 9-15 所示为某企业产品出厂质量控制流程图。

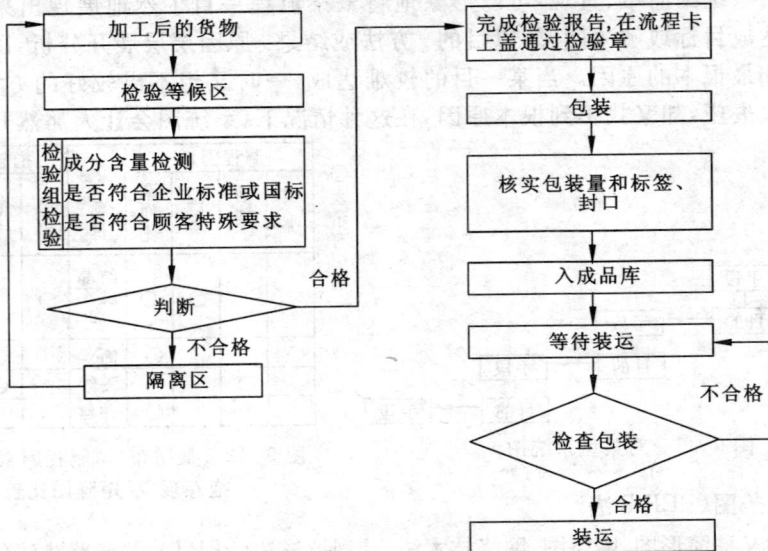

图 9-15　流程图(某企业产品出厂质量控制流程图)

案例　　　　　　　　锦湖轮胎"掺假门"事件

　　2011 年中央电视台"3.15"晚会上,汽车轮胎供应商锦湖轮胎遭到曝光。经过央视记者 3 次明察暗访,确认锦湖轮胎不按照公司的制造标准生产,大比例甚至全部采用返炼胶,以减低成本。随后,国家质检总局吊销了锦湖轮胎的 3C 认证标准。2011年 3 月 21 日,锦湖轮胎全球总裁金宗镐正式道歉,并宣布召回违规产品。2011 年 9月 26 日,国家质检总局通报打假"双打"情况时指出:"对于今年 3 月曝光的锦湖轮胎事件,目前已督促召回锦湖轮胎 302 673 条。"

　　锦湖轮胎隶属于韩国锦湖韩亚集团,为包括同为韩系合资品牌的北京现代、东风悦达起亚以及上海通用等众多汽车厂家提供配套轮胎,是国内配套市场占有率第一的轮胎品牌。

　　北京橡胶工业研究设计院轮胎事业部主任李大为说,轮胎生产线返炼胶的使用比例一般不应超过 20%。大量使用返炼胶,会造成比较大的质量隐患。气密层是轮胎的核心部分,如果返炼胶掺入过多,会产生一系列安全隐患:容易造成轮胎鼓包;会导致轮胎气密性降低,使用过程中气压下降,轮胎自然泄气,俗称慢撒气;车辆在行驶中易发生爆胎现象;轮胎抓地力、制动能力等性能严重降低,影响驾驶安全。所以,作业标准规定得更加严格。

　　为了保证轮胎品质,锦湖轮胎曾制定了严格的作业标准,规定在市场上零售的胶品只允许采用少量返炼胶。规定的安全标准如下:返炼胶与原片胶的掺用比例,胎面与胎侧比例是 1:3,气密层则是 1:6。然而,央视记者曾 3 次来到锦湖轮胎天津有限公司车间暗访,发现为了降低成本,生产线经常不按照比例掺返炼胶。甚至在轮胎气密层加工车间,记者暗访时发现,竟然使用的全都是返炼胶,远远达不到安全标准。规定的是一套标准,背后做的是另外一套标准,锦湖轮胎一夜之间陷入"掺假门"。锦湖制定了严格的作业标准,为什么实际生产中不执行?内部人士称"不用的话只能以废品的价格被卖掉,成本就会上来……",材质掺假能够大大节省成本。

　　锦湖轮胎的质量问题时有发生。2006 年 7 月,美国国家公路交通安全管理局曾对锦湖轮胎发出过质量警示,称轮胎侧壁存在质量安全隐患。

　　在国内,从 2007 年开始,锦湖轮胎"鼓包事件"不断发生,很多车主都指出锦湖轮胎 4606 批次存在着严重质量问题。2009 年 5 月,国家质检总局发布消息称:中消协2008 年接到 495 例针对轮胎的投诉,较为严重的是锦湖轮胎的鼓包和侧面裂纹问题。

　　轮胎鼓包如果不及时发现,就有发生爆胎的可能。而对于在高速路上行驶的汽车来说,爆胎会大大增加车翻人亡的风险。2009 年 6 月 22 日,湖南耒阳市的周智根开着刚买了 6 天的北京现代悦动车在高速路上行驶时,左后轮突然爆胎,造成一死两伤的惨重事故,这辆车配置的正是锦湖轮胎。

案例思考

1. 锦湖轮胎制定了严格的作业标准,为何还会质量问题时有发生,并被曝光? 你觉得该事件对该企业将产生哪些影响?

2. 你觉得该企业今后应如何加强质量管理? 谈谈此案例给你的启发。

第二节 产品质量认证

一、产品质量认证概述

质量认证又称合格评定,是国际上通行的管理产品质量的有效方法。

质量认证按认证的对象分为产品质量认证和质量体系认证两类;按认证的作用可分为安全认证和合格认证。

不论是产品质量认证,还是质量体系认证,都是企业向权威第三方机构申请,确保认证的公正性。

(一)产品质量认证的含义

产品质量认证是指依据产品标准和相应技术要求,经认证机构确认并通过颁发认证证书和认证标志来证明某一产品符合相应标准和相应技术要求的活动。其认证标志可用于获准认证的产品上。

(二)产品质量认证的分类

产品质量认证又有两种:一种是安全性产品认证,它通过法律、行政法规或规章规定强制执行认证,如国内的 CCC 认证、QS 食品质量安全认证,国际的 SG 安全认证等;另一种是合格认证,属自愿性认证,是否申请认证,由企业自行决定,如我国的 CQC(中国质量认证中心)认证、绿色食品认证等。

(三)产品质量认证的程序

产品质量认证的程序如下:

(1)企业向产品质量认证机构申请认证。

(2)产品质量认证机构根据认证标准检查评价企业质量体系。

(3)产品测试。

(4)产品质量认证机构审查评议。

(5)企业取得认证后产品质量认证机构按规定监督检查、监督检验、监督处理。

二、产品质量认证的意义

产品质量的高低是企业有没有核心竞争力的体现之一。提高产品质量是保证企业占有市场,从而能够持续经营的重要手段。一个企业想做大做强,在增强创新能力的基础上,努力提高产品和服务的质量水平是重要的辅助手段。企业进行产品质量认证就是提高和保证商品质量的重要手段。其意义具体表现在以下几方面:

（一）促进全面质量管理,保证和提高产品质量

企业实施产品质量认证,在申请过程中要接受认证机构的审查并及时解决在认证检查中发现的质量问题。取得产品质量认证后,也要接受国家和权威认证机构的监督和管理。这可督促企业不断加强全面质量管理,以保证产品质量。

（二）提高产品信誉,保护用户和消费者利益,提高经济效益和社会效益

企业在商品及其包装上使用认证标志,可帮助用户或消费者在购买商品时,获得可靠的质量信息,增强对商品质量的信赖,促进销售,提高经济效益。

安全性产品认证是国家法律要求强制执行的,保证产品对用户的安全需要,合格认证属企业自愿性认证,表明企业的产品质量符合有关规定标准的要求。无论哪一种认证都在向用户或消费者提供可靠的质量信息。企业获得认证有利于保护用户和消费者利益,提高社会效益。

（三）增强企业信誉,促进和其他企业的贸易合作,提高市场竞争力

企业产品在获得产品质量认证证书和认证标志并通过注册加以公布后,就可以在激烈的国内国际市场竞争中提高自己产品质量的可信度,赢得用户和合作伙伴的信赖,有利于提高企业市场竞争力,提高企业经济效益,促进企业发展。

三、产品质量认证标志

（一）产品质量认证标志的含义

产品质量认证标志是认证机构为证明产品符合认证标准和技术要求而设计、发布的一种专用质量标志。产品质量认证的依据是《中华人民共和国产品质量法》、《中华人民共和国标准化法》和《中华人民共和国产品质量认证管理条例》。依据法律、法规规定,产品质量认证合格后,经认证机构批准,产品的生产者可以在认证合格的产品上、产品铭牌、包装物、产品说明书或者出厂合格证上使用产品质量认证标志。

认证标志图案的构成,许多国家是以国家标准的代码、标准机构或国家认证机构名称的缩写字母为基础而进行艺术创作形成的。我国已成立的产品质量认证机构都有相应的认证标志。

（二）产品质量认证标志的使用

企业在产品上使用认证标志,不仅可以把准确可靠的质量信息传递给用户和消费者,对企业而言,还起到质量信誉证的作用,表明该产品经过公正的第三方证明,符合规定标准。带有认证标志产品的生产企业要接受认证机构的监督复查,确保出厂的认证产品持续稳定符合规定标准要求,这样就可以起到维护消费者利益、保证消费者的安全的作用。

产品质量认证标志一般情况下不是必须标注的产品标识。即使是生产者获得了产品质量认证,也可以不使用。

但是,对于国家法律、行政法规和质量技术监督部门会同国务院有关部门制定的规章规定的实施安全认证强制性监督管理的产品,如电视机、电冰箱等电工产品,必须取得 CCC 安全认证,并在产品上加贴安全认证标志。CCC 认证即"中国强制认证(China Compulsory Certification)"。凡是列入国家《强制性产品认证管理规定》中认证目录内的产品,必须经国家指定的认证机构认证合格,取得相关证书并加施认证标志后,方能出厂、进口、销售和在经营服务场所使用。CCC 认证是一种最基础的安全认证。它的某些指标代表了产品的安全质量合格,但并不意味着产品的使用性能也同样优异。所以,企业往往还申请其他一些产品质量认证。

按照《产品质量认证管理条例实施办法》的规定,根据产品的特点,产品质量认证证书的有效期为 3 年、4 年或 5 年,CCC 认证证书有效期为 5 年。获得产品认证标志的企业,有权在产品质量认证合格有效期内,在获得认证的产品上使用产品质量认证标志。超过有效期或者未获得认证的产品上,不能使用产品质量认证标志。

(三)产品质量认证标志举例

国内产品质量认证标志主要有 CCC 标志、QS 食品质量安全认证标志(强制)、CQC 认证标志、有机食品认证标志、绿色食品标志等,如图 9-16 所示。

3C标志(安全认证标志)　　QS食品质量安全认证标志　　A级绿色食品标志(绿底白字)

AA级(远高于A级标准)　　中国有机产品标志　　中绿华夏有机食品认证中心
绿色食品标志(白底)　　　　　　　　　　　　(COFCC)有机食品认证标志

CQC认证标志(分别为:通用、质量环保、安全、电磁兼容、节能、生态纺织品标志)

图 9-16　国内产品质量认证标志

国际产品质量认证标志主要有 UL 认证标志、CE 标志、GS 标志、TUV 标志、VDE 标志、EMC 认证标志、JIS 标志、国际羊毛标志、BEB 标志、NF 标志、GBS 标志、GOST 标志、SG 安全认证、CB 标志、Nordic 标志等,如图 9-17 所示。

UL标志（美）　　　CE标志（欧洲）　　　GS标志（德）　　　SG标志（日）

图 9-17　国际安全认证标志

第三节　质量保证体系和质量体系认证

一、质量保证体系

企业如何贯彻全面质量管理思想,生产出高质量并且给企业带来高经济效益的产品,取决于企业的质量保证体系的建立。一套完备的质量保证体系是一个企业生存的关键。

（一）质量保证体系的含义

质量保证体系（Quality Assurance System,QAS）是指企业以提高和保证产品质量为目标,运用系统方法,依靠必要的组织结构,把组织内各部门、各环节的质量管理活动严密组织起来,将产品研制、设计制造、销售服务和情报反馈的整个过程中影响产品质量的一切因素统统控制起来,形成的一个有明确任务、职责、权限以及相互协调、相互促进的质量管理的有机整体。

质量保证体系是企业为取得客户信任,使客户确信某产品或某项服务能符合合同要求,满足给定的质量要求,满足质量监督和认证工作的要求,而建立的必需的全部的有计划的系统的企业活动。它包括对外向用户提供必要保证质量的技术和管理"证据",这种证据虽然往往是以书面的质量保证文件形式提供的,但它是以现实的内部的质量保证活动作为坚实后盾,即表明该产品或服务是在严格的质量管理中完成的,具有足够的管理和技术上的保证能力。

（二）质量保证体系的构成

1. 质量目标

明确质量总目标,并将质量总目标逐步层层分解为各个分目标。质量目标的分解主要从时间角度和空间角度展开,目标到部门,目标到员工,每个阶段、每个过程、每个环节、每个员工都有具体明确可控的质量分目标,体现全面质量管理的全面性、全过程性、全员性。

质量保证体系的深度与广度,取决于质量目标,没有适应不同质量水平的一成不变的质量保证体系。

2. 质量计划

质量计划是各部门各员工根据企业的质量标准手册和质量总目标与分目标来编制,作为质量控制、考核和质量保障的依据。工程项目质量计划可以按内容分为质量工作计划和质量成本计划。

在制订质量计划时须注意质量保证手段应坚持管理与技术相结合,从企业实际出发,即反复查核企业有无足够的技术保证能力和管理保证能力,两者缺一不可。

质量保证体系的运行应以质量计划为主线,以过程管理为重心。

3. 思想保证体系

用全面质量管理的思想、观点和方法,使全体人员真正树立起强烈的质量意识。

4. 组织保证体系

建立健全各级组织,分工负责,做到以预防为主,预防与检查相结合,形成一个有明确任务、职责、权限、互相协调和互相促进的有机整体。

5. 工作保证体系(质量控制体系)

工作保证体系贯穿于企业工作的所有方面、全过程、全员。按 PDCA 循环进行质量控制,通过计划(Plan)→实施(Do)→检查(Check)→处理(Action)的管理循环步骤进行质量控制,企业大 PDCA 循环套部门,员工的小 PDCA 循环,相互衔接,相互促进,阶梯式上升,不断推进,提高保证水平。

6. 质量信息反馈体系

建立企业质量信息管理制度和利用计算机网络技术搭建质量信息反馈、管理平台,是使质量保证体系正常运转的动力,没有质量信息及质量信息管理,体系就是静止的,只是形式上的体系。

图 9-18、图 9-19 所示分别是某施工单位的质量保证体系框架图和质量保证组织机构框架图。

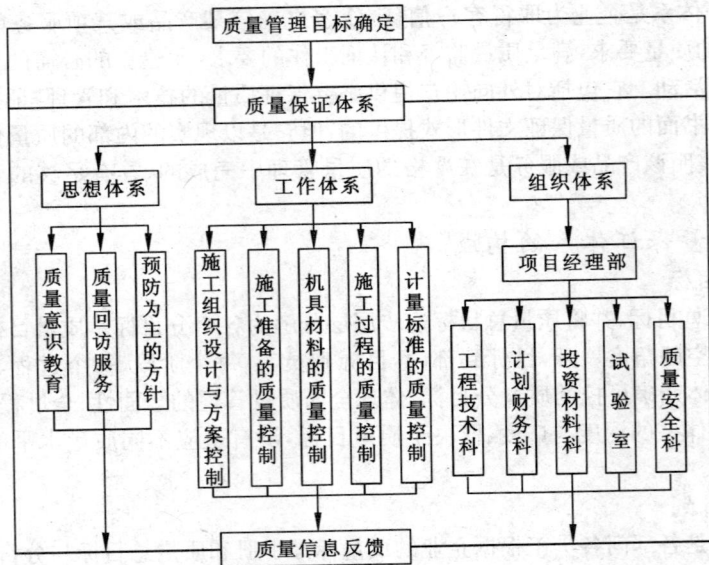

图 9-18　施工质量保证体系框架图

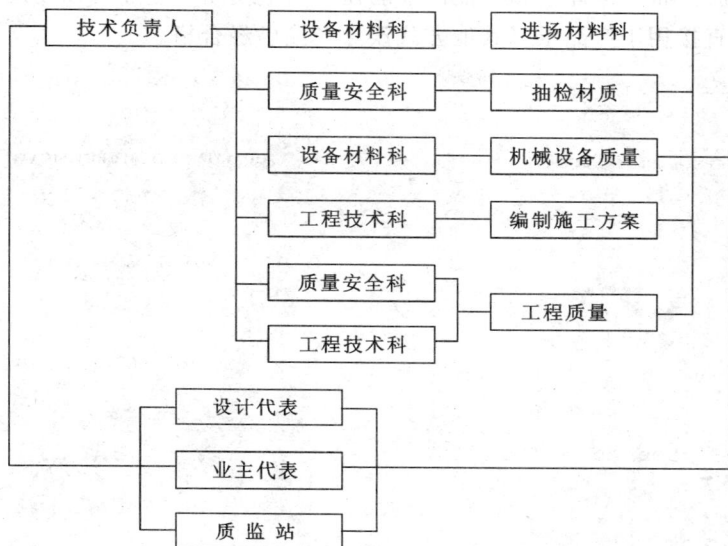

图 9-19　施工单位质量保证组织机构框架图

二、质量体系认证

企业为了证明其质量保证体系有能力确保其产品满足规定的要求,一般向权威认证机构申请质量体系认证,也就是经常提到的 ISO 9000 质量体系认证。

（一）质量体系认证的含义

质量体系认证的对象是企业的质量体系,或者说是企业的质量保证能力。经国家授权的独立认证机构对组织的质量体系进行审核,认证的根据或者说获准认证的条件是企业的质量体系应符合申请的质量保证标准。

质量体系认证由国家认可的认证机构负责认证工作。企业自愿决策是否申请质量认证,自愿选择认证机构。

质量体系认证的证实方式是对质量体系审核而不是对产品实物实施检验。企业申请质量体系认证,必须要经过认证机构的两次审核:第一次是对企业的质量保证手册的审查,审查手册内容是否达到所选用质量保证标准的要求,是否能满足企业保证产品质量的需要,这是对企业质量保证体系适宜性的审查;第二次审查是对企业现场进行检查,检查实际质量活动是否有程序文件,是否符合质量保证手册和程序文件的规定,现场检查是对企业质保体系实施性的检查。

质量体系认证后企业定期接受认证机构监督质量。

获准认证的证明方式是通过颁发具有认证标记的质量体系认证证书（见

图 9-20),注册公布。但证书和标记都不能在产品上使用。企业可以使用注册标志做宣传,但不得直接用于产品或以其他方式误导产品已经合格。

图 9-20　质量体系认证证书

(二)质量体系认证的标准

质量体系认证通常以 ISO 9000 系列标准为依据(我国与 ISO 9000 等效的主要的认证依据标准为国家标准 GB/T 19001—ISO 9001 及必要的补充要求),也就是经常提到的 ISO 9000 质量体系认证。

1. ISO 9000 质量管理体系标准

ISO 9000 不是指一个标准,而是一组标准的统称。ISO 9000 质量管理体系标准是由 ISO(国际标准化组织)制定的国际性标准,全面阐述了在产品寿命周期内所有阶段及活动中,与产品质量有关的质量管理体系要求。它适用于各种类型的产品、不同规模的组织与企业。

ISO 长期以来深入各国,进行实际、广泛的调查研究,总结了半个多世纪世界各国成功企业的管理经验,使 ISO 9000 质量管理体系标准更完善、更系统、更科学、更实用,是世界管理科学的精华。各国政府对实施 ISO 9000 质量管理体系标准越来越重视。

ISO 9000 族标准于 1987 年制订,后经不断修改完善。后有 1994 年版、2000 年版和最新的 2008 年版。2008 年版使标准内容表述更完善,并加强了与 ISO 14001:2004《环境管理体系要求及使用指南》的兼容性,提高了 ISO 9001 与 ISO 9004 的协调一致性。2008 年版有以下 4 个核心标准:

(1)ISO 9000 质量管理体系基础和术语。

(2)ISO 9001 质量管理体系要求。

（3）ISO 9004 质量管理体系业绩改进指南。

（4）ISO 19011 质量和（或）环境管理体系审核指南。

2. GB/T 19000（GB/T 19000—ISO 9000）**质量管理体系标准**

代表中国参加 ISO 的国家机构是中国国家技术监督局（CSBTS）。GB/T 19000 系列标准是由国家技术监督局制定和发布的质量管理体系国家标准，是 ISO 9000 系列标准的等同标准，帮助在我国各种类型和规模的组织实施和运行有效的质量管理体系，也常称为 GB/T 19000—ISO 9000 系列标准。现已有 90 多个国家和地区将 ISO 9000 系列标准等同转化为国家标准。GB/T 19000（GB/T 19000—ISO 9000）系列标准随 ISO 9000 系列标准的修订而修订。

GB/T 19000 标准中 GB/T 19001—ISO 9001 是我国企业申请 ISO 9000 质量体系认证时的主要依据标准，适用于各行各业，且不限制企业的规模大小。目前国际上通过认证的企业涉及国民经济中的各行各业。

2008 年版 GB/T 19000 核心标准主要包括如下内容：

（1）GB/T 19000—2008（等同 ISO 9000:2005）质量管理体系基础和术语。表述质量管理体系基础知识并规定质量管理体系术语。

（2）GB/T 19001—2008（等同 ISO 9001:2008）质量管理体系要求。规定质量管理体系要求，用于组织证实其具有提供满足顾客要求和适用的法规要求的产品的能力，目的在于增进顾客满意。

（3）GB/T 19004—2009（等同 ISO 9004:2009）质量管理体系业绩改进指南。提供考虑质量管理体系的有效性和效率两方面的指南。该标准的目的是组织业绩改进和顾客及其他相关方满意。

（4）GB/T 19011—2003（等同 ISO 19011:2002）质量和（或）环境管理体系审核指南。提供审核质量和环境管理体系指南。

（三）企业申请质量体系认证的意义

ISO 9000 标准强调以预防为主、过程控制，对每一项质量活动实施程序化管理，最终实现顾客满意。企业申请 ISO 9000 质量体系认证标准的意义在于以下几方面：

（1）企业在质量管理方面实现与国际接轨，是参与市场竞争、振兴经济的有效途径。

（2）提高企业管理水平，降低质量成本，提高企业的生产效率和经济效益。

（3）企业管理形成良性循环，可使企业走上一条持续改进、持续发展的道路。

（4）适应世界经济一体化趋势，打破贸易技术壁垒，提高市场竞争能力，是进入国际市场的通行证。

（5）提高全员素质，树立企业形象，建立良好的企业文化，增加企业的凝聚力。

（四）企业取得质量体系认证对企业质量管理工作的影响

ISO 9000 质量体系认证对企业的质量体系的审核是非常严格的。申请认证对于任何企业来说，必须具有一定的管理和实力为基础。所以取得质量管理体系认证，帮助企业拓宽市场，增强市场竞争力，能够提高顾客的信誉度，是市场竞争的坚实后盾。但通过认证只证明企业的质量体系符合国际质量标准，而保证质量体系是否能够持续有效的运行才是企业认证的根本。企业通过 ISO 9000 认证对质量管理工作的影响主要表现在以下方面：

1. 促使全面质量管理思想落实

ISO 9000 质量体系认证促使全面质量管理思想落实到企业实际工作中，各个部门、各个员工的质量责任明确可行且标准化。

首先，认证促使企业的质量体系重新合理规划、设计、调整，加强对产品或服务的质量保证作用；促使企业的组织结构、各机构间隶属关系、联系方法等改革、调整，以适应质量体系的需要。

其次，认证促使各部门、各岗位的质量职责明确可行，并从教育、培训、技能和经验等方面明确了各类人员的能力要求，以确保他们是胜任的，使全员参与到整个质量体系的建立、运行和维持活动中。由于分工明确并标准化，避免了以前好事有人争、错事互相推诿的现象。认证促使各个质量体系要素，如生产设备和检测设备，技术、管理和操作人员的组成、结构及水平状况，标准化、计量、质量责任制、质量教育和质量信息等管理基础工作情况等，均适应质量体系的有关要求，保证了企业各环节的顺利运作。

另外，企业编制的质量保证手册、程序文件等质量体系文件覆盖了所有主要质量活动，各文件之间的接口清楚，使全面、全过程的质量管理成为可能，提高了企业质量管理水平。质量体系文件的适用性和有效性也促使所有职工逐渐养成了按体系文件操作或工作的习惯，保证了工作质量、制造质量。各部门、各岗位按照经过严格审核的国际标准化的质量体系进行质量管理，质量管理可以达到标准化、科学化的要求，极大地提高工作效率和产品合格率，迅速提高企业的经济效益和社会效益。

2. 促使企业质量管理关注顾客需求

ISO 9000 质量体系认证促使企业质量管理关注顾客需求，充分考虑体系对适合顾客需求的产品或服务的保证作用，提高了顾客满意度。

质量管理体系强调以顾客为中心的理念，以顾客持续满意为目的。认证促使企业关注顾客需求，企业市场策划等部门通过各种手段去获取和理解、确定顾客的要求，企业产品设计部门分析产品特点（产品的技术密集程度、使用对象、产品安全特性等）和顾客需求的适应性，企业各管理职能部门通过体系中各个过程的运作满足顾客要求甚至超越顾客要求，企业销售和物流配送部门等注重进行有效的供应链管理，以不断提高客户服务水平,并通过调研、测量来获取顾客满意程度和感受,提高企业在顾客心中的地位,增强顾客的信心。质量管理体系的良好运行提高了顾客的满意度。

3. 促使企业最高管理层重视并直接参与质量管理体系活动

ISO 9000 质量体系认证能否取得成功,取得认证后企业质量体系能否持续良好运行,与企业的最高领导层重视与参与程度紧密相关。企业的最高领导层直接参与质量管理体系活动,从公司层面制定质量方针和各层次质量目标;通过及时获取质量目标的达成情况来判断质量管理体系运行的绩效,直接参与定期的管理评审;掌握整个质量体系的整体状况,及时对于体系不足之处采取措施,督促纠正措施的落实。

最高管理层在取得认证证书后,若对质量体系工作的关注日趋减弱,下属自然也放松此项工作,体系运行就走样,不能保证体系持续有效运行,甚至运行一段时间后,连最初认证的状态都达不到,产品质量无法达到有效保证,出现各种质量问题影响企业的效益和声誉;若企业最高管理者把质量体系运行工作作为日常工作来抓,将标准要求分配到各个部门,责任与权力落实到人,组织好质量管理评审,协调质量审核中遇到的重大问题,就能够从企业整体层面保证质量体系的持续有效的运行。

4. 促使企业建立交流机制

ISO 9000 质量体系认证促使企业建立各部门、工序、员工之间畅通的交流机制,建立一个不断发现问题、解决问题并不断改善和不断改进的体系。

由于质量体系包括的质量活动牵涉的面广、涉及的人多,在质量保证手册审查、现场检查中不可能不发生不符合项。对发生的不符合项,认证机构要求整改和跟踪检查,促使企业有机会、有必要正视和纠正各方面存在的问题,将体系试运行中暴露出如体系设计不周、项目不全、质量记录不规范等问题,进行协调、改进。权威认证机构的审核可以更深层次地发现企业存在的问题,取得认证后认证机构定期的监督审核也督促企业的各部门、人员按照质量管理体系规范来开展工作,预防和纠正质量问题。

为了更好地解决问题,许多企业建立了畅通的交流机制,不仅在认证过程中,也在取得认证之后,对各部门、工序、员工之间存在的质量问题,经常组织召开沟通会、专题会及质量会进行讨论解决,以消除部门壁垒和责任推诿,使质量管理工作规范化、可操作化。

为了认证后提高管理体系有效性,很多企业建立了内部质量审核制度,定期审核与日常监督审核相结合,持续有效地开展质量审核,发现和控制可能产生不合格产品的各个环节;对于产生的不合格产品进行隔离、处置,并通过制度化的数据分析,寻找产生不合格产品的根本原因,通过纠正或预防措施防止不合格发生或再次发生,从而不断降低发生的不良质量成本。

质量管理体系从企业诊断到建立适宜、充分的体系,并全面贯彻实施,直到有效性,不是一天两天就能完成,需要一个过程,并在整个运行过程中不断运行 PDCA 循环,不断改进提高。企业通过持续改进的活动不断提高质量管理体系的有效性和效率,形成一个不断发现问题、解决问题并不断改善和不断改进的体系,使质量体系步入良性循环,实现成本的不断降低和利润的不断增长。

三、企业质量管理重点

(一)落实全面质量管理思想,认真贯彻 ISO 9000 质量管理系列标准

落实全面质量管理思想,建立起一套科学、严密、高效的质量保证体系,贯彻 ISO 9000 系列标准,以进一步提高企业管理水平,企业才能在市场上具有竞争力。

图 9-21 所示是海尔企业全面质量管理的实施流程。

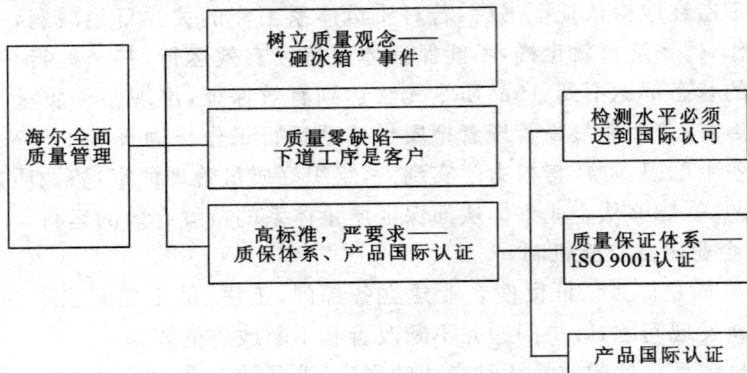

图 9-21 海尔全面质量管理的实施流程

第一步,树立出质量观念——"砸冰箱"事件。当海尔的员工们含泪眼看着张瑞敏总裁亲自带头把有缺陷的 76 台电冰箱砸碎之后,内心受到的震动是可想而知的,人们对"有缺陷的产品就是废品"有了刻骨铭心的理解与记忆,对"品牌"与"饭碗"之间的关系有了更切身的感受。但是,张瑞敏并没有就此而止,也没有把管理停留在"对责任人进行经济惩罚"这一传统手段上,他充分利用这一事件,将管理理念渗透到每一位员工的心里,再将理念外化为制度,构成机制。

第二步,质量零缺陷——下道工序是客户。传统的观点认为,质量管理的目的是把错误减至最少,这本身就是一个错误。应该努力的目标是第一次就把事情完全做好,也就是达到"零缺陷"的目标。如果第一次就能把事情做好,那些浪费在补救工作上的时间、金钱和精力就可以完全避免,生产成本也会大大降低。为了提高产品质量,张瑞敏提出"下道工序是用户",依靠"三检制"(自检、互检、专检)对生产过程进行质量控制,同时开展群众性的质量控制小组,强化职工的自我管理意识。不仅如此,海尔还采取了形式多样的竞赛活动,如质量擂台赛等,提高员工的质量意识。

第三步,高标准,严要求——质保体系、产品国际认证。在国际上,海尔为自己制定的指针是"要在国际市场上取胜,第一是质量,第二是质量,第三还是质量"。在家电

质量方面要参加国际比赛,必须取得 3 项资格,这 3 项资格海尔都拿到了。

(1)质保体系——取得 ISO 9001 认证。

(2)产品国际认证——取得德国 VDE、GS、TUV,美国 UL,加拿大 CSA 等认证。

(3)检测水平必须达到国际认可,如加拿大 EEV、CSA 等能效认证,美国 UL 用户测试数据认可。

(二)以顾客为中心,追求顾客满意和忠诚

传统的质量管理理论认为,企业质量管理就是要对生产全过程进行控制,强调检测把关,以对质量追求达标化、零缺陷等。这些质量管理思想无疑是非常重要的。但是随着质量管理环境和内容的变化,企业的核心与决定因素已是顾客,顾客是企业存在的基础。企业应把了解顾客当前和未来的需要,满足顾客的需求和期望放在第一位,将其转化为企业的质量要求。因此,刻意追求顾客满意和忠诚,是现代企业创造一流的质量和创新市场的永恒力量,是质量管理新的重大课题。

这里所说的"顾客",并不仅指一般消费者。"顾客"的含义延伸到不仅是产品购买者、服务接受者等外部顾客,还包括企业供应商和相关产品生产商、企业的分销商(批发商、代理商等),是一个由商品生产者、消费者、流通者为一体进而组织的顾客关系管理系统。

(三)不断创新,持续改进

一个企业要在市场竞争中取胜,就必须重视不断创新,持续改进工作。持续改进使企业的管理进入一种良性循环。企业在质量管理上的不断创新和改进,应注意以下几点:

(1)落实"以顾客为中心"的质量管理理念,以满足市场顾客需求为目的,加强和顾客的关系管理,既要注重管理改进,又要注重技术进步和产品改进,使产品质量和相关服务能够持续地满足顾客的需要。

(2)全员参与管理,不断大力提高人的素质,使人的观念、认识和组织实施能力适应市场的需要,从人才与知识培养上获取质量效益。

(3)与其他企业携手,集中有效资源,不断加强沟通与协作,建立相互依存、相互协作以及为顾客提供高质量的产品和全方位质量服务的关系,与自己的合作伙伴形成战略联盟共同体,从产品开发、制造到销售,形成整体化质量管理体系,带动群体企业经营效益迅猛增长,使各方共赢。

(4)建立有利于质量提升的技术创新机制,以技术进步支撑和推动质量创新,创造一流的质量,开拓市场。唯有建立创新机制和具有创新精神,才能不断发挥出创新技术、创新质量与创新管理的灵魂作用。

(5)重视企业文化。一位德国企业家说:"民族文化是产品创新之根,企业文化是质量管理与创新之魂。"当今,企业文化与管理创新已成为一种新的管理思潮,企业文

化对企业质量管理的地位愈来愈加重。

例如，很多企业实施的"6S现场管理办法"（简称"6S管理"，见图9-22）的本质是一种执行力的企业文化。强调纪律性的企业文化，不怕困难，想到做到，做到做好。"6S管理"由日本企业的"5S"扩展而来，是现代企业行之有效的现场管理理念和方法。其作用如下：提高效率，保证质量，使工作环境整洁有序，预防为主，保证安全。6S工作落实，能为企业质量管理活动提供良好的基础和优质的管理平台。

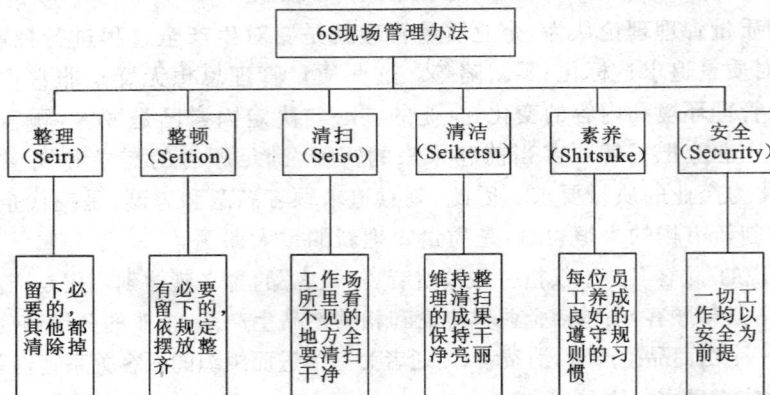

图 9-22 6S现场管理办法

小知识　ISO（国际标准化组织）与企业管理体系标准

ISO（国际标准化组织）是由各国标准化团体（ISO成员团体）组成的世界性的联合会，是世界上最主要的非政府间国际标准化机构，成立于二次世界大战以后，总部位于瑞士日内瓦。该组织的目的是在世界范围内促进标准化及有关工作的发展，以利于国际贸易的交流和服务，并发展在知识、科学、技术和经济活动中的合作，以促进产品和服务贸易的全球化。制定国际标准的工作通常由ISO的技术委员会完成。

ISO 9000族标准是由ISO质量管理和质量保证技术委员会制定。在电工技术标准化方面，ISO与国际电工委员会（IEC）保持密切合作关系。ISO组织制定的各项国际标准在全球范围内得到该组织的100多个成员国家和地区的认可。

ISO 14000环境管理体系标准（相应有ISO 14000环境管理体系认证）是继ISO 9000质量管理体系标准之后，国际标准化组织发布的第二个国际性管理系列标准，ISO 14000认证系列标准是由ISO的国际环境管理技术委员会负责制定的一个国际通行的环境管理体系标准。它包括环境管理体系、环境审核、环境标志、生命周期分析等国际环境管理领域内的许多焦点问题。其目的是指导各类组织（企业、公司）取得正确的环境行为,已被近百个国家和地区采用。其中的 ISO 14001（我国等同采用 GB/T 24001 标准）是企业建立环境管理体系以及审核认证的最根本的准则。标准对于提高各类组织的环境管理水平、节约资源、提高效益、降低风险具有全面的推进作用,在全球日益重视环境保护的今天,建立 ISO 14000 标准体系,是各类企业提高市场竞争力,进入世界市场的绿色通行证。

另外,OHSAS 18000 职业健康安全管理体系标准（相应有 OHSAS 18000 职业健康安全管理体系认证）是 1999 年英国标准协会（BSI）、挪威船级社（DNN）等 13 个组织提出的,是继 ISO 9000、ISO 14000 之后又一世界各国通用的管理标准。在目前 ISO 尚未制定的情况下,它起到了准国际标准的作用。其中的 OHSAS 18001（我国等同采用 GB/T 28001）标准是认证性标准,它是组织（企业）建立职业健康安全管理体系的基础,也是企业进行内审和认证机构实施认证审核的主要依据。

质量、环保、职业健康安全 3 个管理标准是互相关联、互相补充的管理体系。

案例　　　　　　　　质量体系认证审核中的小案例

案例 1：某厂《焊接工艺规程》规定,所使用的焊条应在使用前在烘箱中以 60℃烘干 2 小时才能使用。审核员打开烘箱门时看到有两包焊条没有打开原包装就放在烘箱内了。审核员问:"这样能烘干吗?"车间主任不好意思地回答:"这个烘箱原来是放在食堂烤面包的,这次由于要审核才临时搬到车间,工人就这么把焊条放进去了。"

案例分析:既然编制了工艺规程,就应该严格按规程办。现在许多企业仍然停留在为认证而认证,临时在认证前忙乱,补记录,当然在现场审核时就会出洋相。这里对焊条的烘干,应该将包装打开,否则失去烘烤的作用。本案例违反了标准中关于"生产和服务提供的控制"条款中"组织应策划并在受控条件下进行生产和服务提供"的规定。

案例 2：在某建筑装饰构件生产厂,其产品是由水泥、沙子和各种添加物按配比搅拌均匀后,在模型中放入玻璃纤维布及加强筋,然后填入混合料而成。审核员看到在车间四周有许多已由模型中脱模的产品靠墙而立。审核员问检验员:"这些产品检验了没有?"检验员说:"我们是百分之百检验,检验完一件就拉到外面场地去,因此这些是没有完成检验的产品。"审核员问:"有没有可能出现已经检验完而来不及拉出去的产品?"检验员:"有时候也可能有,但我们都能记住哪些是检验完的。"审核员看到,产品摆放比较混乱,因为由模型中脱模出来的产品时间不同,有快有慢,因此,到处都可能有已经完成的产品,但是产品上没有任何检验状态的标记。

案例分析:这是产品的检验状态标识不明的问题。即使检验员能记住产品的检验状态,但是由于现场到处都摆放着产品,难免没有混淆的时候。检验员可以使用粉笔在检验合格的产品上打"勾",对不合格品在不合格部位打"叉",就可以对产品的状态进行标记了。本案例违反了标准中关于"标识和可追溯性"条款中"组织应针对监视和测量要求识别产品的状态"。

案例3:在某试剂厂包装车间,许多工人正在往包装箱内放入装满液体的试剂瓶小包装盒,有些盒子正放,而有些盒子只能平着放。审核员问:"为什么不能都正着放?"包装工说:"箱子就这么大,如果都正着放,就没法放这么多了。"审核员看到,在包装箱的外面已经标记着"不能倒置"的符号,于是问包装工:"这符号怎么理解?"包装工说:"我们把瓶子拧得很紧,不会漏水的。"并且当场向审核员演示了倒置的情况。

案例分析:本案有两个问题,首先在设计输出的文件中,为什么不能把包装箱设计得正好可以把瓶子都正放?这违反了标准中关于"设计和开发验证"条款的要求。其次,把瓶子倒着放,违反了标准中关于"产品防护"条款的要求。

案例思考

1. 从以上案例分析,你对 ISO 9000 质量体系认证有何认识?
2. 你认为 ISO 9000 质量体系认证对企业各部门及员工的工作会产生哪些影响?

小　结

质量是企业生存和发展的第一要素。"大质量"管理思想中,质量的主体包括:产品或服务质量;工作的质量;设计质量和制造质量。

全面质量管理是全面性的质量管理,是全过程的质量管理,是全员参与的质量管理,是全社会参与的质量管理。全面质量管理的基本工作程序是 PDCA 循环(亦称戴明循环)。组建 QC 小组是开展全面质量管理的有效组织形式。

产品质量认证有两种:一种是安全性产品认证,是强制性认证,如国内的 CCC 认证等;另一种是合格认证,属自愿性认证,如我国的 CQC 认证等。产品质量认证其认证标志可用于获准认证的产品上。

企业为取得客户信任,满足给定的质量要求,满足质量监督和认证工作的要求,要构建其质量保证体系。企业为了证明其质量保证体系有能力确保其产品满足规定的要求,一般申请 ISO 9000 质量体系认证。质量体系认证是自愿性的。但证书和标记都不能直接在产品上使用。

企业质量管理的重点:认真贯彻 ISO 9000 质量管理系列标准;以顾客为中心,追求顾客满意和忠诚;不断创新,持续改进。

思考与练习

1. 为何越来越多的企业重视质量管理?谈谈你对产品质量和企业质量管理的认识。

2. 什么是全面质量管理？阐述其特点、意义及其基本工作程序。

3. 什么是质量认证？什么是产品质量认证？产品质量认证分哪几种？各有何特点？

4. 什么是质量保证体系？质量体系认证和产品质量认证有哪些区别？

5. ISO 9000 是什么样的标准体系？ISO 9000 质量体系认证对企业质量管理工作的影响有哪些？

第十章　企业文化管理

知识目标

1. 掌握企业文化的概念、特征及其相关内容。

2. 掌握企业文化建设的内容：经营哲学、价值观念、企业精神、企业道德、团队意识、企业制度和企业形象等相关内容。

3. 熟悉企业文化建设的原则。

4. 了解企业文化建设的步骤。

能力目标

1. 能够详细描述一家企业文化所包含的具体内容。

2. 能够清晰阐述企业文化建设的程序步骤。

第一节　企业文化管理概述

企业文化是企业在经营管理过程中创造的具有本企业特色的精神财富的总和，对企业成员有感召力和凝聚力，能把众多人的兴趣、目的、需要以及由此产生的行为统一起来，是企业长期文化建设的反映。它以全体员工为工作对象，通过宣传、教育、培训和文化娱乐、交心联谊等方式，以最大限度地统一员工意志、规范员工行为、凝聚员工力量，为企业总目标服务。企业文化是一种新的现代企业管理理论，企业要真正步入市场，走出一条发展较快、效益较好、整体素质不断提高、使经济协调发展的路子，就必须普及和深化企业文化建设。

一、企业文化的概念及特征

（一）企业文化的概念

企业文化是一个企业由其价值观、信念、仪式、符号、处事方式等组成的其特有的文化形象。企业文化有广义和狭义两种理解。广义的企业文化是指企业所创造的具有自身特点的物质文化和精神文化；狭义的企业文化是企业所形成的具有自身个性的经营宗旨、价值观念和道德行为准则的综合。

（二）企业文化的特征

1. 社会性

企业存在于社会中，社会文化，包括社会意识形态、社会价值观念、社会行为准则、社会文化心理、社会道德规范、社会人际关系等，时刻影响企业文化，渗透到企业文化之中。要建设社会主义企业文化，就必须"以科学理论武装人，以正确理论引导人，以高尚的精神塑造人，以优秀作品鼓舞人"。

2. 民族性

文化是民族灵魂，企业文化必然蕴涵着民族传统文化。五千年历史，中华民族形成以爱国主义为核心、团结统一、爱好和平、勤劳勇敢、自强不息的伟大民族精神，要在企业文化建设过程中，继承与发扬。

3. 人本性

人是企业文化的主体，也是企业生产和服务的主体；人是可以创造的生产要素，是活的资源，可以升值的资源；人是企业生存发展的第一资源。"一个企业成败的关键，在于它能否激励员工的力量和才智。"因此，"以人为本"是企业文化最重要的特征。

4. 个性化（个导性）

具有本企业特色的企业文化，在具有企业文化共性的基础上显示其独特的企业精神、鲜明的企业形象、创新的企业品牌、高效的管理风格，从而促进企业的发展和经营的成功。个性文化一旦形成，就会产生巨大的感召力、凝聚力、生命力和对外的辐射力。

5. 自觉性（非强制性）

企业文化是客观存在，有企业就有企业文化。企业发展初期，由于生产力与科技发展的水平较低，思维方式的局限，企业文化的建设处于自发阶段。随着经济社会和科技的发展，逐渐认识到"文化制胜"的作用。企业管理由传统的、外在的、硬性的制度调节，逐渐转向自觉的文化管理，转向内在的文化"自律自控"和软性的文化引导。

6. 系统性

系统性是指企业文化是由相互联系、相互作用的诸要素组成的，是一个具有特定功能的整体。企业文化作为一个系统，按其组成要素的性质，可分为结构系统、载体系统与功能系统等。结构系统诸要素，如价值观、精神、道德、形象、组织、行为等在系统内的地位、作用和联系，将发挥对企业各方面的指导、推动、凝聚、激励、约束等功能。

7. 统筹性（融合性）

经济全球化的发展，交通和大众传播媒体的普及，各国企业文化呈现相互开放、相互交流、相互引进、相互汲取的融合趋势，从而表现出统筹协调、优势互补、合作双赢、共同发展的特征。从宏观上来说，在国内也是呈现城乡统筹、区域统筹、国内与国际统筹、经济与社会统筹以及人与自然统筹的科学发展观，必将对企业文化建设产生深远影响。

8. 创新性

创新性是指企业文化在发展的过程中,必须消除消极落后的传统,继承优秀进步的传统,并随着经济社会发展和知识经济的到来,不断地改革创新。因地制宜的,用新的视野、新的思路、新的价值观,来构建新的企业文化,使企业真正成为学习型组织、创造性组织,不断培育和提升核心竞争力,提供全方位服务。

二、企业文化的内容

根据企业文化的定义,其内容是十分广泛的,但其中最主要的应包括如下几点:

(一)经营哲学

经营哲学又称企业哲学,是一个企业特有的从事生产经营和管理活动的方法论原则。它是指导企业行为的基础。一个企业在激烈的市场竞争环境中,面临着各种矛盾和多种选择,要求企业有一个科学的方法论来指导,有一套逻辑思维的程序来决定自己的行为,这就是经营哲学;例如,日本松下公司"讲求经济效益,重视生存的意志,事事谋求生存和发展",这就是它的战略决策哲学;北京蓝岛商业大厦创办于 1994 年,它以"诚信为本,情义至上"的经营哲学为指导,"以情显义,以义取利,义利结合",使之在创办 3 年的时间内营业额就翻了一番,跃居首都商界第 4 位。

(二)价值观念

所谓价值观念,是人们基于某种功利性或道义性的追求而对人们(个人、组织)本身的存在、行为和行为结果进行评价的基本观点。可以说,人生就是为了价值的追求,价值观念决定着人生追求行为。价值观不是人们在一时一事上的体现,而是在长期实践活动中形成的关于价值的观念体系。企业的价值观是指企业职工对企业存在的意义、经营目的、经营宗旨的价值评价和为之追求的整体化、个异化的群体意识,是企业全体职工共同的价值准则。只有在共同的价值准则基础上,才能产生企业正确的价值目标。有了正确的价值目标,才会有奋力追求价值目标的行为,企业才有希望。因此,企业价值观决定着职工行为的取向,关系企业的生死存亡。只顾企业自身经济效益的价值观,就会偏离社会主义方向,不仅会损害国家和人民的利益,还会影响企业形象;只顾眼前利益的价值观,就会急功近利,搞短期行为,使企业失去后劲,导致灭亡。我国老一代的民族企业家卢作孚(民生轮船公司的创始人)提倡"个人为事业服务,事业为社会服务,个人的服务是超报酬的,事业的服务是超经济的"。从而树立起"服务社会,便利人群,开发产业,富强国家"的价值观念,这一为民为国的价值观念促进了民生公司的发展。北京西单商场的价值观念以求实为核心,即"实实在在的商品、实实在在的价格、实实在在的服务"。在经营过程中,严把商品进货关,保证商品质量;控制进货成本,提高商品附加值;提倡"需要理解的总是顾客,需要改进的总是自己"的观念,提高服务档次,促进了企业的发展。

（三）企业精神

企业精神是指企业基于自身特定的性质、任务、宗旨、时代要求和发展方向,并经过精心培养而形成的企业成员群体的精神风貌。

企业精神要通过企业全体职工有意识的实践活动体现出来,因此,它又是企业职工观念意识和进取心理的外化。

企业精神是企业文化的核心,在整个企业文化中起着支配的地位。企业精神以价值观念为基础,以价值目标为动力,对企业经营哲学、管理制度、道德风尚、团体意识和企业形象起着决定性的作用。可以说,企业精神是企业的灵魂。

企业精神通常用一些既富于哲理,又简洁明快的语言予以表达,便于职工铭记在心,时刻用于激励自己;也便于对外宣传,容易在人们脑海里形成印象,从而在社会上形成个性鲜明的企业形象。如王府井百货大楼的"一团火"精神,就是用大楼人的光和热去照亮、温暖每一颗心,其实质就是奉献服务;西单商场的"求实、奋进"精神,体现了以求实为核心的价值观念和真诚守信、开拓奋进的经营作风。

（四）企业道德

企业道德是指调整本企业与其他企业之间、企业与顾客之间、企业内部职工之间关系的行为规范的总和。它是从伦理关系的角度,以善与恶、公与私、荣与辱、诚实与虚伪等道德范畴为标准来评价和规范企业。

企业道德与法律规范和制度规范不同,不具有强制性和约束力,但具有积极的示范效应和强烈的感染力,当被人们认可和接受后具有自我约束的力量。因此,它具有更广泛的适应性,是约束企业和职工行为的重要手段。中国老字号同仁堂药店之所以300多年长盛不衰,在于它把中华民族优秀的传统美德融于企业的生产经营过程之中,形成了具有行业特色的职业道德,即"济世养身、精益求精、童叟无欺、一视同仁"。

（五）团体意识

团体即组织,团体意识是指组织成员的集体观念。团体意识是企业内部凝聚力形成的重要心理因素。企业团体意识的形成使企业的每个职工把自己的工作和行为都看成是实现企业目标的一个组成部分,使他们对自己作为企业的成员而感到自豪,对企业的成就产生荣誉感,从而把企业看成是自己利益的共同体和归属。因此,他们就会为实现企业的目标而努力奋斗,自觉地克服与实现企业目标不一致的行为。

（六）企业形象

企业形象是企业通过外部特征和经营实力表现出来的,被消费者和公众所认同的企业总体印象。由外部特征表现出来的企业的形象称为表层形象,如招牌、门面、徽标、广告、商标、服饰、营业环境等,这些都给人以直观的感觉,容易形成印象;通过经营实力表现出来的形象称为深层形象,它是企业内部要素的集中体现,如人员素质、生产经营能力、管理水平、资本实力、产品质量等。表层形象是以深层形象为基础,没有深层形象这个基础,表层形象就是虚假的,也不能长久地保持。流通企业由于主要是经营商品和提供服务,与顾客接触较多,所以表层形象显得格外重要,但这绝不是说深层形象可以放在次要的位置。北京西单商场以"诚实待人、诚心感人、诚信送人、诚恳让人"来树立全心全意为顾客服务的企业形象,而这种服务是建立在优美的购物环境、可靠的商品质量、实实在在的价格基础上的,即以强大的物质基础和经营实力作为优质服务的保证,达到表层形象和深层形象的结合,赢得了广大顾客的信任。

（七）企业制度

企业制度是在生产经营实践活动中所形成的,对人的行为带有强制性,并能保障一定权利的各种规定。从企业文化的层次结构看,企业制度属于中间层次,它是精神文化的表现形式,是物质文化实现的保证。企业制度作为职工行为规范的模式,使个人的活动得以合理进行,内外人际关系得以协调,员工的共同利益受到保护,从而使企业有序地组织起来为实现企业目标而努力。

小知识　　　　　　我国企业文化现状

随着中国整体经济的快速发展,以及中国加入 WTO 以来竞争的加剧,中国企业在加速现代企业制度和公司治理结构改善等方面做了很大的工作,在综合管理、人力资源开发和培养、中国企业文化建设等方面也投入了较大的精力,整体竞争实力明显增强。但是,我们必须看到,中国现代企业成长的历史仍然很短,中国企业在全球企业发展史中只能算个"孩童"。究竟这"孩童"未来有何造化,既要看社会经济环境如何演变,更要看自己有什么核心竞争力,是否能持续提升自己的核心竞争力。

通过数据的计算,中国企业文化现状的综合评分为 3.50 分(采用 5 点计分法)。该得分总体上比较高,这与我国近几年来企业文化建设的大环境有着重要的关系。

从各维度的具体数据中我们得出,理念与价值观(3.69)、文化建设(3.66)、员工工作动机(3.69)以及组织制度(3.62)这 4 个维度评分最高,领导和决策(3.51)略高于平均分。而其他 7 个维度得分则略为偏低,其中管理方式(3.22)、内部沟通(3.22)和员工忠诚度(3.25)分数最低,其次是员工满意度(3.45)、工作环境(3.47)、员工激励(3.46)、培训与员工发展(3.40)。

我国随着经济的发展,很多企业都开始实施走出去战略,也得到了国家的大力支持,但是国际化管理能力的不足在近两年明显暴露出来了。既有成功的经验,也有很多失败的教训,交了很多学费,却学到很少的东西。

案例 郑州铁路局企业文化

一、安全文化

树立"安全第一、预防为主、综合治理"的思想,形成"安全大如天,责任重于山"的价值观。

二、服务文化

以"人民铁路为人民"宗旨为核心,以"建设和谐铁路,服务人民群众"为发展方向,坚持以提高旅客货主满意度、提升社会认同感为目标,增强服务意识,更新服务理念。

三、经营管理文化

树立集约经营理念,优化运力资源配置,强化内涵扩大再生产,创新运输组织,转变经营方式,为社会经济发展作贡献。

四、高铁文化

以"运行高速度、安全高可靠、服务高品质"为基本内容,实现"快捷便利、平稳舒适"的高速度,体现"安全可控、设备精良"的高可靠,追求"服务优质、文明和谐"的高品质。

五、廉政文化

党员干部特别是党员领导干部要树立"廉者光荣、优者能上"的理念,积极践行自尊、自重、自警、自律,促使广大干部自觉养成勤政、廉政、善政的行为操守。

案例思考

郑州铁路局企业文化的成功主要体现在哪里?

第二节 企业文化建设

一、企业文化建设概述

企业文化建设是指企业文化相关的理念的形成、塑造、传播等过程,企业文化建设是基于策划学、传播学的,是一种理念的策划和传播,是一种泛文化。

(一)建设原则

1. 强化以人为中心

文化应以人为载体,人是文化生成与承载的第一要素。企业文化中的人不仅仅是指企业家、管理者,也体现于企业的全体职工。企业文化建设中要强调关心人、尊重人、理解人和信任人。企业团体意识的形成,首先是企业的全体成员有共同的价值观念,有一致的奋斗目标,才能形成向心力,才能成为一个具有战斗力的整体。

2. 表里一致,切忌形式主义

企业文化属意识形态的范畴,但它又要通过企业或职工的行为和外部形态表现出来,这就容易形成表里不一致的现象。建设企业文化必须首先从职工的思想观念入手,树立正确的价值观念和哲学思想,在此基础上形成企业精神和企业形象,防止搞形式主义,言行不一。形式主义不仅不能建设好企业文化,而且是对企业文化概念的歪曲。

3. 注重个异性

个异性是企业文化的一个重要特征。文化本来就是在本身组织发展的历史过程中形成的。每个企业都有自己的历史传统和经营特点,企业文化建设要充分利用这一点,建设具有自己特色的文化。企业有了自己的特色,而且被顾客所公认,才能在企业之林中独树一帜,才有竞争的优势。

4. 不能忽视经济性

企业是一个经济组织,企业文化是一个微观经济组织文化,应具有经济性。所谓经济性,是指企业文化必须为企业的经济活动服务,要有利于提高企业生产力和经济效益,有利于企业的生存和发展。前面讨论的关于企业文化的各项内容中,虽然并不涉及"经济"二字,但建设和实施这些内容,最终目的都不会离开企业经济目标的实现和谋求企业的生存和发展。所以,企业文化建设实际是一个企业战略问题,称为文化战略。

5. 继承传统文化的精华

马克思主义认为:"人们自己创造自己的历史,但他们并不是随心所欲地创造,而是在直接碰到的从过去继承下来的条件下创造。"中国企业文化建设也是这样,它应该是在传统文化的基础上进行增值开发,否则,企业文化就会失去存在的基础,也就没有生命力。

企业文化是所有团队成员共享并传承给新成员的一套价值观、共同愿景、使命及思维方式。它代表了组织中被广泛接受的思维方式、道德观念和行为准则。建设企业文化,实际上就是要重新审视企业所遵循的价值观体系,根据长远发展战略重新建立起一套可以共享传承,可以促进并保持企业正常运作以及长足发展的价值理念、思维方式和行为准则。

(二)企业文化的核心——企业理念

要想切实建立企业价值观体系,首先要从实际出发。从企业自身所处的地位、环境、行业发展前景以及其经营状况着手。通过大量枯燥但是必须的调研、分析,结合企业家本身对企业发展的考量,从企业发展众多的可能性中,确认企业的愿景。依据企业发展必须遵循的价值观,确立企业普遍认同体现企业自身个性特征的,可以促进并保持企业正常运作以及长足发展的价值体系。特别是企业战略目标和经营理念,必须是无论社会环境和时间怎么样变化,都可以成立的。

麦当劳公司的创始人克罗克在麦当劳创立的初期,就设定了麦当劳的经营四信条,即向顾客提供高品质的产品、快速准确友善的服务、清洁幽雅的环境及做到物有所值,也就是"品质、服务、清洁、价值"。麦当劳几十年恪守信条,并持之以恒地落实到每一项工作和员工行为上。到今天终于成就了在世界上 100 多个国家开设 7 万多家分店的世界第一大快餐特许经营企业。

（三）企业文化的血肉——行为文化

制定了新的企业理念，我们并不是把它形式化，停留在口号、标语层次。我们需要贯彻它，需要它对员工的理想追求进行引导。怎么样引导、规范企业员工的思想、行为，就需要我们着力从几个方面落实下来：

（1）规章制度。企业理念能够落实，最重要的应该表现在企业的规章制度中，使员工的行为能够体现出企业理念的要求，如员工行为规范、公共关系规范、服务行为规范、危机管理规范、人际关系规范等。

（2）工作与决策。企业理念必须反映到企业的日常工作和决策中，企业领导应该以身作则，使员工有效仿的榜样。

（3）典礼、仪式。必不可少的各类典礼和仪式可以有效推广企业理念，丰富生动地贯彻到各个方面，如企业各类会议、展览、庆典以及企业内部外部节日等。

（4）典范、英雄。为了实施和贯彻企业理念，需要有各个部门及员工学习的榜样，树立典范或优秀人物可以让所有的员工感受到切实的影响。

（5）传播途径、教育培训。要有效地传播企业理念，共享价值体系，也为了让员工切实参与到企业文化中，就需要建立畅通而多样化的途径。如内部网络、报刊、论坛、宣传阵地，并利用这些途径经常性地对员工进行教育和培训。

行为的规划应依附于总体目标之上，综合运用相关学科的知识与技巧，给予整体策划。着眼于与长期性、可操作性强，细致规范甚至教条的企业行为规范，才可以有效地落实下去，久而久之，才能真正规范、鲜明地体现企业理念。

（四）企业文化的仪容——视觉形象

进入 21 世纪，世界范围内，启用新的视觉形象系统的公司越来越多，在中国，更换形象识别系统的企业也层出不穷。究其原因，有的是由于企业拆分如中国网通、中国电信；有的则是由于企业战略或经营方向发生变化，为适应新的企业战略而以精妙的视觉语言来诠释新的企业经营理念，以求产生最大的视觉冲击，如联想、福田等。曾有人认为这都是企业在跟风或追赶潮流。但当前的中国企业，很多品牌有着较高的品质和服务，但企业形象，特别是标志，却与自身的地位、企业战略风格不匹配，没有视觉冲击。所以，建立一套科学的国际化企业形象系统已经是当前中国企业的当务之急。

在企业形象设计中，最为重要的是企业标志、标准字、标准色和吉祥物。只要确定了这四种元素，其他的应用设计就会水到渠成。

基本元素设计应遵循以下几个原则：

（1）要能担当公司理念、精神的象征。

（2）可以长久使用，与公司远景相适应。

（3）是否易于识别，具有艺术的美感。

（4）是否与其他行业具有良好差别性。

（5）有无类似。

（6）放大、缩小、黑白阴阳变化时是否会改变感觉。

设计时首先要考虑行业属性，融入经营特性和目标，体现企业精神；其次要参考大量国内外设计行业设计趋势，作为设计参考；再次，要进行视觉喜好度调查，以客观数据为依据。综合多种信息后，先要从广度的水平做出大量草图，从中筛选出 6～7 中方向性草图进行二次深度发展，然后再从扩展方案中筛选出 3～4 种进行喜好测试，最后确定具有艺术美感的企业形象基本元素。

二、企业文化建设的内容

（一）物质层文化

物质层文化是产品和各种物质设施等构成的器物文化，是一种以物质形态加以表现的表层文化。

企业生产的产品和提供的服务是企业生产经营的成果，是物质文化的首要内容。其次企业的生产环境、企业容貌、企业建筑、企业广告、产品包装与设计等也构成企业物质文化的重要内容。

（二）行为层文化

行为层文化是指员工在生产经营及学习娱乐活动中产生的活动文化，指企业经营、教育宣传、人际关系活动、文娱体育活动中产生的文化现象，包括企业行为的规范、企业人际关系的规范和公共关系的规范。企业行为包括企业与企业之间、企业与顾客之间、企业与政府之间、企业与社会之间的行为。

（三）制度层文化

制度层文化主要包括企业领导体制、企业组织机构和企业管理制度三个方面。企业制度文化是企业为实现自身目标对员工的行为给予一定限制的文化，它具有共性和强有力的行为规范的要求。它规范着企业的每一个人。企业工艺操作流程、厂纪厂规、经济责任制、考核奖惩等都是企业制度文化的内容。

（四）核心层的精神文化

核心层的精神文化是指企业生产经营过程中，受一定的社会文化背景、意识形态影响而长期形成的一种精神成果和文化观念。包括企业精神、企业经营哲学、企业道德、企业价值观念、企业风貌等内容，是企业意识形态的总和。

三、如何建设企业文化

（一）企业文化的诊断

企业文化诊断的方法和原理如下：把企业中层以上干部集中起来，把集团的理念逐句念出来，请大家把听到理念后所想到的能代表这种理念的人物、事件说出来或写出来。如果大部分人都能联想到代表人物或事件，且事件相对集中，就说明企业的文化得到了大家的认同；但是，如果大部分人不能说出或写出代表性的人物或事件，就说明企业文化和企业理念没有得到员工的认同，就更谈不上对员工行为的指导作用。

（二）企业文化的提炼与设计

第一步，让企业找 10 位从创业到发展全过程都参加的人，让他们每一个人讲三个故事。

第二步，把重复率最高的故事整理出来，进行初步加工，形成完整的故事。

第三步，找十个刚来企业一年左右的员工，最好是大中专学生，把整理好的故事讲给他们听。

第四步，把专家和有关企业领导集中封闭起来，对记录的内容进行研究、加工，从中提炼出使用率最高的代表故事精神的词。这些词经过加工，就是企业精神或企业理念。

第五步，按照提炼出来的反映精神或理念的核心词，重新改编故事，在尊重历史的前提下，进行文学创作，写出集中反映核心词的企业自己的故事。

（三）企业文化的强化与培训

要强化与培训企业文化，首先，应对全体员工进行企业文化培训；其次，树立和培养典型人物；最后，以企业文化理念与价值观为导向，制定管理制度。

（四）企业文化的建设方法

企业可通过以下途径建设企业文化：

(1)晨会、夕会、总结会。

(2)思想小结。

(3)张贴宣传企业文化的标语。

(4)树先进典型。

(5)网站建设。

(6)权威宣讲。

(7)外出参观学习。

(8)故事。

(9)企业创业、发展史陈列室。

(10)文体活动。

(11)引进新人，引进新文化。

(12)开展互评活动。

(13)领导人的榜样作用。

(14)创办企业报刊。

（五）企业文化的建设步骤

1. 打碎自己，走进系统

放下身段，放下经验，空杯融入，用全新的经济效益迎接企业变革。企业内少了证明问题,多了解决问题,员工间多些包容,少些争执,多些接纳,少些摩擦。走进系统,轻松成就事业。

2. 重塑团队,凝聚士气

突破团队心理误区,适应变革环境,遵循规则、制度底线。不抱怨,不指责,目标一致,让团队去超越。目标清晰,文化统一。敢于承担、付出,学会负责任。换位思考,使其更理解领导,更支持企业的发展。

3. PK 机制,结果导向

变革是一种常态,营造正面语言氛围,敢于行动要结果,只有内心强大,才是真正的强大,落后总要挨打,强者总希望变革成长,课程帮助受训员工认识责任的内涵和树立自己的责任心,承担起自己的责任;从自身做起,更好地担负起工作责任,建立团队间承诺、责任和承担心态;懂得上下级之间的换位思考,使其更理解领导,更懂得付出,更支持企业的变革发展。

4. 模拟考核、推进导入

信息不对称,导致决策偏差,企业内部执行不力,员工与管理者的沟通往往是让受训员工体会并建立要像爱自己的家一样爱企业,像爱自己的亲人一样爱伙伴的思想理念,懂得从自己做起,让企业充满爱和温暖。

5. 爱在当下,荣辱与共

感谢来自心灵,感恩父母的养育之恩,感恩企业的风雨同舟,感恩同事的携手共进,感恩客户的协同发展。爱是根源,爱是企业发展的源动力;体验爱、责任、付出;做到不但有孝心,更有孝力。

6. 接纳变革、系统制胜

包容他人,以心胸宽阔、博爱对待团队,世界是美好的,主动的接纳是境界。主动敞开心扉就是给自己的舞台更宽广。帮助受训员工在对企业过去成长历程的回顾中,认识企业的强大和团队的力量,从而建立和增强对企业未来发展的信心和事业心。

企业一旦发展壮大后,单靠权力和制度来管理企业有时就显得力不从心,这就需要有一个在此以外的力量来帮助管理企业,引导或约束员工的行为,这个力量应没有权力的强迫,没有威严的威慑,没有物质的引诱,应能和员工做心灵上沟通、交流和引导,与员工的思想吻合,使员工时时处处自觉地约束自己的行为不出轨,这个神奇的力量就是企业文化。冰冻三尺非一日之寒,企业文化建设非一日之功,我们应该将企业文化建设作为我们企业建设的一个重点来常抓不懈。

案例　　　　　　　　　太原铁路局的安全文化

安全生产是铁路运输工作的最高宪章。太原铁路局在运输生产实践中坚持和推行的"五个不动摇"安全指导思想和"1233"安全工作法,既是科学的安全管理章法,又有丰厚的安全文化底蕴,是安全管理与安全文化的融合创新,是太原铁路局安全文化的核心价值观,是规范新体制下安全管理的行为准则。

　　"1233"安全工作法,即:确立一种精神——解决安全问题不过夜的精神;坚持"两主原则"——主要领导必须用主要精力抓安全的原则;狠抓"三基"建设——基层、基础、基本功建设;围剿"三个主义"——不负责任的官僚主义、不敢碰硬的好人主义、不解决问题的形式主义。

　　"1233"工作法是太原铁路局安全文化的核心价值观。用"1233"工作法统领新体制下的安全管理必须坚持"五个不动摇",即:坚持安全第一思想不动摇;坚持预防为主的方针不动摇;坚持强化设备基础不动摇;坚持从严务实抓管理不动摇;坚持党政工团齐抓共干不动摇。

案例思考

"1233"工作法的核心是什么?

小　　结

　　一个企业的成长离不开企业文化的建设,企业的成功与否与企业的企业文化建设紧密地围绕在一起,所以我们在关注企业其他成绩时还要关注企业的文化建设,因为它是一个企业的内涵同时还是支撑企业发展的精神动力。

思考与练习

1. 企业文化是什么?
2. 为什么必须重视企业文化建设?
3. 企业文化如何建设?

参 考 文 献

[1] 张智海,高立民.企业管理基础[M].北京:中国铁道出版社,2001.

[2] 方光罗.现代物流学[M].大连:东北财经大学出版社,2008.

[3] 李守斌.配送作业实务[M].北京:机械工业出版社,2007.

[4] 刘淑萍.现代物流基础[M].上海:华东师范大学出版社,2011.

[5] 姚小风.质量管理职位工作手册[M].北京:人民邮电出版社,2012.

[6] 柴邦衡,刘晓论.ISO 9001:2008 质量管理体系文件[M].北京:机械工业出版社,2009.

[7] 梁工谦.质量管理学[M].北京:中国人民大学出版社,2010.

[8] 安鸿章.企业人力资源管理师[M].北京:中国劳动社会保障出版社,2012.

[9] 赵有生.现代企业管理[M].北京:清华大学出版社,2012.

[10]彭庆武.现代企业管理[M].重庆:重庆大学出版社,2012.

[11]汤定娜.中国企业营销案例[M].北京:高等教育出版社,2010.

[12]庄贵军.企业营销策划[M].北京:清华大学出版社,2012.